市民政治50年

菅直人回顧録

菅直人
Kan Naoto

筑摩書房

市民政治50年──菅直人回顧録　目次

写真提供：菅直人事務所

1980年、初当選のころ。左から、菅直人、長男・源太郎、二男・真二郎、妻・伸子。

まえがき

私が衆議院議員選挙に初当選したのは一九八〇年で、今年（二〇二四年）で四十四年となる。だが国政に足を踏み入れたのはその六年前、戦前から婦人参政権運動をしてこられた市川房枝《いちかわふさえ》さんの、一九七四年の参議院全国区の選挙で、事務長をしたときだ。それからちょうど五十年になる。

市川さんの掲げる「理想選挙」の理念を元にして、「市民選挙」「市民政治」を掲げて、私は一九七六年に初立候補し落選、計三回の落選を経て、八〇年に初当選し、二〇一〇年に内閣総理大臣に就任した。在任期間中には戦後最大の災害である東日本大震災と、世界最大・最悪の原発事故である東電福島第一原発事故が起き、その対応に当たった。それ以外にも、厚生大臣時代の薬害エイズ事件、民主党の結党、政権交代など、大きな出来事はいくつもあった。四国の八十八霊場を歩いたお遍路など個人的な思い出も多い。

本書はその五十年の記録として書いたものだ。だが、単なる自伝や回顧録ではない作り方をした。私の本を何冊も編集してくれた作家でもある中川右介《ゆうすけ》氏に相談すると、いままでに私が雑誌などに発表してきた論文も収録したらいいとのアイデアをもらった。

たしかに、私は初めて立候補したときから、積極的に論文を書いて雑誌に発表してきた。当時は雑誌ジャーナリズムも元気だったので、若い政治家に書かせてくれたのだ。ミニ政党にいたので、国会の予算委員会などで長時間の質問をする機会が少ない私にとって、雑誌というメディアは自分の政策や主張を述べる場となり、大いに活用させてもらった。なかには、政局に影響するものもあったと思う。「書く」という行為は、その前に「知る」「調べる」「思索する」という行為がある。書きながら考え、また調べる。そうやって、民主主義、議会、行政、政局について考え、書いてきた。

しかし、それらはその時点の政治状況についての分析や主張を書いたもので、はたして数十年もたったいま、再び出す意味はあるだろうか。私の側には「五十年のまとめ」という意味があったとしても、昔の文章を読んでくれる読者はいるのだろうか。迷っているうちに中川氏は私の事務所スタッフとともにファイルのなかから、これはと思う論文をピックアップしてくれ、「回顧録的なことを書いて、その時々に書いた論文をそのまま載せましょう。そのとき、何があり、どう考え、どう発信してきたかの記録になります」と言う。

本作りのプロがそう言うのならと、その方針で作ったのが、この本である。たしかに、昔書いたものの中には、その時に何を考えていたかが詰まっている。なかには予想の外れた見立てもあるが、それを含めて、その時の私の思考のすべてがある。

『なぜ君は総理大臣になれないのか』という映画があったが、「なぜ菅直人は総理大臣になれたのか」の理由のひとつが、このように書き続け、発信してきたからかもしれない。

本書はひとりの政治家の半世紀の「行動の記録」であると同時に「書いてきた記録」でもある。若い世代に、何らかの参考になればとの思いも込めながら作った。

第一章　否定論理からは何も生まれない　1974-1976

私が最初に国政選挙に関わったのはいまから五十年前の一九七四年七月の参議院選挙だった。いったんは引退を決めていた市川房枝《いちかわふさえ》さんの選挙に事務長として臨んだのだ。私は二十七歳、市川さんは八十一歳だった。その前も都議会選挙を手伝う経験はあったが、本格的に関わったのは、この市川さんの選挙が最初だった。当時の首相は田中角栄氏で、金権政治だと批判されていた。市川さんの選挙は田中・金権政治との闘いでもあった。

その二年後の一九七六年の衆院選が私自身の初立候補で、落選した。七七年の参院選と七九年の衆院選も落選し、四度目の一九八〇年の衆院選で初当選した。

この市川さんの選挙から初当選までの六年間が、私の政治活動の原点だった。

しかし何事にも前史がある。市川房枝さんと出会うまでを、最初に書いておこう。

●山口県で生まれ、東京・三鷹市へ

私は一九四六年（昭和二十一年）十月十日に、山口県宇部《うべ》市で生まれた。しかし先祖代々、宇部市で暮らしていたわけではない。菅家の本籍地は岡山だ。父は宇部曹達《ソーダ》（現・セントラル硝子《ガラス》）のサラリーマンで、宇部に勤めていたとき、私は生まれた。四歳上の姉がいる、四人家族だった。

小学校、中学校と地元の公立校で、高校も県立宇部高校に入学したが、二年生の夏に父が転勤となり、家族全員で東京へ引っ越すことになった。都立高校への編入試験を受けた時には東京のどこに住むかが決まっていなかったが、編入生を募集していた、品川区にある都立小山台《こやまだい》高校を受けると、合格した。そのあとで引っ越し先は三鷹市と決まり、最寄りの三鷹駅から高校のある東急目蒲線の武蔵小山駅までは一時間ほどかかったが、そのまま小山台高校へ通った。

いま思うと、三鷹市という東京の多摩地域に住むことになったのは、その後の私の人生にとって大きな意味を持っていた。当時の三多摩は全国で最もリベラルな地域で市民運動も盛んで、革新自治体も多かった。私が当選を続けられたのは、この地域が選挙区だったからこそだ。

そして小山台高校に転校したこともその後の人生を決めた。この高校は東京工業大学に近いためか、同大学へ進学する者が多い。私は子どものころから、理科や数学が得意だったし、好きだった。父が東工大を卒業した技術者だったのにも影響されているだろう。だから進路を決める際は、それほど悩まずに東工大を志望校とした。

弁理士試験と国会議員の選挙にはそれぞれ三回落ちるのだが、東工大には現役で合格できた。学科は応用物理で、そのまま技術者か科学者になるつもりだった。

大学にはいろいろなサークルがあったが、これに入りたいというのがないので、親しくなった友人たちと「現代問題研究会」を結成した。この頃から、既存の組織に入るのではなく、自分で新しく作るのが、私の生き方になっている。政治家になってからも、常に新しい政党の結党メンバーだ。既存の政党に入ったのは「新党さきがけ」だけだが、これも結党から間もない時期に入った。

●東工大での学園闘争

東京工業大学入学は一九六五年で、前年に東京オリンピックがあり、その直後に池田勇人《はやと》首相は健康問題で退陣し、佐藤栄作政権になった。この政権は七二年まで八年も続いた。一方、六七年には美《み》濃部亮吉《のべりょうきち》氏が東京都知事に当選し、革新都政となっていた。

六〇年安保闘争と七〇年安保闘争の中間に大学生となったわけで、政治が熱い時代だった。各大学で学園紛争が勃発し、一九六八年一月には東大で学園闘争が始まった。同世代の問題なので私も関心を寄せていた。学生の言い分のなかでは、彼らが展開する文明批判には共感を抱いていた。私が学んでいた科学技術は文明の最先端である。科学技術の発達はもちろん必要だが、一方で原子力のように、人間が制御できないものまで生み出し、原爆という恐ろしい兵器まで作ってしまった。公害、薬害も科学技術が生んだものだ。チャップリンの『モダン・タイムス』のように、機械に人間が支配されることもありえる。半世紀前にはなかったが、現在のＡＩも、科学技術を無制限に進歩させるとどうなるかの問いかけのひとつになる。当時の私は、科学技術の道へ進みかけていただけに、このままでいいのかという思いがあったので、全共闘の文明批判には共感できる点もあった。

東大闘争は夏が過ぎて、ますます激化していた。たしか十一月二十二日だったと思うが、本郷キャンパスで武装集会があった。テレビでその集会が報じられ、学生が鉄パイプを持って、それがキラキラと光っているのを見て、これは自分が感じている運動のやり方とは違うと思った。あくまで議論によって解決すべきで、鉄パイプという武力を用いるのは違うだろうと思ったのだ。さらに言えば、マルクス主義にも革命運動にも私は共感していなかった。

それを含めて、仲間たちと議論をした。大学が矛盾を抱えていることは強く感じる。それについては徹底的に論じて解決すべきだ。しかし、新左翼のセクトが入り込み大学を革命の基地にしようとするのは、違うだろう。まして鉄パイプはダメだ。私たちはそう考えた。

しかし、いずれ東工大でも紛争は起きるだろう。そのときのために、全共闘（新左翼）でも民青（共産党）でもない、と言って保守派・体制派でもない、新しいスタイルの運動を組もうとなり、「全学改革推進会議」を結成した。とくに議長とか委員長という肩書はなかったが、私は事実上のリーダーとなった。

東大闘争は勃発から一年後の一九六九年一月十八日から十九日にかけて、安田講堂攻防戦となって学生側が負けた。ちょうどその四日前、東工大は寮問題がきっかけで全学ストに突入した。私は三月に卒業する予定で、特許事務所に就職も決まっていたのだが、それどころではなくなり、卒業を延期した。特許事務所にはこういうわけで卒業は一年延びると謝ったら、「ならば、一年後に来なさい」と言ってくれた。

私たちの全学改革推進会議は学生大会に対案を出し、それが通るなど、それなりの成果をあげることはできた。東工大では全共闘にあたるのが「全闘委」（全学闘争委員会）で、他に民青がいて、保守派・体制派がいて、私たちは第四のグループだったが、全闘委と民青のイニシアチブの取り合いに割り込むことができた。

いま思うと、自民党でも社会党でも共産党でもないという、私の政界でのポジションと似ている状況だった。学生時代から既成勢力ではないものを作っていたことになる。

私たちは、基本的にはヘルメットもかぶらずゲバ棒も持たないスタイルで運動を続けた。危険な場面もあった。うちの両親は心配はしていたと思うが、止めることはなく、母は私のために雑誌とカマボコの板で防護服のようなものを作ってくれ、それを巻いて集会に出たこともある。

バリケード闘争があるなど、いろいろあったが、闘争は膠着状態に陥り、最終的には全闘委が学生大会を阻止して、講堂を内側から封鎖した。こちらは素手で学生大会を開こうとしたが、お互いにどうしようもなくなった。すると夏休み明けに機動隊が入り、私たちの闘争は終わった。運動としては全くけりがつかなかった。

今思うと、東工大の学園闘争は、東大や日大が二、三年かけてやった、バリケード封鎖、学生大会、大衆団交、機動隊投入といったことを、映画のフィルムを早回しするように半年でやったことになる。秋に授業が再開されると、出席率は九五パーセントだった。もちろん退学者が何人か出るなど、トラブルは残っていたが、大学全体としては何かいやにあっけらかんとしていたのを強烈に覚えている。

団塊の世代は全共闘世代とも呼ばれ、闘争で敗北した挫折感を引きずって生きているようなことが、後に語られるが、私と仲間には挫折感はなかった。初めから路線的にも行動的にも、エキセントリックになっていなかったからだ。革命をめざしていたわけではなく、もともとのテーマは大学の改革だった。そういう私たちの主張・スタンスは、当時の学生運動用語では「改良主義」と呼ばれ、批判された。だが、必ずしも成功しなかったが、私たちが主張したことは、一定の学生たちに理解してもらえたという達成感もあった。

このように、具体的な問題点を洗い出して、それを改革・改良していこうというスタイルは、その後の私の政治活動でも一貫している。

私たちのグループは、合宿をやると六十人か七十人も参加する規模で、多分、二百人くらいのかなり堅いシンパ層がいたと思う。このメンバーのほとんどは、学生運動、まして革命運動には首を突っ込んでいない、運動のアマチュアだった。サークル活動の延長と言ってもいい。

このときの仲間の何人かと、私は卒業後も市民運動を一緒にやっていくことになる。

あの大学闘争が残した最大のものは、同世代の同時期的な経験だと思う。「団塊の世代」は数が多いが、必ずしもバラバラに拡散しなかったのは、あの時期に、「寝トライキ組」（ストライキ闘争などを傍観・静観している一般学生のこと）を含めて立場の違いはあっても、少なくとも大学とは何だろうか、社会とは何だろうかと、それぞれが考えたからではないか。徹底的に考えたことが、その後の生き方に影響を与えている。

●めざすは「最小不幸社会」

初当選した直後の一九八〇年夏に、当時まだ朝日新聞の記者だった筑紫《ちくし》哲也《てつや》氏から、長時間のインタビューを受け、『月刊PLAYBOY 日本版』十月号に載った。そのなかで、学生時代に何を考えていたか、こう答えている。

> 社会状況が非常にめちゃくちゃな中でも武力革命は絶対にいけないかといえば、私はそうじゃないと思っています。ただ私には、政治によって人間が全部幸せになるという楽観論がないんですね。私はマルクス主義っていうのはどの程度やったか自分でもわかんないですけれども、そういう議論は学生時代には相当やりまして、最後はどうしてもそういう人たちと一致できなかったひとつは、マルクス主義というのは最後はものすごい楽観なんですよね。革命によって権力を奪取すると、全部パッとよくなっちゃうんですよね。

ところが、政治権力が強制的に人間を幸福にできる範囲っていうのは——実はその究極的な幸福なんてものはないんだということを前提にすべきじゃないかと、私自身は思っているわけですよ。それから、政治権力というのは強制権力だから、ものすごくこわいものだ。だから、ある時期から「最小不幸社会」という言い方をぼくらはよくしてるんですけど、つまり政治権力がやるべき仕事というのは、不幸あるいはその条件を最小化することに限定化されるべきであって、幸福を最大化しようとするのはちょっと違うんじゃないか。幸福の最大化を担当するのは、宗教かもしれないし、芸術かもしれない、要するに個人個人が自分の身の丈に合わせてデザインするよりしょうがないんじゃないかと思うんですね。

だから、改良主義イコール悪という左翼的観念は、聞いて知ってはいますけど、私の意識では、改良主義といえばどうして批判したことになるのか、わけがわからない。改良主義だろうが改革主義だろうが、それがそういう方向の、不幸の最小化につながっていけばいいわけで。ただ、不幸を最小化する上であまりにも矛盾が大きければ、その場合は武力革命という形をとらざるを得ないかもしれないし、その矛盾が平和的形で除去し得るものであれば、その方がベターだろう。今の日本においては、それは当然平和的な手段で、もちろん大変だけども変え得る可能性はあるし、むしろ武力的な行動をやることの方が逆の矛盾をふやしていくことになると思うんですけどね。

●就職と結婚

半年で闘争は終わり、一九七〇年三月に卒業した。前年に就職が決まっていた小田島特許事務所に入り、四年間、サラリーマンをやってみた。

将来の職業として、私は在学中に弁理士を選んだ。どうも大きな組織の中で働くのは向いていないと思い、個人でできる仕事はないかと考えたのだ。だが、理系というのは、医師を除くと、個人でできる仕事は意外と少ない。研究を続けるには大学に残るか企業に入るか、研究機関に入るしかない。そこで何かいい仕事はないかと書店へ行って本を眺めていると、弁理士という職業があると気づき、これだと思ったのだ。

弁理士になるには国家試験を受けなければならず、それは司法試験や医師の国家試験に次ぐ難関だ。まずはどこかの特許事務所に入り、働きながら勉強して資格を取るという道が一般的だ（特許庁にある期間勤務すれば資格を得られるが、時間がかかる）。そこで小田島特許事務所に入り、前述の通り、一九六九年三月に卒業予定だったのを一年延ばしてもらい、七〇年四月に入ったのだ。

社会人になって最初の年、一九七〇年十一月に結婚した。妻・伸子《のぶこ》は一歳上の従姉《いとこ》である。私の父と伸子の母が兄妹という関係だ。伸子の実家は岡山県で代々医師をしていた。子どものころから知ってはいたが、夏休みに、親戚の子として会った程度だった。

伸子は津田塾大学に入り三年までは寮で暮らしていた。その頃、父は転勤で三重県松阪《まつさか》市に単身赴任していたのだが、身体が悪くなるほど酒を飲む生活で、このままではダメだと母も松阪へ行くことになった。そこで部屋が空くので、伸子が我が家に下宿することになり、私と姉との三人の生活となった。それで親しくなったというのが馴れ初めだ。

伸子は一年上なので、一九六八年に津田塾を卒業していたが、岡山の実家に帰ると結婚させられるので、早稲田大学文学部に三年生からの学士入学をした。私は東工大に五年いたので、卒業は同じ七〇年三月だった。二人の間では結婚することを決めていたが、伸子の父と、私の母は賛成してくれ、どうにか伸子の母も認めてくれ、十一月二十八日に結婚することになった。

ところが、その直前に大事件が起きた。十一月二十五日、作家の三島由紀夫氏が市ヶ谷の自衛隊駐屯地で割腹自殺したのだ。私も伸子も、三島文字の熱心な読者ではなかったし、三島氏が作った「楯の会」にも知り合いはいなかったが、「結婚なんかしている場合ではないのではないか」と、二人で真剣に話したのを覚えている。そういう時代だったのだ。

しかし予定通り、十一月二十八日に結婚した。新婚旅行は飛騨高山から金沢を通って、京都へ行くルートで、それぞれの土地で、学生時代の仲間と会って飲み明かした。そして、実家の三鷹市の隣りの武蔵野市で私たちは暮らすことになった。

特許事務所に勤めて最初の一年は、結婚が最大の出来事で、基本的にはおとなしく（というのも変だが）、働いていた。そんなとき、一九七一年の正月だったと思うが、湯川憲比古《のりひこ》という人物が電話をかけてきて、会うことになり、それから忙しくなっていく。

●市民運動

湯川氏は東大で学園闘争をしていたが、在学中は私とは交流はなかった。卒業後、彼は大学で学園闘争をしていた人間を片っぱしから歴訪していた。その過程で、「東工大では菅直人というのがやっていた」と誰かから聞いて、私に連絡してきたのだ。とくに具体的な用があったわけではなかった。

湯川氏は「世代間闘争」をすると言っていた。われわれから以後の世代が一切自民党に投票しなければ、十年か二十年たてば、必ず自民党は倒れる。そのときが我々の出番だと語り、そのときのためのネットワークづくりをしていた。

私は、何らかの理論なり理屈、あるいは解決すべき課題があって、それに共鳴する人たちが広がるのが運動だと思っていたのだが、湯川氏はとにかく人と人をつないでいく。つないでいき、場ができることでテーマが見つかり、そこからまた人と人がつながっていくという運動論で、私としては新鮮というか、面白かった。

最初に会ってから、湯川氏はいろいろな人間を紹介してくれた。どういうわけか、大学祭関係の人が多かった。私は一橋大学とは何の縁もなかったが、湯川氏のネットワークで、一橋大学の学園祭でシンポジウムをすることになった。つまり、人間のネットワークが先にあり、そこから大学祭という場があり、その場で何かやろうとなって、シンポジウムを開いたのだ。テーマがあり、そのためにシンポジウムを開こうとなって、どこでやろうかとなって大学祭でやろうという順番とは逆なのだ。そしてイベントをやることで、さらにそこで出会った人ともつながり、ネットワークは拡大していくという運動論だ。民主党は結党時にネットワーク型政党をイメージしたが、その原点は、ここにあったのかもしれない。

この最初のシンポジウムのテーマは土地問題だった。我が家は宇部市では約百坪の土地に約四十坪の建坪の家で暮らしていたが、父が転勤となったのでその家を売り、東京都三鷹市に約五十五坪の土地に建坪三十坪の家を買った。宇部の家と比べだいぶ狭くなったと感じた。にもかかわらず、三鷹の家の価格は宇部の家の十倍もして、父はかなり借金をしたと知り、さらに驚いた。

東京では、サラリーマンが年収の何倍も借金して何十年もローンを払い続けるのが当たり前とされていたが、それはおかしいと思った。都市部の住宅が高いのは、地価が高いからだ。では、どうすれば土地の値段を下げることができるのか。いろいろ調べると、農地の固定資産税が安いからだった。

逆に言えば、農地を宅地にすると税金は高い。農家としてはギリギリまで農地のまま持っていたほうが税金上は得となる。そのため、実質的には農業を営んでいなくても農地のままになっている土地が多く、宅地の供給不足の一因となっていた。供給が少なく需要が多いので、地価は高くなる。都市部の宅地を増やし、土地の価格を下げる根本的な解決には、農地の宅地並み課税が必要だという結論に達した。

そこで、「市街化区域内の農地の宅地並み課税」を訴えたのだ。これは農家からみれば増税である。つまり、世にも珍しい一種の増税運動だったのだ。念のために記せば、これは華山謙《はなやまゆずる》・東工大教授の『地価と土地政策』という名著に書かれている「華山理論」と呼ばれる、きわめてまともな理論に基づいた提言運動だった。

私たちは、一橋大学のシンポジウムの翌年、一九七二年春、サンケイホールで「宅地並み課税推進討論集会」を開催した。そのとき、市川房枝、青島幸男、都留《つる》重人《しげと》、青木茂という、いま考えても驚くような著名人が参加してくれた。これも、ネットワークがあったから実現したものだった。

この集会後、私たちは「よりよい住まいを求める市民の会」を結成した。イベントという「点」が、市民運動という「線」へとつながったのだ。具体的には、自治省前でビラをまいたり、集会をして、住宅問題解決のためには農地の宅地並み課税が必要なんだと呼びかけていった。

多くの市民運動が、何かに反対したり、補償を求めたりするものだが、私たちはポジティブに問題を提言する政策提言運動を展開した。増税運動だから大蔵省が喜ぶかと思ったが、そうはならなかった。自民党から共産党まで、この政策には反対した。もし一九七〇年代に土地保有税をちゃんととっていれば、八〇年代後半からの投機的なバブルは起きなかったはずだ。

農地の宅地並み課税の提言の延長で、「都市協構想」を唱える仲間もいた。農協があるのだから都市には「都市協」があってもいいはずだという発想だ。

土地問題の運動をしていると、今度は食品公害の問題で運動をしているグループと知り合い、「恐怖の化学物質を追放するグループ」を作った。それまでは男性ばかりのグループだったが、女性も加わるようになった。

さらに、サンケイホールでの討論会後、青木茂氏とよく会うようになった。青木氏はサラリーマンの不公平税制を訴えている市民運動家で、後にサラリーマン新党を立ち上げて参議院議員になる。私が主張していた農地の宅地並み課税もサラリーマンの不公平の税制も、既存の政党が取り上げないテーマだった。都市で暮らすサラリーマンは数は多いのだが、その声を吸い上げてくれる政党はなかった。社会党や共産党は労働組合の声は聞くが、組織化されていないサラリーマンとは接点すらなかった。

公害問題でも、公害を発生させている大企業の労働組合は何も動かず、社会党の動きも鈍かった。自民党と、社会党中心の野党という対立軸だけではカバーできない問題が無数にあった。それを顕在化させ、解決の方法を考えるのは市民運動しかなかったと言っていいだろう。

また、その頃から私は、武蔵野市に住んでいらした、松下圭一《けいいち》・法政大学教授や篠原一《しのはらはじめ》・東大教授と面識を得て、大学で講義を受けたわけではないが、弟子にしていただき、市民運動の実践や理論付けなどでいろいろ教えを受けていた。

なかでも松下先生の『市民自治の憲法理論』（岩波新書、一九七五年）は私の政治活動のバックボーンで、自分たちで松下理論を実践しようと考えていた。

●市川房枝さんの選挙

青木茂氏は「理想選挙推進市民の会」の代表幹事を務めていた。もうひとりの代表幹事が市川房枝さんだ。一九七三年夏の都議会議員選挙に、その会は武蔵野選挙区に婦人有権者同盟の小池順子《じゅんこ》氏を推薦した。私は武蔵野市に住んでいたので、その選挙を手伝ってみた。これが、私が関わった最初の選挙となる。この都議選は残念ながら善戦はしたものの勝てなかったが、私にとって、発見の多い、有意義なものとなった。

選挙は、候補者を通すためだけの運動で終わるのはもったいない気がした。学校を出て社会に出てからは、あのように人がワッと集まって一緒に汗を流す機会そのものが、なかなかない。選挙はそれまで知らなかった新しい人と出会う場もあると、思ったのだ。政治は「まつりごと」とも言うが、それは「祭り」にも通じる。「選挙はお祭り」だと発見した。

都議選後、理想選挙推進市民の会で実務を担当している女性から、この会は若い人が少ないので入らないかと誘われ、私を含めて三人が市民の会の会合に参加するようになった。若い男性は私たちだけだった。

これが、市川房枝さんの選挙（私たちは「市川選挙」と呼んでいるので、以後、そうさせてもらう）の始まりだった。秋になると、理想選挙の会では、翌年夏の参院選にどう取り組むのかを議論していた。市川房枝さんは一九五三年（昭和二十八）に参議院の東京選挙区で初当選し、五九年、六五年と当選したが、七一年は落選されていた。そこで七四年は全国区から出て、東京選挙区には紀平悌子《きひらていこ》氏を立てようとなった。だが、市川さんはすでに八十歳になっていて、高齢を理由に固辞されていた。

市民の会としてはいったん市川さん不出馬で決まっていたが、私と仲間は、市川さんが出るのと出ないのとでは運動の広がりが違うと考えていた。たしかにご高齢であり、選挙運動をして健康を害されては元も子もない。そんなとき、理想選挙推進市民の会の新年会で、餅つきをすることになった。しかし、誰がついてもペチャっという音しかしない。それを見て市川さんが「私がつきます」と言う。周囲は危ないからと止めたが、「私は百姓の娘だから」と言って杵《きね》を持って、餅をついた。すると、パシッと実にいい音がした。私はその音を聞いて選挙に出ても大丈夫だと確信した。

「理想選挙」とは「出たい人より出したい人を」でなければならない。私たちにとって、市川さんはまさに「出したい人」だ。

そこで「市川房枝さんを勝手に推薦する会」をつくり、供託金《きようたくきん》の募集を始めるなどの運動を始めた。私たちのこの運動は、一九八三年の北海道知事選挙での「横路孝弘《よこみちたかひろ》と勝手に連帯する若者連合」、通称「勝手連」につながったと思う。その結果、市川さんもやりましょうと決断された。市川さんが「若い人の情熱に押されて立候補します」と言ったことが朝日新聞に大きく取り上げられ、実質的な選挙運動が始まった。

偶然というか運命のいたずらか、その時、私は自由な身だった。前述のように特許事務所に勤めながら弁理士試験を受けていたが、三回落ちて四回目でやっと合格した。資格を得ると、特許事務所での給料もかなりアップした。だから、伸子としてはそのまま勤めていてほしかったようだが、もともと弁理士を選んだのは、自由な時間が作れるからで、サラリーマン弁理士をしていたのでは、これまでと同じで、弁理士になった意味がない。合格したのは勤めて三年が過ぎたときで、その一年後に辞めようと計画し、半年くらいは収入がなくても生活できるだけの貯金を始めた。すでに長男・源太郎も生まれていた。その計画通り貯金もできたので、一九七四年三月いっぱいで特許事務所を円満に辞めていたところで、市川選挙の始まりとなった。

市川さんの婦人有権者同盟は東京選挙区から立候補する紀平氏の選挙運動で手一杯だという。そこで担ぎ出した責任もあるので、私たち若い世代が市川選挙の中心になり、私が事務長となった。候補者は八十一歳、事務長は二十七歳という組み合わせだ。運動が始まったときは、十数名しか動けるスタッフはなく、そのうちフルタイムで動けたのは私を含めても四人か五人だった。それまで選挙運動を仕切ったこともない人間が事務長なのだから、ある意味、無謀だ。しかし、市川さんはそれに乗ってくれた。

全国区は、いわゆる「ドブ板選挙」ではない。知名度を活かし、市川房枝が立候補していると少しでも多くの人に知らせるしかない。といって、全国津々浦々を遊説してまわるには時間が足りない。私たちはイベント型選挙をすることにし、まず「全国草の根キャラバン」を企画した。全国区ではひとりの候補者が三台の車を使えた。そこで一台はジープで、九州から北海道まで、若い連中が数人乗って、演説していく。さらにそれぞれの場所の市民運動グループにコミットして会って話してくる。そういう運動だ。これはその土地の新聞にも取り上げられ反響を呼んだ。

早稲田の雄弁会の学生が何かやらせてほしいと言ってきたが、市川さんが話す本隊では、作家の有吉佐和子さんなど著名人が応援演説をするので（有吉さんの『複合汚染』には市川選挙のことが書かれ、私も登場している）、学生の出番はなかなか作れない。そこで支持者のなかに埼玉県でお店を経営している人がいたので、その店の前に看板を立て、マイクなしで学生がひたすら演説する「マラソン演説会」もやってみた。

1974年7月8日、参院選で市川房枝さんが当選。

選挙事務所には、とにかく多くの人に来てもらおうと考えた。仕事があるので、多くの人が必要なのではなく、多くの人に来てもらうために仕事を作るという発想だ。とにかく、仕事を作った。仲間が増えていった。

七月七日の七夕が投票日だった。自民党は田中角栄首相がヘリコプターを駆使して全国各地をまわっていた。全国区は「銭酷区」とも呼ばれ、「五当四落」とマスコミは報じていた。五億円使えば当選、四億円では落選という意味だ。

市川さんは「理想選挙」を掲げられていた。政治浄化のためにはきれいな選挙をしなければならない。公職選挙法を守るのは当然だし、選挙資金も多くの人からのカンパでまかなう。この選挙では四一八四名の方から一三三七万円が集まった。いまの物価なら二億円ほどになるだろうか。支出はというと、選挙費用に三九九万円、その他の経費が二四六万円、合計しても六四五万円ですんだ。四億円でも落選する自民党だったら泡沫候補だ。

自民党、田中角栄首相の手法は「金権政治」「金権選挙」と批判されており、それに真っ向から勝負を挑んだのが、私たちの理想選挙だった。市川さんは一九三万票を獲得し全国区で二位で当選した。

一位はＮＨＫアナウンサーの宮田輝《てる》氏、三位は青島幸男氏だ。ふたりともテレビで抜群の知名度を持っていたが、市川さんはそれに匹敵する票を得た。

青島幸男氏は一九六八年の参院選全国区で初当選し、そのときは選挙運動もして、二位で当選した。このときの一位は石原慎太郎氏だ。この年は市川さんは非改選で、青島氏は市川さんのいる「二院クラブ」という会派に属した。ところが七一年の選挙で市川さんは落選したので、七四年に改選を迎えた青島氏と同じ選挙となった。支持層はかなり重なりそうで、普通ならいやがるものだが、青島氏は選挙用の車を貸してくれた。というのも、青島氏は知名度を武器として、この二度目の選挙では政見放送と選挙公報のみで、遊説もしなければポスターも一枚も貼らないという戦略を立て、選挙期間中は海外旅行をしていたのだ。それでも一八〇万票を集め、三位で当選した。

当選を報じる朝日新聞の見出しは「『理想選挙』の灯高々と　カンパと憤りの結晶　若者に囲まれ81歳微笑」、読売新聞の見出しは「胸張れ〝金無候補〟市川さん青島さん　札束に勝った理想票」だった。五億円使わなければ当選できないと言われた全国区で、二位の市川さんは六四五万円、青島さんにいたっては、選挙費用ゼロで当選したのだ。

選挙結果が出た後、私はテレビのインタビューを受け、「選挙は最高のレジャーだ」と言った。これを聞いて市川さんがえらく喜んでいたのを覚えている。「これまで政治をやる人にはそういう発想はなかった」と言うのだ。「オレは遊びに来たんで、もうあしたから会社に帰るよ」と言う、そんな青年たちが応援してくれたのが、とてもうれしいと喜ばれていた。

選挙運動には役割の分担があって、相互の連係があって、最後には勝ち負けがはっきり出る。その意味で、一種の総合レジャーだと私は思ったのだ。選挙というと土下座に象徴される悲壮感があるが、私たちは毎日、楽しみながらやっていた。
その楽しさが忘れられず、私はその後五十年も選挙を続けることになった。

●政治のダイナミズムを実感

市川さんと青島氏は高得票での当選の勢いで、八月になると二人揃って経団連を訪ね、「金権選挙、企業ぐるみ選挙をなくすために、財界もこれまでの姿勢を改めてほしい」と六項目の要求を申し入れた。経団連は各企業から資金を集めてそれを自民党に献金しており、それが金権政治の原資となっていたので、止めるよう求めたのだ。当時の経団連会長は土光敏夫《どこうとしお》氏で、市川さんたちに「正副会長会議で、経団連が企業に政治資金の拠出を割り当てることや、経団連の一部の人がそれを担当することをやめるよう、私から提案する」と回答した。経団連が金を集めなくなったら、自民党なんて破産する。これは大事件だった。

私はたまたま鹿児島県の屋久島に遊びに行っていたが、そこの新聞でも一面トップに大きく出ていた。私は政治はこういうメカニズムで動くんだと感心した。市川、青島両氏が獲得したのは約四〇〇万票で、これはかなり大きな「国民の声」だ。自分が関わった選挙の結果、世の中がダイナミックに動くのを実感した（補足すれば、経団連は自民党への政治献金の斡旋を止めたが、「国民政治協会」を作り、そこを経由して自民党への献金を続けたので、実質的には元の木阿弥となる）。

参院選では改選数一三〇に対して自民党は六二議席しか取れず、非改選六四をあわせても一二六で定数二五二に対してちょうど半分で、これでは単独過半数に満たない。巨額の資金をつぎ込んだのに、この結果では、敗北と言えた。市川さんや青島氏の方がコストパフォーマンスは、格段にいい。投票率は史上最高の七三パーセントで、増えた分が野党へ投じられたと分析された。

十月に発売された『文藝春秋』十一月号に、立花隆氏が書いた「田中角栄研究——その金脈と人脈」と児玉隆也氏の「淋しき越山会の女王」が載り、これがきっかけで田中氏の金脈問題が追及され、結局、田中内閣は十二月に総辞職し、自民党は次の総裁にクリーンなイメージの三木武夫氏を選んだ。

●市議選での一票差での敗北

市川選挙を闘った仲間とはその後も市民運動を続けていた。

市川選挙後の秋、私は田中秀征氏と初めて会った。田中氏は一九七二年の衆院選に立候補して落選していたが（五回目の挑戦の八三年に初当選）、七四年に『自民党解体論』を出版し、「腐敗した自民党を解体して新しい自民党を作りたい」と言っていた。この思いが、新党さきがけにつながるのだろう。私は「田中さんが自民党解体論なら、私が本を書くとしたら社会党解体論ですね」と話したのを覚えている。その題の本は書かなかったが、その趣旨のことは何回も書いた。

一九七五年四月の武蔵野市議会議員選挙には仲間のひとりの田中栄氏が無所属で立候補したが、何と一票差で負けてしまった。この選挙運動の仲間の多くは武蔵野市外からきていたので選挙権がなかった。しかも田中氏は結婚したばかりで、その妻は武蔵野市に移って三カ月がたってなく投票できなかったのだ。

一九三万票で勝った次は一票差での落選で、極端にもほどがある。私は市川選挙で選挙の楽しさを知り、武蔵野市議選で厳しさを思い知らされた。以後とくに仲間を市議選や区議選に立てた時は、選対会議などでこの一票差での落選を紹介し、気を緩めないようにした。

余談だが、当時三歳の長男・源太郎が最初に覚えた字は、うちの中に貼ってあった「田中栄」のポスターの「中」だった。

●ロッキード選挙で初立候補

一九七六年二月、アメリカのロッキード社が日本の政府高官に賄賂をばらまいていたことが発覚し、七月には田中角栄元首相が逮捕された。

田中角栄政権が首相の金脈問題で退陣したのは二年前のことだ。そのときは、立花隆氏をはじめジャーナリストが田中氏の周囲の金の動きを疑惑として追及しただけで、刑事事件にはならなかった。だが、今回は違った。「田中逮捕」で国民の怒りは頂点に達し、金権政治への怒りが全国で渦まいていた。野党や労働組合、そして市民運動も、各地でロッキード事件糾弾集会が開かれ、私も何度か参加してみた。

もちろん私にも金権政治への怒りはある。人一倍強かった。だが、そういう集会で演壇に立つ人たちは、「金権政治の自民党を倒さなければいけない」とは言うが、どう倒し、そのあとにどういう政権を作るのかは、何も言わない。「糾弾集会」は、まさに糾弾するだけで終わった。

「自民党政権を倒す」と言っても暴力革命をするわけにはいかない。選挙で自民党を少数派にするしかない。だが、その戦略も戦術も何も提示されない。デモや集会が無駄とは言わないが、それで自民党が「分かりました。政権から降ります」と言うはずがない。

自民党が「金権政治」になるのは、選挙資金に莫大な金額が必要だからだ。地域によっては買収供応が当たり前だった。それ以外にも自民党は選挙に金をかけていた。事務所に来る人にはごちそうを振る舞わなければならないといったことから、ポスター、ビラ、選挙カー、事務所、運動員のユニフォーム、ウグイス嬢や電話かけの人への日当、すべてに大金を投じている。

私は、自分たちに何ができるかと考え、自民党型の金権選挙ではない、新しい選挙スタイルをモデルとして提示することだと思いつき、「市川選挙」の若者グループの会合で、そんな感想を述べた。話し合っているうちに、「そうだ、何かやらなければならない」と盛り上がり、「東京と大阪で、三、四人ずつ出そうか」という雄大な計画を立てた。というのも、一九七六年は十二月に衆議院議員の任期が満了となるので、いつ総選挙があってもおかしくない状況だったのだ。

世論は「田中逮捕」には怒り、呆れていたが、一方で「前首相でも逮捕される」ことに、民主主義としての成熟度を見た人もいた。検察が「田中逮捕」の方針を決めたとき、指揮権発動で止めさせることもできたが、それをしなかった三木首相を評価する声もあった。だが、自民党内では田中派を中心に三木首相への批判が高まり、いわゆる「三木下ろし」が始まった。三木首相は解散のタイミングを図っていたが、党内の反対もありその機会を失い、史上初の任期満了での総選挙となった。いわゆる「ロッキード選挙」だ。

私たちは手分けして、立候補してくれといろいろな人を口説いた。有名な人を出すという発想ではなく、全国各地から多くの人に立ってほしいと考えた。だが、誰も応じてくれなかった。時間は迫っていた。それならば自分たちの仲間の誰かを出そうとなり、結局、私が出ることになったのである。

私たちのグループはサラリーマンが多く、選挙に出るためには退職しなければならない。法律上はかまわないが、当時の企業風土として「選挙に出るので長期休暇をください」と言っても認めてもらえそうになかった。退職して立候補して落選したら失業だ。学生の仲間もいたが、二十五歳未満で被選挙権はない。そこで弁理士という自由度の高い私が、出ることになったのだ。

妻・伸子に「出ることになった」と伝えると、「私は弁理士の妻になる気で結婚した。選挙に出るなんて聞いていない」と言う。「選挙に出るとは言っていないが、出ないとも言っていない」と反論してなんとか押し切った。

当時は中選挙区制だったので、住んでいた武蔵野市を含む多摩地域の東京第七区から立候補した。この選挙区には十五の市があった（武蔵野、三鷹、小金井、小平、国分寺、国立、立川、昭島、保谷《ほうや》、田無《たなし》、東久留米、清瀬、東村山、東大和、武蔵村山、後に田無と保谷は合併して西東京市）。

この十五市は、全国的にみればリベラルな市民が多い地域だった。武蔵野市など革新系の市長がいる自治体もあった。昔からの農家や地主もいるが、戦後の高度経済成長期に大きな団地がいくつもでき、その周辺も宅地化が進んだので、「新住民」が多かった。そして新住民による市民運動が盛んだった。住宅問題や環境問題に敏感な市民が多かったし、人口が増えていたので子どもも増え、保育園が足りないという問題もあった。これらは自民党にも社会党にも対応できない問題だった。新住民は既存の政党との関係が薄いので、選挙ではいわゆる「浮動票」となる。この層に上手くアピールすれば当選できるのではないかと、楽観的に考えたのだ。

ある仲間に言わせると、私が楽観的なのは「市川さんの選挙が間違いのもとだった」となる。つまり、最初の選挙で失敗していれば、もう少し慎重になっただろうが、最初にうまくいったもので、やれば何でもできるみたいな気になって、無謀な挑戦をしたというわけだ。

一般に選挙には「地盤（後援会組織）・看板（知名度）・カバン（資金）」の三つの「バン」が必要とされるが、私には何もなかった。あるのは、理念と仲間と若さだけだ。それなのに私が、はたから見れば無謀な挑戦をしたのは、つねに「対案を出す」という発想で動いてきたからだ。学生時代も、「大学が悪いから全部壊せ」とか、「体制が悪いから土台から引っくり返す革命だ」という発想はしなかった。いまの大学に悪い部分は確かにある、それに対してはこういう形で変えようという提案を出すべきだ、というスタイルだった。

一九七六年の政治状況では、ロッキード事件はひどい、自民党もだめだ、しかし社会党もだめだ、と誰もが思う。しかし、それで終わるのではなく、とにかく市民勢力というものをつくる努力を始めよう、その第一歩を踏み出そうと考えたのだ。このことは選挙中も強くアピールした。

選挙となっても、私の仲間の骨格メンバーはみな仕事を持っていた。彼らには知恵と構想と展望を出してもらい、選挙の実務は、フルタイムで応援してくれる人をボランティアで募って、来てもらった。学生もたくさん来てくれた。市川さんの「理想選挙」の延長の「市民選挙」を展開したのだ。どの党の公認も推薦も受けず、「あきらめないで参加民主主義をめざす市民の会」から「革新無所属」として立った。

市川さんにも推薦をお願いしに行ったが、「参議院は無所属でもいいが、衆議院は政党政治だから無所属でやるのはおかしい」と言われ、断られた。私なりに解釈すれば、市川さんは一言でいえばチェック役、ご意見番としての立場を取る。それに対して私たちは、市民勢力を結集して、いまの自民党や社会党はだめだから、それにとってかわる新しいパワーになることをめざした。単なる監視役にとどまるつもりはなかった。そういう運動論の違いがあった。このことで市川さんに破門されたとか対立したなどと言われたこともあるが、そうは捉えていない。市川さんは推薦人にはなってくれなかったが、個人的にカンパもしてくれた。

買収や供応とは無縁の私でも、事務所や自動車を借りビラやポスターを印刷するだけでも、普通の人間の金銭感覚からいえば、ひと財産が飛んでいく。しかし新しい形の選挙方式を提示することがテーマでもあったので、完全な個人カンパ方式で資金を集めることにした。おカネの入りと出の記録もきちんとつけて公開することにしたので、当時の記録が残っている。

カンパの目標額四五五万円で、私も含めて仲間うちから一〇〇万円、市民運動関係から一五〇万円、選挙運動中に知り合うであろう見知らぬ人から一〇〇万円、つきあいのある著名人から一〇〇万円、大学祭での焼きソバの売上と千円パーティーなどで五万円で、合計四五五万円とした。「見知らぬ人たちからのカンパ一〇〇万円」など、まさに捕らぬ狸の皮算用だったが、千円パーティーには予想以上に集まってくれ、一九万八〇〇〇円の収入となり、個人カンパも約五〇〇万円集まった。

支出は、専従二人の人件費が八万円、事務所費一三万円、電話代と切手代で七五万円、ポスター・ビラ・ハガキの印刷費七〇万円で、残務整理の費用まで含めて三二七万円とし、他に供託金一〇〇万円が必要だが、それは戻ってくるとして別予算にした。

衆議院の選挙でも自民党は何千万円もかけていたので、破格の予算で戦った。

当時の東京七区は有権者数が約一〇〇万人で定数四だった。自民党、公明党、社会党、共産党の現職がいて、そこに私と他に二人が無所属で立ったのだが、マスコミは無風区と位置づけていた。大政党の四人の現職の当選が、選挙の始まる前から見込まれていたのだ。

「市川選挙」では私も事務長として取材を受け、マスコミに名前や顔が出たが、一般的知名度があったわけではない。高校二年で三鷹に引っ越してきたが、転校した小山台高校はこの選挙区ではない。結婚してから暮らしている武蔵野市でも、それほど知り合いがいるわけでもない。知名度はゼロに等しい。応援してくれる組織もない。

選挙運動は遊説、電話での投票依頼、そして選挙ハガキなど、限られたことしかできない。ハガキは三万五〇〇〇枚出すことができたが、出したくても、これまでの市民運動で知り合った人たちなどで、名前と住所を把握している有権者は一〇〇名ほどしかいなかった。

そういう状況で、私たちが考えた戦略は、この選挙は「田中角栄対菅直人」だとアピールすることだった。田中元首相は逮捕されると自民党を離党したが、この選挙にも無所属として新潟の選挙区から立候補しており、強固な後援会「越山会《えつざんかい》」があるので当選は確実視されていた。そこで「田中角栄にノーと言いたい人は、菅直人に入れてくれ」と訴えることにしたのだ。これは面白いとマスコミも報じてくれた。名簿も資金もない私たちは、いかにマスコミが取り上げてくれるかが勝負だと思っていたので作戦は成功した。

それで思い出したが、「市川選挙」の後、共通の知人がいて石原慎太郎氏と会う機会があった。石原氏は会うなり、「市川選挙」について、「市川さんが君たち若いのに押されて出馬すると朝日新聞が報じただろう。あれで当選は決まったようなものだったな」と言った。正しい分析だと思った。なぜ朝日新聞は報じたのか。市川さんが引退を撤回して出馬するだけだったら、小さな記事だったろう。若者が推したというところにニュースバリューがあったので、大きな記事になったのだ。

私の選挙も無名の若者が立候補しただけでは記事にはならないが、「田中角栄対菅直人」というキャッチフレーズがあったので、取り上げてもらえた。

結果として一〇〇名前後の支持者名簿しかなかったのに、七万一三六八票を得たが、次点で落選した。四位で当選した共産党の候補は一〇万票だったので三万足りない。しかし、後援会名簿など何もないのに、七万も取れたので善戦ではあった。泡沫候補にはならなかったのだ。

立候補にあたり私は論文を書き、仲間がいくつもの雑誌に持ち込んでいたが、選挙期間中に一候補者の論文は載せられないと断られていた。だが、『朝日ジャーナル』副編集長の筑紫《ちくし》哲也氏が面白いから載せようと言って、載せてくれた。タイトルも、私がつけたのは別のものだったのを、筑紫氏が「否定論理からは何も生まれない」としてくれた。雑誌ができてからこのタイトルを見て、私は自分たちがやっているのはこういうことだったのかと分かり、以後の活動の指針にもなった。その意味でも、ありがたかった（このときは筑紫氏とは面識はなく、後で知ったことだ）。

この後も、私はこの論文を何度も読み返し、政治活動の原点を確認してきた。ここにある「保守対革新」の構図はなくなったが、自民党一強体制となってしまった。一方で、市民運動も強くなっている面がある。国政では女性議員はなかなか増えないが、地方自治体では、女性議員も女性の首長も増えているなど、変わった面もある。

一九七六年当時、私と仲間が何を考えていたか、ぜひ読んでいただきたい。

否定論理からは何も生まれない

（『朝日ジャーナル』一九七六年十二月三日号）

あきらめないで参加民主主義をめざす市民の会　菅直人

ロッキード事件とそれをめぐる政治抗争ほど政治の内幕を国民の前に明らかにした出来事はない。これを見る限り「政治は唾棄《だき》すべきもの」「政治家は軽蔑すべきもの」とする市民感情が生まれるのは当然である。しかし形骸化した民主主義社会とはいえ、唾棄すべき政治を許してきた責任の一端は私たち市民一人一人にある。政治を利権にまみれた政治家集団にまかせている限り、政治は限りなく堕落してゆく。市民が政治に参加してゆくことだけが、唯一政治に市民常識を取り戻す道ではないか。

戦後三〇年、保守対革新という形で政治の問題が語られてきた。しかしロッキード事件とそれに対する国民の反応の中に保守対革新、という枠組み自体の風化を感じるのは私だけではないであろう。

確かに戦後のある時期までは、「復興・成長」を掲げる保守に対し、革新は「平和・民主主義＝憲法擁護」を掲げ、それなりの成果をあげてきた。また、この時期にはまだ、大衆運動としての政治への市民の自発的参加の場があった。

だが左右社会党の統一、保守合同を経て高度成長時代に入るなかで保守も革新も次第に変質を始めた。保守は大企業からの献金＝構造汚職に全面的に依存する金権体質を強め、革新の側も大企業・官公庁労組に依存する労組政党として硬直化を始める。

こうして政党が選挙での投票行動でしか市民と接点を持たなくなるにつれ、市民の政党不信・政治不信は深まり、政党は健全な活力と市民感覚を失っていったと思う。市民感覚を持たない政党と、政党を信頼しない市民との離反である。

そのなかで、高度成長を背景に自民党は長期単独政権を維持し、政・財・官のモザイク的絶対権力をつくり上げていった。野党は有効な対抗策を提起できないまま「アンチ自民党」をとなえるだけの批判政党に安住してきた。

ロッキード事件は、こうした金権腐敗の自民党とそれを有効にチェックできない野党の存在という現在の日本の政治体質を象徴するできごとだといえる。

そのなかで進行した高度成長が環境破壊、有害食品や欠陥商品の氾濫、地価の異常上昇と住宅難、医療制度の矛盾の深刻化など多くの都市問題を生んだ。賃上げ＝労使対決というパターンでは解決し得ないこれらの問題に対して、自民党はもちろん労組依存型野党も市民の意見を行政に対し、積極的にフィードバックさせる機能を果たせないでいる。ここに市民運動・住民運動が発生する最大の素地があった。

こうした市民運動のなかから自治体政治の分野では、市民委員会、市民と首長との政策協定など、さまざまな形での市民参加が試みられ実現している。が、国政レベルではいまだに「政党政治」という枠に妨げられて、市民は国政から疎外されている。「腐敗した自民党」と「硬直化した野党」という現在の政治体質を変えるためには何が必要だろうか。当然、変革のためのプログラム、つまり政策がなくてはならない。だが、それ以前に、「参加」する努力、国政選挙への市民参加を通して市民感覚を備えた政治勢力をつくり上げることが必要である。

自分でやるしかない

選挙は、武力的権力闘争を平和的、民主的権力闘争とするための制度であり、本来権力闘争の場である。市民が自らの意思を国政に反映させようと思ったら、この権力闘争を市民の手で闘いぬくほかない。

選挙において市民が投票するだけの役割しか果たさず、候補者の推薦、選挙費用の分担などの選挙運動を既成の政党、団体にまかせている限り、建前で「市民派」、実態は選挙母体の「利益代表」という政治家の体質を変えることはできない。市民が参加して候補者を推薦し、選挙費用を分担する市民選挙を各地で実現させることが、政治体質を変える上で何よりも必要なのである。

このような市民選挙はいままでにも全くなかったわけではない。市川房枝氏により長年主張され実践されてきた「理想選挙」は、その先駆的役割を果たしてきた。特に一昨年の参議院選での市川房枝氏、戸村一作《とむらいっさく》氏、野坂昭如《あきゆき》氏の選挙は、それぞれ多少性格を異にするが、市民の自発的参加に基づく選挙であった。また昨年の統一地方選でも各地で市民運動グループが候補者を推薦する市民選挙が見られた。

こうした市民選挙は保守的政治勢力からだけでなく既存の革新政治勢力からも有形無形の圧迫を受ける。初期の市民運動も周囲から圧迫を受け、それを打ち破り実績をあげることにより、今日のような大きな広がりを持つにいたった。市民選挙も圧迫や既成政党に有利な選挙法上のハンディキャップをはね返して当選者を出すことではじめて、拡大し、定着してゆくであろう。

これまで市民運動をつづけ、また二度の選挙にかかわってきた私たちのグループは、こうした考えに基づき、今回の衆議院選に東京七区から候補者を立てて戦うことになった。

その候補者が私である。

私の推薦母体は、一昨年の参議院選で市川房枝さんのかつぎ出しに参加した人とその後の活動を通して加わった人からなる市民運動グループである。もともと市川さんのかつぎ出しの運動は四つの市民運動グループ——土地・住宅問題をテーマとする「より良い住まいを求める市民の会」、食品公害をテーマとする「恐怖の化学物質を追放するグループ」、青空市をやっていた「消費を考える葛飾の会」、慶応大学で活動していた「政治資金問題研究会」——のメンバーが、市川さんの主宰する「理想選挙推進市民の会」で出会ったことがきっかけとなって始まった。

参議院選挙後も新たな仲間を加え、自発性と多様性を重んじてそれぞれのテーマについて活動している。グループ全体に共通なものとして『シビル・ミニマム』という月一回発行の機関誌と渋谷に三坪の事務所を持ち、それらの活動資金は大学祭へグループ全体で参加することによりかせいでいる。各テーマごとの運動には名前があるが、グループ全体の名前はなく、選挙については全体で討議し、参加、不参加は各自の判断にまかされている。

このように、このグループは組織というよりネットワークといった感じのものである。

昨年の統一地方選では仲間の一人を武蔵野市議選の候補者に推薦し、「市民運動の流れを議会へ！」というスローガンで戦ったが、惜しくも一票差で落選という結果に終わった。

私自身は、土地・住宅問題、食品公害の運動に参加し、市川さんの選挙と武蔵野市議選では推薦人、選挙責任者（事務長）となり、またその後、医療問題の研究会、市民思想研究会のメンバーとして活動してきた。

ロッキード事件発覚以来、糾弾集会やデモに私を含むグループの何人かは個別に参加してきた。

五月中ごろ、月例セミナーの講師の依頼のため日高六郎《ひだかろくろう》氏に会った時、雑談の中でロッキード事件後の総選挙の話になり、野党の統一首班候補となる人物として市民派の著名な人を衆議院選挙に立候補させることはできないか、という話が出た。野党各党との調整が不可能だろうということでこの話は立ち消えになったが、ロッキード事件を契機に既成政党以外から候補者を立てては、という考えには共感を覚えた。

その後、小田実《おだまこと》氏を中心とする「椎名と対決する会」や『週刊ピーナツ』を中心とする会合に何度か出席した。そのなかで小田氏の「市民選管」による「国民投票」で椎名構想に対する意思を明らかにしようという提案があった。

従来の否定論理型の発想でなく、体制を自分たちの参加によって変革してゆこうという参加型の発想が感じられるこの小田氏の提案は私たちのこれまでの運動の発想と基本的に一致するものであった。

またロッキード事件をめぐって「自民党をつぶす人民大連合」や「自民党に投票しないことの呼びかけ」などが提案されている。しかし、単に自民党に投票しないという訴えだけでは、野党にも期待を持てない脱政党層のシラケによる大量棄権を招くだけで必ずしも自民党に有効な打撃を与えることができない。そこで私たちは八月中ごろからシラケ層の投票受け皿をつくるため市民選挙で立ち上がることを東京、大阪をはじめ多くのグループに呼びかけ始めた。

この呼びかけに対し、一般的な状況認識では一致しつつも具体的な選挙ということになると、これまでの運動との関連、力量、候補者といった点でむつかしいというのが多くのグループの反応であった。そして逆に言い出しっぺのグループから具体的運動を提起してほしいと言われた。

こうした経緯を経て私たちのグループ内でも具体的検討が始まり、九月半ばに選挙をやるという方針で、東京七区から私を候補者として戦うことが提案され、私も立候補を決意し、一〇月三日、最終的に決定された。（続きは巻末資料A＝242～244ページに掲載）

本書を書いている二〇二三年十二月、またも自民党の「政治とカネ」の問題が大事件になっている。この半世紀、いくつもの疑獄事件が起き、何度も政治浄化・政治改革が叫ばれ、論じられ、法制度もできた。それなのに自民党の本質は変わっていないことに愕然とする。

また、この論文からはこの頃すでに無党派層の存在が大きくなっていたことも確認できる。七六年の衆院選で私に投票してくれた人は、まさにこの無党派層、「支持する政党なし」の人びとだった。私も無党派層のひとりだったからこそ、自民党に代わる政権を作ろうと考え、行動してきた。民主党は挫折も経験したが、七六年には何もなかったのだ。それを思えば、そう悲観することはない。

第二章　市民ゲリラ国会に挑む　1977-1980

一九七六年十二月の総選挙で次点となった私は、次の選挙まで二年か三年あるので、その間も運動を続けていけば次は当選できると、これまた楽観的に考えた。賛同する仲間もいたので、事務所を維持することにしたが、家賃をどうするかという問題があった。選挙のためならばカンパも集めやすいが、日常活動のためのカンパとなるとなかなか集まらない。

何か稼がなければならないが、本格的な商売をするには、それぞれのいまの仕事を辞めなければならないし、運動ができなくなってしまい、本末転倒だ。ここで何がやれるかを考え、学習塾を開くことにした。塾ならば、夕方からやればいいので、それぞれの仕事が終わってからできる。私は数学、妻・伸子は英語、仲間もそれぞれ得意な教科を担当することになった。この塾は好評で選挙にも役立った。次の選挙では生徒の親御さんが私に入れてくれたし、さらに数年後には生徒たちも有権者になったからだ。

私たち「参加民主主義をめざす市民の会」は一九七七年も活動を続けることになった。

そのひとつとして、七六年の選挙運動の記録を本にまとめた。『無から有への挑戦――「支持政党なし」時代の選挙』で、七七年六月に読売新聞社から、参加民主主義をめざす市民の会編として出したもので、私も一部を執筆した。絶版だが、私の公式サイト（https://n-kan.jp/）にこの本の全ページを載せてある（ホームページの「市民選挙」をクリックすると書影が出るので、そこをクリックしていただきたい）。

●江田三郎氏の社会党離党

一九七六年の総選挙は、ロッキード事件への批判が高まるなかでの選挙だったので、自民党は一六議席減らして二四九議席と過半数を割った。三木首相は退陣し、福田赳夫《たけお》内閣となった。無所属で出た田中角栄氏は当選した。躍進したのが、自民党を離党した河野洋平《こうのようへい》氏が結成した新自由クラブで、自民党には入れたくないが、社会党にも入れたくないという層の受け皿となった。

社会党は一一議席プラスで一二三議席となったが、副委員長の江田三郎氏をはじめ党幹部の多くが落選した。もともと江田氏は党内最大勢力の社会主義協会とは対立していたが、選挙の総括をめぐり、対立は激化した。きわめて単純に言えば、成田知巳《ともみ》委員長は共産党を含む全野党共闘路線だったが、江田氏は公明党と民社党と組む社公民路線だった。

一九七七年二月の社会党大会で、社会主義協会は江田氏を徹底的に吊るし上げ、副委員長を解任してしまう。党改革は無理だと絶望した江田氏は、三月二十六日に離党届を出したが、受け入れられず除名されてしまった。一緒に党を出ると申し出た議員もいたが、江田氏は「まず、自分ひとりで出る」と言って、ひとりだけの離党となった。そして、三十一日に社会市民連合を立ち上げた。

江田三郎氏が社会党を飛び出すと、私たちは「これはうまくいけば、社会党が解党して新しい政治勢力ができるかもしれない。その勢力と市民派勢力が合体できないだろうか」と考えていた。

私は江田三郎氏とは面識がなかったが、父が江田氏と同郷で小学校が同じだった。また妻・伸子の兄が三郎氏の長男・五月《さつき》氏と中学で同じ学年で親しくしていたので、まったく縁がないわけでもなかった。

そんなとき、篠原一《しのはらはじめ》・東大教授から私に、「江田三郎さんの側近が君ら市民運動の仲間に会いたいと言っている。一度会ってみたらどうですか」との打診があった。以下は後に知ったことだが、私の知らないところで、こういうことがあった。

江田三郎氏は司馬遼太郎の歴史小説の愛読者だった。そこでブレーンのひとり、タウン誌『下町タイムス』の今泉清氏が、思い切って司馬さんを訪ね、今回の決起について意見を求めると、「世間ではもはや江田さんは『老兵』です。この決起を成功させるには、自分の子どもか孫くらいの若者と組まなければダメです」と言われた。今泉氏からその話を聞いた江田氏は、「その通りだ、若くて生きのいいのと組もう」と決断した。そこで今泉氏が私の名をあげた。

もうひとつ、学生時代は共産党員で離党後は『現代の理論』編集長として江田氏のブレーンだった安東仁兵衛《あんどうじんべい》氏が、丸山眞男《まるやままさお》・東大教授に「誰かいい若いのはいないか」と話したところ、丸山先生は武蔵野市在住で私が選挙に出たのを知っていたので、私の名を安東氏に伝えたともいう。

こういう縁が重なり、篠原先生から打診があったのだ。

私たちは、「こういう話はできるだけ大勢の市民がいる場でやりましょう」と公開討論会を提案した。「江田三郎」という大きな存在の政治家が、小さな存在である市民運動のグループと、公開の場で対等に議論することに意味があると考えた。

●公開討論会での「社会主義」をめぐる議論

保谷市《ほうや》（現・西東京市）の小学校の体育館を借りて、公開討論会を開くことになり、司会を篠原先生にお願いし、サラリーマン同盟の青木茂氏にも参加してもらった。

公開討論会の四月二十四日は日曜日で、父・菅壽雄《ひさお》も来て、始まる前に江田氏と世間話のような感じで懇談していたのを覚えている。同郷で小学校が同じなので、面識はなくても父は江田氏に親近感を持っていたようだ。

討論会は三時間ほどの熱気のあるものだった。討論会を申し入れた段階で、私たちのほうから論点を四つ挙げていた。第一点は、市民型政治グループのあり方と、新党が第二社会党的労働組合政党化することへの懸念。第二点は、労働組合政党が十分に取り組めていない政策への取り組み。第三点は、「社会主義」という言葉の持つ心情的論理と政治論理の区別と、本家争いの不毛性について。第四点は、政党間の連合。当日の議事録が『社民連十年史』というサイト（https://www.eda-jp.com/books/usdp/index.html）にあるので、興味のある方は読んでいただきたい。

討論会で忘れられないのは、江田氏にとって「社会主義」が政治の原点で、政治家として非常に重要な位置を占めていることだった。私には社会主義という思想はなく、強いて言えば市民主義だ。だが江田氏と話しているうちに、めざしている方向は同じだとよく分かったので、「別に社会主義と言わなくてもいいのではないですか」と言ってみると、「君ら若いもんには分からんだろうが、ぼくの長い人生で社会主義はとてつもなく重要なんだ」と言われたのをよく覚えている。

討論会後、もう少し話をしようとなり、私たち「参加民主主義をめざす市民の会」の事務所に来ていただいた。その場には安東仁兵衛さんや江田ブレーン・ナンバーワンの貴島正道《きじままさみち》さんなどもいらしたが、江田氏から「菅君、一緒にやらないか」と言われた。

さらに、「代表の一人になってくれないか」とも言う。「自分が一線で活躍できるのもあと二年程度だから、それまでに何とかレールを敷いておきたい。あとは若い人が頑張ってくれるだろう」と言うので、私は「あと二年だなんて、江田さん、これからじゃないですか」と励ましたのだが、たしかに、体調は優れないようだった。

私としては、代表になってくれとまで言われたので、参加しようと考えていたが、仲間とも相談しなければならないので、その場では返事をしなかった。数日にわたり、仲間と協議した結果、私たち「参加型民主主義をめざす市民の会」は社会市民連合（社市連）に参加することを決めた。

●江田三郎氏の急死と参院選

四月二十四日の公開討論会でも、江田三郎氏は体調が悪そうだったが、五月十一日に入院された。五月二十五日には江田氏の出版記念パーティーが予定され、その場で全国区への出馬を正式に表明することになっていた。だが、診断の結果、肺と肝臓にガンがあり、膵臓にもある可能性が高く他にも数カ所転移しているとみられた。選挙に出るのは無理だった。後任として、江田氏の周辺の人たちは異口同音に長男・五月《さつき》氏の名を挙げた。五月氏は当時、横浜地裁の裁判官で「裁判官という仕事に一生を賭けてみる気になったところで、どんなに説得されてもこの意志はかわりません」と明言されていた。そこで弟の拓也氏が出ることに内定していた。

江田三郎氏は五月二十二日に容態が急変し、私が病院へ駆けつけたときは、もう亡くなられていた。結局、私がお会いできたのは、四月二十四日の公開討論会とその後の事務所での懇談の合計五時間ほ

1977年、社会市民連合結成。江田三郎氏の遺影を掲げての出発。

どだけとなってしまった。

思えば、私は政治活動の最初の段階で、市川房枝、江田三郎という歴史に残る大運動家・大政治家の謦咳《けいがい》に接することができた。このお二人との出会いは、政治人生の大きな指針となっている。

江田三郎氏が亡くなられた五月二十二日は五月氏の誕生日だった。そこに運命的なものを感じた五月氏は、政治への転身を決意し、自分が後を継ぐと決断された。私が五月氏と会ったのは、このときが初めてだった。二十四日が三郎氏の葬儀で、二十五日、予定していた出版記念パーティーが追悼集会として開かれ、五月氏は後を継いで参院選に立候補することを宣言した。

社会党を離党した大柴滋夫《しげお》・衆議院議員も加わり、江田五月、菅、大柴の三人が代表となり、参院選に臨んだ。全国区からは江田五月氏が立候補し、私を含めて地方区に九人の候補者を立てた。十人以上の候補者がいないと確認団体になれず、マスコミが政党として扱ってくれないためだ。

選挙の結果、私は一九万九一九二票で八位、落選した（定数四）。江田五月氏は一三九万二四七五票を得て第二位で当選した（一位は社会党の田英夫《でんひでお》氏）。しかし私以外の地方区の候補者も全員落選、同時に行なわれた都議会議員選挙にも九人を立てたが全員落選という結果に終わった。新党は「風」が吹いて、最初の選挙ではブームとなって勝つものだが、社市連は、江田五月氏個人には風が吹いたかもしれないが、党全体にはまったく吹かなかった。

自民党は苦戦が予想されたが、改選議席を上回った。社会党は六年前は三九議席だったのが二七議席と大きく後退し、成田知巳委員長は責任を取って辞任し、またも党内抗争となった。

この参院選では、社市連に加えて、革新自由連合（革自連）という新党も結成された。中山千夏《ちなつ》・矢崎泰久《やすひさ》・ばばこういちの三名が代表で、非自民・護憲の立場の文化人・タレントが結成した党だ。社市連同様に十名を擁立したが、全国区で横山ノック氏が再選したのみに終わった。中山氏はこの年はまだ被選挙権がなく立候補できず（八〇年の参院選で当選）、当初、名前の挙がっていた著名人も立候補しなかった。二つの新党はともに厳しい門出となった。

実は革自連が結成されたとき、私も誘われたことがあり、もし、江田三郎氏が離党していなかったら参加していたかもしれない。革自連は無党派自由人の集まりで、市民感覚に根ざす運動論だったので共鳴するところもあった。参院選の一年後の一九七九年九月、私は革自連代表のジャーナリスト、ばばこういち氏との対談本『激論 社民連VS革自連』（ちはら書房）を出した。「80年代に政治の変革と復権は可能か」とのサブタイトルがある本で、お互いの活動の検証から始まり、政治、文化、ファシズム、改憲、エネルギー、戦争と、多岐にわたり激論を交わした。

●社民連へ

九月二十六日、社会主義協会と対立していた「新しい流れを作る会」の田英夫・秦豊《はたゆたか》・楢崎弥之助《ならざきやのすけ》の三氏は社会党を離党し（除名された）、二十八日に「社会クラブ」を結成した。十二月には阿部昭吾《あべしょうご》・衆議院議員も離党し加わった。

一九七八年三月二十六日、私たち社会市民連合と社会クラブは一緒になり、「社会民主連合」（社民連）を結党した。衆議院議員は楢崎・阿部の二人、参議院議員は田・江田・秦の三人、合計五人のミニ政党だった。党役員は田代表、楢崎書記長で、私は国会に議席はなかったが、副代表（江田五月氏も副代表）と市民委員長に就いた。

秋に福田首相の自民党総裁任期が満了となり、自民党は初の一般党員の投票による総裁選挙を行なった結果、田中角栄元首相の支援を得た大平正芳氏が勝って総理大臣に就任した。田中元首相は自民党を離党していたが田中派を維持しており、公然と総裁選挙の指揮を執っていた。

●二度目の衆院選（一九七九年）

一年後の一九七九年十月、大平首相は衆議院を解散した。総選挙となり、私は東京七区から二度目の立候補をした。精神的に、いちばんきつい選挙となった。

社民連ができると、市議会議員などの自治体議員が入ってきた。その大半が社会党出身者だった。彼らも選挙を手伝ってくれることになったのだが、私たち市民グループとはカルチャーが違い、さまざまなトラブルが発生した。選挙戦の進め方において、私たちがイメージして実践してきたものと、社会党的選挙とはまるで違うのだ。社会党スタイルは、情報は少人数のみで限定し、ボランティアの運動員に公開し共有することはしない。選挙運動資金も最終的には候補者本人に被《かぶ》せればいいという考えで、予算の透明化にもほど遠い。

こうしたスタイルの違いは、社民連の普段の会議でも見られた。社会党出身者は、議会の会派とか他党との共闘問題、候補者の選定といった議案は非常に熱心に議論する。ところが、「リサイクルへの取り組み方」とか「合成洗剤の運動にどう取り組むか」といったことになると、何の関心も示さない。社民連のなかに、「社会派」（社会党的な人々）と「市民派」という二つのカルチャーができていた。私の選対は市民派が多いため、社会派との対立が抜き差しならないところにまで達してしまった。結局、一緒にはやれないとなって、「市民選対」と「社民連選対」の二本立てで闘うことになった。

このような選対の内部事情も私にとって気が重いものだったが、根本的な問題として、この三度目の選挙で、私はテーマを見つけられなかった。私の運動は常にテーマ型で、七六年は「田中角栄対菅直人」というキャッチフレーズがあり、七八年の参院選は新党を立ち上げたというテーマがあったが、七九年は何もなかった。前回も出たから出てみようという話でしかなかったのだ。いわば「平時の選挙」で、これは組織を持たない候補者にはきつい。社民連は組織としては、ほとんどないようなものだった。前回は七万、参院選で東京七区での得票は五万と減っていたので、今度は三万だという声もあった。

選対も分裂しており、これは危ないというので、湯川憲比古《のりひこ》氏らが立ち上がり、仲間を集めてくれ、市民選対は強化された。この選挙で「菅直人を応援する会」が作られた。自民党ならば「菅直人後援会」となるが、「市民が主体的に菅直人を応援する」という意味のネーミングだ。

大平首相は財政再建を旗印に一般消費税の導入を掲げて解散総選挙に打って出たが、自民党内がまとまってなく、猛反発を受け、選挙中に撤回に追い込まれるなど混乱したものの、自民党は一議席マイナスにとどまった。投票日は台風となり、投票率は六八・〇一パーセントと前回から五・四四パーセントのマイナスとなった。

東京七区は、自民、公明、社会、共産の現職四人と、自民党からもうひとり新人が出て、他に私と新自由クラブからも出た。投票率が下がったこともあり、私が得たのは六万七四八〇票で前回から約四千票減らし、六位で落選した。しかし、得票率は前回は一一・七パーセントだったが今回は一一・九パーセントと微増ではあった。自民党は新人の小沢潔氏が当選し、現職で大臣経験者の福田篤泰《とくやす》氏が落選した。選挙後、小沢陣営が大平首相名義の怪文書を流していたことが発覚する。

社民連は、現職三人を含め八人を擁立した。私に近いところでは、安東仁兵衛氏が東京四区から、私の仲間の田上等《たがみひとし》氏が神奈川県から出た。しかし私を含め新人は全員落選し、現職の大柴氏も落選したので、衆議院は楢崎・阿部の二人になってしまった。

自民党は一議席減らしただけだったが、党内から大平総裁の責任を問う声が高まった。前年の総裁選でのしこりが残っていたのだ。投票日は十月七日で、三十日になってようやく特別国会が開会したが、通常は初日に行なう首班指名が、自民党内がまとまらず、十一月六日になった。さらに、大平首相と福田赳夫前首相に票が割れるという異常事態となり、決選投票で大平首相が選ばれた。その後も組閣でもめて、内閣の発足は二十日となり、投票日から約四十日も党内抗争をしていたことになる。これがいわゆる「四十日抗争」だ。

この自民党の醜態に、国民は呆れ果てていた。

●衆参ダブル選挙

一九七九年の総選挙で、三回目の落選をしたので、母や妻は、私がこれで諦めるだろうと思っていたらしい。しかし、私は「あきらめないで参加民主主義をめざす市民の会」だから、諦めなかった。弁理士の仕事をして生計を維持し、最低限の政治活動は続けた。

一九八〇年は夏に参院選が予定されていた。市川房枝さんも改選となり、八十七歳で出馬された。

私は社民連に入っていたので、その選挙には関わる予定はなかった。社民連では、田・江田の両氏は非改選で、秦豊氏が改選だったので、私たちのグループは「秦豊を再選させる会」を作り、活動していた。

ロッキード事件の記憶もまだ残っているなか、ＫＤＤ（国際電信電話株式会社、現・ＫＤＤＩ）による政治家や郵政省官僚などへの贈賄が発覚した。関与していた政治家は百九十人にものぼった。さらに個人の事件だが、自民党の浜田《はまだ》幸一《こういち》代議士がラスベガスで賭博をしていたことが発覚するなど、自民党の金権腐敗体質は底なしの様相を呈していた。

国会は会期末になり、五月十六日に社会党は内閣不信任決議案を提出した。まさか可決されるとは思っていなかったらしいが、自民党の福田派、三木派の動きが怪しくなっていた。半年前の四十日抗争の遺恨が残っていたのだ。

その日、私は参院選に向けた山形県での野党合同の演説会に出ていた。次は秋田県へ行く予定で、夕方、食事を取っていたら、「いま、内閣不信任決議案が可決されました。すぐに東京へ戻ってくださ い」との連絡が来た。自民党の福田、三木派などが本会議を欠席したため、可決されてしまったという。私は「夜行で帰る」と言い、「明日朝からすぐに活動したい」と頼んだ。

当時は山形新幹線はなかったので、夜行で帰るしかなく、上野に朝六時頃に着いて、吉祥寺駅には七時前に着いた。二十名ほどが集まってくれていた。印刷する時間はなかったので、コピーした数百枚のビラを配りながら、演説をした。

こうして、私の通算四度目の選挙が始まった。弁理士試験も四度目で合格したので、４はラッキーナンバーだと自分に言い聞かせた。

大平内閣は衆議院の解散を決め、参院選と同日に投票するダブル選挙にするとも決めた。選挙期間の日数が異なるため、十九日に衆院を解散、三十日に参院選の公示、六月二日に衆院選の公示、投票日は二十二日と決まった。自民党は結局、欠席した議員も公認して、選挙戦に突入した。

混乱というか、波乱はそれだけではなかった。六月十二日、大平首相が亡くなった。それまで分裂選挙だった自民党は「弔《とむら》い合戦」と称して、まとまってしまい、選挙戦の主導権を握った。

●市民参加型選挙を展開

東京七区で立候補したのは私を含めて六人だった。自民党・公明党・社会党・共産党の現職と、前回落選した自民党の福田篤泰氏の秘書が後継者として立った。前回は新自由クラブも候補者を立てたが、今回は出ず、これは私にとって追い風のように感じた。

前述のように、自民党の小沢潔議員は前回選挙で怪文書をばらまいていた。田中角栄流金権選挙とはまた別の政治腐敗だ。東京七区での闘いでは、「政治浄化」は重要な争点となる。私たちは「腐敗の政治に代わる『市民の政治』を」をビラの見出しとして、徹底的に小沢氏を攻撃する戦略を立てた。遊説計画でも、公示後の第一声は、私の地元と言える武蔵野市の吉祥寺ではなく、あえて小沢氏の地元の国立駅前にした。国立も新住民の多い地域なので、手応えはあった。

もうひとつのテーマは「市民選挙」そのものにあった。「政治は金がかかる」「企業や労組などのバックがない人は当選できない」という、政治神話が有権者に刷り込まれていた。これが無党派層を生み、さらには政治への無関心を生み、市民の政治参加への無気力感を増幅させていた。このままでは、組織に属していない一般市民は、政治に対して何もできない。

私たちが主張する「市民政治」を実現させるためには、まず「金と組織」という神話を、「市民選挙」で粉砕する必要があった。

「『金と組織』選挙」に、私たちは「カンパとボランティア」型選挙で挑み、「金のある人はカンパを、時間的余裕のある人はボランティアに、両方ともに制約のある人は知恵を出し合う」というスローガンを掲げた。選挙運動のやり方そのものをアピールしたのだ。この「カンパとボランティア」型選挙は、私たちが初めてではない。市川さんの「理想選挙」も実態はカンパとボランティアだし、自治体選挙では成功例もあった。しかし衆議院の選挙では、私自身の過去の選挙を含め、成功例がない。

具体的な参加型市民選挙がどんなものだったかを紹介しよう。選挙の時にはポスター掲示板が置かれ、決められた番号の枠に貼る。選管は掲示板を設置するだけで、ポスターは各候補者の陣営が自分で貼る。この選挙では東京七区全体に約二〇〇〇の掲示板があった。

実は、かつての民主党やいまの立憲民主党が連合の支援を必要とするのは、票もさることながら、この掲示板に公示日にポスターを貼る作業をしてもらうためだ。これにはかなりの人手を必要とし、投票してくれる支持者はいても、ポスター貼りをしてくれる支持者を数百人も見つけるのは大変なのだ。自民党、公明党、共産党などは党や支援団体がしっかりしているので、効率よくできる。後援会組織の弱い立憲民主党の候補の多くは、連合に頼まざるをえない。四十数年前といまも、この構造は変わっていない。

四十数年前の私たちは、「作業」に過ぎないポスター貼りを「運動」にすることにした。支援者に、それぞれ自分が歩ける範囲にある掲示板に貼ってもらうことにしたのだ。当時の資料を見ると、十五市合計で二五四の投票区があり、それぞれに七箇所から八箇所の掲示板があった。投票区は徒歩圏内だ。したがって、二五四人がそれぞれ七枚から八枚貼ってくれればいい。支持者を半日だけ運動員にしてしまうのだ。ある人がポスターを貼っているところに、知人が通りかかり、「何をしているの」「菅さんのポスター、貼ってるのよ」「大変ね」「菅さんに入れてね」「あなたがそこまでやるなら、入れるわよ」と支持が広がる可能性もある。

実際には、支持者がたくさんいる地域とそうではない地域もあるので全部を支持者に貼ってもらうことはできなかったが、二五四の投票区のうち一四四区を昼までに貼ってもらえた。大成功だ。

選挙ハガキは三万五〇〇〇枚出せる。これをたとえば労組に一〇〇〇枚単位で頼むこともできるが、私たちにはそういう組織はないので、それを逆手にとって、支援者にひとり一〇枚でいいから知り合いに出してくれないか頼むことにした。三五〇〇人が一〇枚ずつ書いてくれればいいという計算だ。これも三五〇〇人も見つけることはできなかったが、かなりの人に書いてもらうことができた。自分の知人宛てのハガキを書いてくれた人は当然、私に投票してくれるし、もらった人も、知り合いから来たハガキなので、私に入れてくれる確率は高い。

こうして支持者をボランティア運動員にする作戦が動きだした。ポスターやハガキはいわば在宅ボランティアだが、私たちは選対事務所に来てくれる人を二百人にしようという目標も立てた。「選対二百人実現作戦」である。公示直後は五十人くらいが何らかの形で手伝ってくれていたが、最終的には二百人を越えていた。情報を共有するため、内部広報紙を毎日発行した。

「カンパ」では、「菅直人株」を発行した。領収証の代わりに、「株券」を発行し、カンパしてくれた人を「株主」として登録する。配当は、お金ではなく、「社会をよくする」だ。五〇〇円株・一〇〇〇円株・五〇〇〇円株・一万円株の四種類を用意した。もちろん、普通の（というのもおかしいが）

カンパもしてもらっていい。結果として、カンパは一二八四万九六五五円、株は一七二万三五〇〇円に達した。

●一五万七九二二票

私は候補者に徹していたので、もっぱら街頭遊説だ。日に日に手応えを感じるようになってきた。立ち止まって聞いてくれる人が増えてくるのだ。マスコミの選挙報道でも、それまで無風区とされていたが、「菅直人が台風の目」と報じるようになってきた。「当選ライン上に浮上」と書く新聞もあれば、「現職にどこまで迫れるか」と書く新聞、「動きに注目」と書いたところもあった。

全国レベルでは大平首相の弔い合戦となり、自民党優位が伝えられていたが、東京七区だけは、違う風が吹いていた。終盤になると、どの新聞も、私を当選圏内に入ったと書くようになった。

最終日が近づくと、開票日にはテレビが二局、ラジオが一局、事務所から中継したいと申し出てきた。当選の瞬間を報じるためで、落選しそうな所には来ないので、マスコミも「当確」を意識していると分かった。しかし気を緩めてはいけない。一票差で負けた選挙もある。

ポスターは二種類作り、選挙期間の折返しの頃に、いっせいに貼り替えた。だが、最初のほうがいいとの声が多く、最終日近くに、また貼り直す作戦を展開した。これができるだけの選対とボランティア部隊になっていた。

最終日も国立駅から遊説を始め、午後は立川から中央線の各駅前で演説し、最後は吉祥寺駅前だった。江田五月氏もかけつけてくれ、大勢の人が聞いてくれた。過去三回の選挙とは次元の違う手応えを感じた。

最後の心配は、「明日は晴れるか」だった。最終日は雨だったのだ。前回は台風の大雨で投票率が下がり、敗因のひとつだった。そこで、私が遊説にまわっているあいだ、事務所ではテルテル坊主作戦が展開されていた。どうせ作るなら千個くらい作ろうとなって、みんなで作っていたのだ。遊びと言えば遊びだが、これで士気は高まったそうだ。そのおかげか、二十二日の投票日は晴天となった。投票率も前回を大幅に上回った。

当時、東京は翌日開票だったので、二十三日月曜日に開票された。地方は前夜に開票され、自民党の優勢が確定的だった。結果は、一五万七九二一票でトップ当選だった。七九年の衆院選では六万七四八〇票だったので、半年で倍増したことになる。

1980年6月23日、初当選。

全体を見ると、七九年の東京七区は有権者数一〇二万六五〇九人で投票率五五・六五パーセント、総投票数五七万一二五二だったのに対し、八〇年は有権者数一〇三万四二一一人で投票率六八・五四パーセント、総投票数投票七〇万八八四八となった。その差は一三万七五九六だ。単純計算では、その半分近くが私に上乗せされたことになる。

選挙事務所にはダルマは置かないのが、私の選挙だ。バンザイもダサいのでやらないことにし、拍手とVサインで勝利を祝うことにした。事務所は狭いので、外に出て胴上げが始まった。私ではなく、運動員が次々と胴上げされたのだ。私は最後だった。最初は二十人くらいが取り囲んでいたが、最後は五十人ほどに増えていた。最後まで、私の選挙は「だんだん人が増えていく」というスタイルだった。

●市民ゲリラ国会に挑む

全体の選挙結果は、衆参とも自民党が圧勝した。衆議院の自民党は二五八から二八四に増え、社会党は現状維持、公明・民社・共産がそれぞれ大きく減らした。投票率が高いと無党派の浮動票が増えるので、組織型政党は弱いのだ。東京七区も共産党が落選した。社民連は五人が立候補し、現職の楢崎・阿部、そして私の三人が当選した。

参議院も自民党は六九議席を取り、非改選合わせて一三五となり保革伯仲が解消された。市川房枝さんは全国区でトップ当選し、青島氏はまたも選挙運動をしないで二位で当選した。秦豊氏は全国区五一位で落選したが、当選者のひとりが開票日に急死して繰上げ当選となった。これで社民連は衆参ともに三人となった。

自民党は大平首相の後任に、同じ派閥の鈴木善幸《ぜんこう》氏を選んだ。

組織も金もない青年がトップ当選したので、私は、選挙後、多くのメディアの取材を受けた。そして本を緊急出版することになった。『市民ゲリラ国会に挑む』で、読売新聞社から刊行された。手前味噌になるが、いま手に取ると、緊急出版の割にはよく出来ていると思う。

私が全てを書いたのではなく、巻頭に篠原一先生による「論考」として『ポスト産業社会と菅直人』があり、次に「報告」として『「これが市民選挙だ」ドキュメント6・23』を私が書き、正村公宏《まさむらきみひろ》先生と私の「対談」『市民運動から国会へ』、そして最後に「提言」として『私の市民政治宣言』という構成だ。

その『これが市民選挙だ』の最後に、「私たちは市民政治実現の布石として、「市民選挙」は衆議院選のレベルでも可能であることを証明し得た」として、以下のように書いた。


次に私たちが取り組むべき問題は「政治の市民化」である。もっとも、それは必ずしも「政治の市民運動化」ではない。私自身、市民運動の代表として議会へ出るのではなく、「市民運動の経験を持った一人の人間」が政治運動にそして議会に参加するのだと自覚している。つまりこれまで土地・住宅問題やリサイクル運動、医療問題などに取り組んできた。もちろん、そういうものを国政に反映させてゆきたいと考えている。しかし、そのことだけで「市民の政治」が実現できるとは考えていない。一つには議員の機能を生かして市民運動も含め、市民の政治参加の前提となる情報共有の場、意見交換の場を作っていきたい。

さらに言うなら、私たちは、もっと先のこと、つまり今の既成政治勢力にとって代わることを目指している。ロッキード事件以降の自民党をみても、自浄作用が有効に働くことはほとんど期待できず、今後も密室の政治がくり返される恐れは少なからずある。一方、既成野党の側にも、その体質は市民の声を吸収しうる構造にはなっておらず、政党の組み合わせをいろいろ変えてみるだけでは開かれた連合政権は望み得ないだろう。

私たちは、ようやく市民政治を国政の場で実験するための足場をつくり上げた。「選挙」を市民の手のとどくところ、いわば「お祭り」のレベルまで引きずり降ろした。私たちの次の課題は、いかにして「政治」を市民の手の届くところまで引きずり降ろすかである。

祭りは常に戦いの序章であった。

私たちは、市民による市民政治実現にむけて、大いなる序章に新しい市民の文字を書き始めたい。

●面白かったのは菅直人の当選だけ

当選後、多くの取材を受けたが、最も印象に残っているのが、前章でも一部を引用した筑紫哲也氏による『月刊PLAYBOY』のインタビューだ。冒頭の部分を紹介しよう。

筑紫　ぼくはテレビで、今度の衆参同時選挙で面白かったのは菅直人が当選したことぐらいだと言ったことがある。あんまり面白いことは今度の選挙にはないんだよ、本当を言えばね。まあ宇都宮（徳馬）さんがひとつの意味があります。これは相当大きい、全体の状況からいうと。つまり、今度の自民党の大勝で、外電なんかでは、日本国民は軍備増強にイエスという意思表示をしたんだ、と。ぼくが外人記者で、日本のことを書いたら、やっぱり同じことを書いたと思う。ただ、全体の状況がそうであるにもかかわらず、栗栖《くりす》（弘臣）を宇都宮がやっつけたということで、たったひとつの事件だけど、かなり面白い。「そうは言うけど、君、日本の首都では……」と言い返せる。そういう点で宇都宮さんの当選は大きいと思うけど、あなたの場合、自分が勝ったということを、自分ではどう考えているんですか。

菅　今度の私自身の、とくに衆議院という場での当選が、ある種のインパクトを持つとすれば、これまで政治のための人材供給源として必ずしも認められていなかった分野にパイプなり突破口を開いたことだと思う。これまで、革新といわれる中では、社会党、民社党は労働組合の代表を出している。

公明、共産は独特の、宗教団体なりイデオロギー団体としての代表を出している。つまり、労働組合の代表なり労働組合運動の経験者は、社会党を含めて相当政治社会に出ているけれども、市民運動の経験者っていうのはいないんです。私は、市民運動でなければいけないとは全然思わないけれども、今度の社会党の全国区の候補を見て社会党はやっぱりだめだなとつくづく思ったのは、十人のうち九人までが組合の代表なんです。これが五人ぐらいで、あとの五人が職業もばらばらだったり経歴もばらばらだったら、まだ可能性があるかと思いますけどね。

その点、今度の私の選挙で応援に来てくれた中には、例の、筑波大学の大学院生で同時に筑波大学のある桜村の村会議員をやっている村上仁君とか、大阪の堺市で「こんにちは新聞」なんてつくって長い間運動やってて市会議員になった男（長谷川俊英氏）とか、いろいろいるわけです。それなりに地域の中で活動して自分なりのトレーニングをやってきて、しかし、それがいままでの構造の中では、少なくとも国政という場の中では、特別な形で全国区というのはありましたけど、普通の下から積み上げてきた運動の広がりの中で、参議院とか衆議院というのはなかったんです。ある意味では市長も、区議長もなかったわけです。それを、私のことが特殊な事例ではなくて、かなりの可能性をもった事例に変えていくことがこれからの運動でもあるし、その可能性を示したということが、いちばん大きな意味だと思っています。

第三章　**市民と政治　1980-1992**

一九八〇年の初当選は、前章で紹介した『月刊PLAYBOY』のロングインタビューのように、メディアから注目され、取り上げられる機会は多かった。

しかし国会では、衆議院に三人しかいないミニ政党の一年生議員でしかない。予算委員会で総理や大臣に質問する機会はないと覚悟しなければならなかった。国会が議席数によって、委員会の配分も委員会での質問時間も決まることは、前から知っていた。その上で何ができるか。一期目の私は試行錯誤しながら、国会議員としての活動をスタートさせた。

●**質問主意書と国会図書館**

一九七六年に無所属で立候補したとき、当選したとして、無所属議員に何ができるかを調べて、質問主意書という制度があることを知った。

国会議員は、国会開会中、議長を経由して内閣に対し文書で質問できるのだ。議長の承認を受けなければならないが、これはほぼ自動的に承認される。その質問主意書は、内閣に転送され、内閣は七日以内に答弁しなければならない。七日以内に答弁できない場合は、その理由と答弁できる期限を知らせなければならない。つまり、内閣は答弁を逃げられない。

国会には委員会があり、たとえば厚生労働委員会に属していると、委員会の場では厚生労働省所管のことしか質問できないが、この制度を使えば防衛問題だろうが、教育問題だろうが、内閣に質問できるのだ。しかも、委員会では質問時間が限られているが、質問主意書には文字数の制限はない。この制度を使えば、かなりのことができると踏んでいた。

そして何度か質問主意書を提出しているうちにコツもつかんできた。ある事柄について「教えてくれ」では、「調べたが分からなかった」という答弁になってしまう。そこで、こちらで事実関係を細かく調べ、その上で、これは事実か事実ではないのかと質問すれば、「事実である」と答えざるをえない。そういう手法も学んでいった。これは薬害エイズ事件のときに、枝野幸男《えだのゆきお》氏に伝授した。彼は何十項目もの質問を提出し、これが事件の真相究明に役立ったのである。

さらに、国会議員というのはたとえ野党でも、役所に対しては強い。国民の代表を役所は無視することはできない。「こういうことを知りたい」と言えば教えてくれる。だが、やはり重要なことは隠す。この壁をどう破るかという攻防があった。

野党にとって強い味方なのは、国立国会図書館だ。この図書館は名称を見れば分かるように、国立図書館としての役割と、議会図書館としての役割とがある。国立図書館としては、日本国内で出版されたすべての本と雑誌が納本される制度があり、ここに行けばすべての本があるので、利用された方も多いだろう。現在はネットでも検索したり、複写したりもできる。国立博物館や国立劇場は文化庁の所管、つまり行政の一部だが、国立国会図書館は国会のなかの機構で、これは国家からの独立性を保つためだ。

もうひとつが議会図書館としての役割で、立法調査活動を任務としている。国会議員が「このテーマについての資料がほしい」と依頼すると、大学教授クラスの見識を持つ専門委員が資料を探し出してくれる。与党には官僚機構が一種のシンクタンクの役割も担っているが、野党にとっては国会図書館がそれに該当する。これをうまく使いこなせば、相当のことが分かる。

国立国会図書館設立に尽力した歴史学者・羽仁五郎氏は健全な民主主義のためには政権交代が必要で、「国会図書館は野党のためにある」という趣旨の発言をされたと聞いている。もちろん与党も利用していいが、官僚機構を利用しにくい野党こそ、国会図書館を活用しろというメッセージだろう。

国立国会図書館法の前文には、「国立国会図書館は、真理がわれらを自由にするという確信に立って、憲法の誓約する日本の民主化と世界平和とに寄与することを使命として、ここに設立される」とあるが、この「真理がわれらを自由にする」という一節は、当初はなかったのを、羽仁五郎氏が入れるよう求めたという。いまの自民党政権下の官僚は公文書を隠蔽するどころか改竄《かいざん》までするようになった。「真理がわれらを自由にする」という言葉を忘れないでいたい。

●社会労働委員会での最初の質問は人工透析

委員会は社会労働委員会（現・厚生労働委員会）に入ることができた。社民連の議席数からすると、懲罰委員会などほとんど何もしない委員会にまわされてしまうところだったが、社会党の知っている議員に頼み、なんとか入れてもらった。

その最初の質問では人工透析と腎臓移植の問題を取り上げた。人工透析は病院にとっては儲かる治療法なので、本来は透析をしなくてもいい人にまでしているケースがあった。私は実際に人工透析を受けている人に会って話を聞いた上で、質問に立つことにしたが、与えられたのは十五分だった。これだと、状況を説明しているだけで終わってしまう。さてどうするか。

当時の厚生大臣は園田直《そのだすなお》氏で、社民連の田英夫代表と個人的に親しいと聞いて、田氏を通して質問の前日に園田大臣と会い、「こういう質問をするから、こう答えてくれ」というレクチャーをさせてもらった。

通常は、前日までに官僚が来て、どういう内容の質問をするかを聞いていく。これをヤラセと批判する声があり、その気持ちも分かる。大臣たるもの、どんな質問が来ようがその場で答えられる識見を持つべきだ。しかし国家観とか平和についての考えといった抽象論ならばそれでいいが、政策について、とくに具体的な事柄については、いきなり質問しても答えようもなく、はぐらかされてしまい、実りのある議論にならないのも事実だ。

1980年、初めての質問（衆議院社会労働委員会）

このケースでは患者のためになる方向へ役所に動いてほしいので、事前に質問内容と、私にとっての模範解答を、園田大臣に伝えたのだ。田英夫という参議院全国区トップ当選の議員の紹介とはいえ、一年生議員が大臣と会うのも例外的であり、こう答弁してくれと頼むのも前代未聞だったようで、同席していた厚生省の局長は目を白黒させていたのを覚えている。

十月十六日の社会労働委員会では、こういう質疑となった。ちょうど埼玉県にある富士見産婦人科病院の乱脈診療が事件となっていた時期だったので、「現在の医療法でもカルテの調査はできるとなっているので、苦情の多い病院については厚生省が監視をすべきだが、どうか」と質問すると、園田大臣は「それは御指摘のとおりにやります」と明言した。

その次に人工透析について質問した。前述のように、医療機関が儲けるために、必要のない人にも人工透析をしている例があったので、「人工透析をしはじめてから、一定の期間、二週間とか三週間以内に、かならず別の医療機関でも、人工透析が必要かどうかをチェックする制度を設けられないか」と質問すると、園田大臣は「厚生省内に設けた検討委員会に早速検討をさせることにいたします」と答えた。大臣の国会答弁は重い。大臣がこう答弁したからには、検討しなければならない。私の望んだ答弁をしてくれた。

そして、腎不全の治療法として腎臓移植があるが、臓器提供者が少ないことに触れ、「私自身が臓器提供の登録をしたので、大臣も登録していただけないか」ときくと、「腎臓の提供は、診断を受けて健全であれば、そのようにしたいと思いますが、私は心臓と腎臓は弱い方でありますから、よく診断を受けた上でやります」という答弁だった。これはなかなか味のある答弁で、昔の自民党にはこういうタイプの政治家がいた。

●練馬市民大学での講演

一九八一年三月に東京都練馬区に練馬市民大学が発足した。当時の市民運動のひとつとして、「市民の手による市民のための市民の大学」としての「市民大学」があり、そのひとつだ。この練馬市民大学が「市民とは…」と題した講座企画をし、私も講師のひとりとして招かれ「市民と政治」という題の講演をした。この連続講座は『市民の復権』(中央法規出版)という本にまとめられている。私の他に、篠原一先生が「市民とはなにか」、松下圭一先生が「市民文化と市民自治」、都市問題が専門の大谷幸夫《おおたにさちお》・東大教授が「都市構想とまちづくり」、環境学者で公害問題の専門家・宇井純《ういじゅん》氏が「公害と市民自治」、筑紫哲也氏が「マスコミと市民」をそれぞれ講演し、本にも収録されている。錚々《そうそう》たるメンバーに加えていただいた。

学生時代から初当選までの経歴を語った後、私は「市民と議員の役割分担」の例として、私自身が当選後に取り組んだ、丸山ワクチンの問題を紹介した。丸山ワクチンは日本医科大学皮膚科の丸山千里《まるやまちさと》教授が開発した、ガンに効果があるとされるワクチンだ。しかし一九七六年にゼリア新薬工業が厚生省に「抗悪性腫瘍剤」としての承認申請をしたが、認可されなかった（八一年八月に不承認とされ、それでも「引き続き研究継続をする」名目で、異例の有償治験薬として患者に供給することは認められた）。なぜ認可されないのかを調べたのだ。

以下、『市民の復権』に収録されている、私の講演録「市民と政治」の一部を掲げるので、お読みいただきたい。

市民と政治

（練馬市民大学編『市民の復権』一九八三年五月）

●役割の実践――丸山ワクチンの例を通じて

丸山ワクチンの問題に、具体的に取り組むようになったのは、この練馬におられる篠原一先生が「丸山ワクチンの患者家族の会」を作られ、責任者になったとき、私に「菅君、今度はこの問題も少し手伝ってくれよ」と言われまして、それがきっかけです。

この「患者家族の会」も、ひとつの市民運動というか、自発的なグループになっています。私は国会の中で社会労働委員会にいるので、一番関係が深い。そこで、調べてみました。

しかし、丸山ワクチンが実際にがんに効くかどうかという問題にストレートに入ろうにも、私には医者としての専門的な知識はありません。そこでまず、この薬が公正に、きちんと、厚生省で審議されているかどうかを調べることにしました。

まず、薬というものはいったいどういう手続きで認可されるんだろうかを調べました。日本では薬に関する中心的な法律として薬事法があり、その第三条に、中央薬事審議会で薬の実質的な審議をすると書いてありました。次に「中央薬事審議会」を調べてみたんです。役所というのはだいたいそうなんですが、「中央薬事審議会規則」とか、いろんな細かいものがあり、そういうものを片っ端から見ていくと、中央薬事審議会の構成がわかってきました。

中央薬事審議会には常任部会とか特別部会の他に、いろんな調査会がありました。そのひとつに抗悪性腫瘍調査会があり、ここで丸山ワクチン等の、がんに関係する薬の実質的な審議がされています。ここに専門家が集まっている。それでは、そのメンバーを調べてみようとなりました。

すると、ここからが非常におもしろいんです。厚生省の役人を呼びまして、「抗悪性腫瘍調査会には何人いますか」と聞くと、「確か今、十四人います」と言う。それで、「その十四人の名前を教えてもらえますか」と言うと、「それはちょっとかんべんしてほしい」と言うんですね。「厚生大臣が任命した審議会のメンバーじゃないですか。なぜ公開できないんですか」と問いますと、「いやあ、いろいろ圧力がかかりますから、名前を出すのだけはかんべんしてほしい」と言う。つまりそのメンバーを公表すると、その人のところに製薬会社などから「認可してくれ」との圧力がくるらしい。

何日も、「教えてくれ」「かんべんしてください」とやっていたんですが、たまたま私が社会労働委員会で質問することになり、その前日に厚生省の役人が来て、「明日はどういう質問をされますか」と聞いてきた。私も普段は、ある程度意識的に伝えるようにしていました。ところがそのときだけは、私のスタッフが、「こっちが聞いたことを全然答えないで、そちらばかり聞きにこられたって、そんなことは知らないですよ。もう帰ってください」と言った。担当者は青い顔をしました。大臣が答弁に詰まると、役所の担当者の責任になるので、それだけはあってはならない。

すったもんだしたあげくに、「これはあまり不用意に表に出さないで下さい」という条件つきで、抗悪性腫瘍調査会のメンバーのリストが出てきました。それまでも、実際には業界内では分かっていたはずですが、オープンの場では、調査会のメンバーの名前すら発表しなかったわけです。

その後、私にはリストを出したと知ったマスコミがうるさく言うので、厚生省が他のところでも発表するようになりました。

次に丸山ワクチンについて、どういう基準で審査を進めているのかを調べました。五年前から審議に入っているのにいっこうに認可されないのはなぜだろうかと思ったわけです。そのころ、免疫剤といわれるクレスチンやピシバニールという、丸山ワクチンによく似た性格の薬はすでに認可されていたんですが、これらはどう審議されて認可になって、まだ認可されていない丸山ワクチンはどういう審議をされて、どこでひっかかったのかを比較してみようと思ったんです。けれども、それがまた大変でした。

クレスチンやピシバニールは、抗悪性腫瘍調査会でＯＫが出て、中央薬事審議会特別部会でＯＫが出て、常任部会で最終的にＯＫが出て、厚生大臣へ答申されているんですが、「その答申の中身を見せてください」と言っても、これがまたなかなか出てこない。またもすったもんだして、やっと出たかと思ったら、「これは認可するのが適当だと考えます」とだけ書いた紙切れが一枚だけでした。それでは経緯が分からない。「審議の中で、どういうわけでクレスチンとかピシバニールは良くて、副作用の問題はどう判断したのか」と、根掘り葉掘り聞いたんですが、なかなか出さない。

これをやってみてつくづく思ったのは、我々素人が薬について口を出そうとしても、「それは専門家（中央薬事審議会）のみなさんにちゃんと公正に調べてもらっています」と、いつも逃げられてきたんですが、その中身たるや、審議会のメンバーの名前は明かさない、審査基準は明らかではない。いままですべての薬は、いわゆる密室の中での審議で認可されたり、されなかったりしてきたということです。

●薬事審議会の一人二役を発見

さらに、いろいろ調べていったなかで、非常におかしなことがありました。

クレスチンという薬を作るとき、あるメーカーと一緒に、いろんな学者が研究をしていました。このことはいいんです。メーカーと医師と研究者が一緒に研究するのは必要なことだと思います。ところが、なんと驚いたことに、メーカーと一緒に研究をした学者が、抗悪性腫瘍調査会のメンバーのひとりだと分かった。私たちは、「これはおかしいじゃないか」と驚き呆れました。

メーカーは厚生省に対して、「これこれこういう薬を認可して下さい」という内容の書類を出し、これが中央薬事審議会へ行くわけですが、その薬を研究した人がその審議会のメンバーなわけです。試験の答案を書いた人が採点するのと同じで、落ちることはまずない。

私は国会でもこの問題を採り上げ、「一人二役じゃないか。自分で書いた答案を自分で採点するのはおかしいじゃないか」と主張しました。その結果、やっと去年十一月に中央薬事審議会の規則の中に、一人二役の形になる人はその審議のときには発言しないで控えていることという項目が入りました。それまでは完全な野放し状態だった。

そんなことで、この患者家族の会の人たちも、私の調べたことがひとつのきっかけになりまして、「おかしい委員を罷免《ひめん》しろ」という要求を直接に出すようになりました。

市民運動と議員なり政党は、このような形で役割分担を積み重ねれば、信頼関係が生まれてくると思います。役割分担をしないで、たとえば患者家族の会の集会に議員や政党が激励の電報を打ったり、本人や秘書が挨拶に行くだけなのに、選挙になると「応援してくれ」みたいな形になるから、市民運動が選挙とか議員を「どうも気に入らない」と思うようになる。

ですから、逆に言えば、そういう役割分担をわきまえて、そのように行動するのが議員としての責任だし、議員の機能を発揮しうるやり方だと思う。

国の問題だけではなく、各自治体でもまったく同じことが言えます。たとえば合成洗剤の問題で、市民運動だけでは、その地方公共団体の条例にはどんな基準が定められているのか、他の自治体はどうなのかなどは分かりにくい。そういうときには、区議会なり都議会の議員に、それに関する資料を集めてもらえばいいわけです。

議員が何かを調べる場合、基本的には役所の人が協力してくれるので、かなり資料が集めやすい。市民運動は議員が調べた結果をもとに、「他の区や市ではここまで進んでいるし、現状はこうなんだから、うちの区ではこうやればいいんじゃないですか」と言えるし、動き方も広がり、力も強くなってくると思うわけです。

もうひとつ、おもしろい例を挙げます。私は、「いろいろな情報の窓口になります」という一種の約束をしているので、それを聞きつけて、いろいろなグループの人が来ます。最近はＵＦＯを研究しているグループがよく来て、「ＵＦＯは存在している。あれは宇宙人が地球に対して、友好の意を示しているんだ。それを我々は無視してしまっている」と言う。彼らはいろいろな資料を集めていて、航空自衛隊とか警察庁にあるはずの資料が欲しいらしいのですが、なかなか出てこない。

そこで私のところに来まして、私の事務所の人間と一緒に、一生懸命にあちこちに電話をして、いろいろ質問していました。最近、かなり資料が集まったらしく、会うと非常に感謝されたので、私もそのうち宇宙に招待されるのではないかと楽しみにしています。

まあ、こんなことまでやっているんですが、そういう意味では市民運動も、もっと議員を使うようにしていったらいいと思うわけです。

残念ながら、あれから四十年が過ぎたが、ＵＦＯからの招待状はまだ来ていない。

当選一回、二回の頃は、私も若く、いろいろな若い人がきて、ワイワイやっていたのである。当選直後から、私は『週刊プレイボーイ』で若者たちと連載することになり、週に一回、議員会館の私の部屋に集まり、その編集会議が開かれた。毎回、十名前後は来ていただろう。これが「ラジカルパブリシティ」（通称・ラジパブ）というグループになり、薬事審議会メンバーの「一人二役」を発見したのも、このメンバーだ。連載を読んで新たに参加してきた人もいた。メンバーには、後にニュースキャスターとなった下村健一氏や、久和《くわ》ひとみさん（惜しくも若くして亡くなった）がいた。下村氏はＴＢＳに入り、報道局で活躍した後はフリーとなっていたので、私が総理のとき、民間からの登用で内閣広報室審議官になってもらった。

本宮ひろ志氏が描いた菅直人。パネルにしてもらった。

●もうひとつの反カク運動

丸山ワクチンの認可問題、中央薬事審議会の公開問題、ゴミ、健保、年金など、社会労働委員会で、生活に密着するテーマに取り組むなかで、主に厚生省の官僚に質問し、議論していき、官僚の思考、行政の動き方などが見えてきた。

政局で言えば、一九八二年の自民党総裁選挙で、中曾根康弘《なかそねやすひろ》氏が当選していた。改憲論者、首相公選論者であり、右翼・タカ派的イメージも強い首相だった。

一九八三年は春に統一地方選挙があり、夏には参院選も予定されていた。衆議院の総選挙からも三年目なので、いつ解散があってもおかしくなく、自民党はまたも衆参ダブル選挙を仕掛けるのではないかと言われていた。この年の参院選から全国区には比例代表制が導入され、政党に属していないと立候補ができなくなった。全国区はあまりにもカネがかかるからという理由だが、その結果、市川房枝さんのような組織を持たない著名人が当選しにくくなった。

この頃、マンガ家の本宮《もとみや》ひろ志氏と出会った。『男一匹ガキ大将』を愛読していたので、よく知っていた。本宮氏は参院選に党を作って立候補しようと考え、その過程をマンガに描いて『週刊少年ジャンプ』に『やぶれかぶれ』という題で連載した。このマンガには私の事務所を訪ねるシーンもあり、私も何回か登場した。残念ながら、本宮ひろ志氏の党はできなかったが、以後も、親交を続けている。

社民連では田英夫・江田五月の両氏が改選を迎えるが、江田氏は衆議院への転身を表明しており、田代表の当選が最大の課題だった。前回は社会党公認で一五六万票でトップ当選していたが、今回は政党名での投票となる。いろいろあったが、新自由クラブと院内会派を組んでいたことから、「新自由クラブ・民主連合」の名簿一位で立候補し、田氏は当選できた。

十月十二日にロッキード事件の田中角栄元首相の裁判で、懲役四年・追徴金五億円という有罪判決が出て、世論は議員辞任を求める声が高まった。私は「もうひとつの反カク（角）運動をすすめる会」（もうひとつとは「反核運動」のことだ）の学生たちと、田中角栄氏への議員辞職勧告決議案を上程するよう訴える、「昼休み国会一周反カク運動」を展開した。デモや集会は届け出が必要なので、「散歩」にしたのだ。毎日正午に国会正門前に集まり、ハンドマイクで「議員辞職勧告決議」の本会議上程を訴えた後、国会を歩いて一周する。国会を一周する狙いは野党への牽制だ。自民党と妥協する可能性があったので、市民は監視しているぞと示すためだ。この散歩は四十日ほど続けることができ、パロディ作家のマッド・アマノ氏など著名人も参加し、延べ四百人が散歩をした。

しかし野党の抵抗で国会が空転したため、決議案は棚上げされてしまった。西ドイツのコール首相、アメリカのレーガン大統領の来日などもあり、田中判決の話題が下火になっていたが、このささやかな運動は、テレビ、新聞で取り上げられた。「田中角栄やめろ」というデモや集会は当たり前すぎるが、「散歩」なら新鮮だ。マスコミも取り上げてくれるというか、取り上げる口実になる。私たちはメディア戦略に長けていたと思う。おカネもないし何千人も動員できる組織力もない、そんな小さな集団でも、工夫次第でメディアは取り上げてくれる。

国会一周散歩と並行して、「政治家に資産公開を迫る」運動も展開した。現在は選挙後に、国会議員は資産公開を義務付けられているが、当時はそんな制度はない。そこで、「反カク運動をすすめる会」のメンバーは、全国会議員の事務所をまわり、「次の総選挙で資産公開を行なう意思があるか」というアンケートを実施した。

反カク運動について、支持者に向けて発行した『市民政治レポート』にこう書いた。

私は、昭和五十一年のロッキード選挙で初めて立候補して以来、選挙のたびに資産を公にしてきた。もちろん昨年（一九八三年）の総選挙でも公開したが、彼らの運動（反カク運動）は、東京七区で全候補者が資産を公開して選挙を闘うことにつながっていったのである。

確かにこうしたことも全体のなかでは小さな動きに過ぎない。しかし、ロッキード事件発覚以来、政治倫理に関する対応策が何ひとつとられていないこと、さらに、各地で候補者の資産公開を求める運動が生まれてきていることを考えると、小さな運動の積み重ねが、遅きに失したとはいえ、彼らのいう「突破口」になり得るのではないか。

田中判決から一年。中曾根首相の再選も田中の胸のうちひとつと、今も闇将軍として君臨している。主人公であるはずの国民が無視され、田中角栄という有罪政治家の怨念による政治支配が続いているのである。こうした状態にピリオドを打つためには、広範な市民運動の盛り上がりがなければむずかしいと思う。そのためにも、ロッキード事件は風化させてはならないし、常に市民側が問題を提起し続けていくことが必要である。田中が居直り続ける以上、私は彼らとともに運動を続けていくだろう。

政治家の資産公開が制度化されたのは、一九八三年、大阪府堺市で私の盟友である長谷川俊英・市議が先頭に立って作った政治倫理条例が最初で、市長と市議会議員の資産等の公開が規定された。

選挙後の一九八四年一月には、第二次中曾根内閣が全閣僚の資産を公開し、以後、慣例となった。八九年の宇野内閣からは閣僚の他、政務次官も対象となり、さらに当人だけでなく配偶者と扶養する子の資産も対象となった。全国会議員に対しては、一九九二年に国会議員資産公開法が制定され、資産と前年度の所得も公開されることになる。

田中角栄氏は一九七二年の首相就任から八五年に倒れるまで、日本の政界の中心にいた。よくも悪くも「田中角栄時代」だった。私は個人的に会ったことは一度もないが、市民運動時代から常に田中氏を意識していた。私にとってあらゆる意味での「反面教師」と言える。土建中心、官僚主導、金権という田中政治をひとつずつ変えていくことが、私のテーマとなった。

●一九八三年の衆院選で再選

一九八三年秋の国会に戻すと、田中角栄氏は議員辞職をする気配もなく、中曾根首相が一対一で面会して説得したが、それでも応じなかった。国会は空転し、結局、議長斡旋で「年内総選挙」が決まり、中曾根首相は十一月に衆院を解散し、十二月十八日投票の総選挙となった。

八〇年に私が一五万票も取って当選したとき、選挙のプロたちは「あれはまぐれだ、次は落ちる」と分析していたそうだ。そんな声は、私の耳にも入っていた。そのことは私自身がよく分かっていた。一五万票を取ったが、誰が入れてくれたのか、把握できたのは一割もないだろう。組織政党では九割以上を把握しているので、まったく逆だ。一方、プラス面では、連携している自治体議員が増えていたし、いくつかの労働組合が推薦してくれた。だが組織に頼ってはいけないと考えていたので、この選挙も市民型選挙で闘った。

東京第七区は、私の他に自民が二人、公明、共産、社会、民社の七人が立候補した。社会党は現職が引退して新人が立ち、共産党は前回落選した元職《もとしょく》が出て、自民は現職と新人の二人を擁立した。私は一二万七七〇〇票と前回から減らしはしたが、このときもトップ当選できた。他に自民と公明の現職と共産の元職が勝った。社会党と共産党が入れ替わったかたちだ。

社民連では、鞍替えした江田五月氏と阿部昭吾氏は当選したが、書記長の楢崎弥之助氏がまさかの落選をしたので、議席数は三のまま、参議院の田氏をあわせても四人だった。江田氏の選挙区は岡山第一区で、ここは父・三郎氏の選挙区ではない。三郎氏は隣りの岡山二区から当選を重ねていたが、落選し亡くなると、社会党が別の候補を立てて議席を持っていたので、五月氏は一区にまわったのだ。その意味では、親の選挙区を継いだ世襲議員ではない。

田中元首相は今回も新潟三区から立候補して圧勝したが、自民党は公認候補のみでは単独過半数に届かず敗北し、保守系無所属の追加公認でどうにか過半数を確保した。

●社会党と統一会派

一九八四年は国政選挙のない年だった。

一九八五年二月、社民連は岡山県で全国大会を開き、田英夫代表が退いて、江田五月氏が代表となった。私は副書記長・政策委員長となった。同じ頃、自民党では田中派の竹下登氏が新派閥・経世会を結成し、田中派の大半が参加した。その数日後、田中角栄氏は脳梗塞で倒れた。田中・竹下の間で、すさまじい闘いがあったと推察される。

一九八六年も衆参ダブル選挙となり、自民党は衆議院では追加公認を足して三〇四議席と圧勝、参議院も七二議席で圧勝した。中曾根首相の自民党総裁の任期は満了となったが、一年延長された。

社民連は楢崎弥之助氏が返り咲き、現職三人も当選したので、衆議院で四議席を得た。しかし、増やすことはできなかった。

衆院選では、社会党が二四議席のマイナス、民社党も一一議席マイナスと大敗した。共産党と民社党が二六議席で同数となったため、民社党は社民連に院内統一会派の結成を呼びかけてきた。そこで、楢崎・阿部二氏が民社党と、私と江田代表は社会党と、それぞれ院内会派を組むことにした。これには賛否両論があった。

●狂乱地価

社会党と組んだことは、私にとっては、予算委員会のポストがまわってくるなど、国会での活動が広がる結果となった。また、社会・民社・社民連、そして公明党も加わった四野党の政策協議の場が設けられ、そこに社民連の政策委員長として加わることになったのも、いい経験となった。

一九八六年から地価と株価が急騰した。後にバブルと呼ばれる時代だ。八七年になっても地価上昇の勢いは止まらず、都会ではサラリーマンがマイホームを持つのは絶望的になってきた。さらに円高も進み、プラザ合意前は一ドル二四〇円だったのが、一二〇円にまで下がったこともあり、ある試算では、東京の山手線内の土地の総額がアメリカ全土の地価と同じとなった。狂乱地価としか言いようがない。

実はこのころ私は、子ども二人が大きくなってきたので、結婚以来住んでいたマンションでは手狭となり、もう少し広い、できれば一戸建てをと思い、武蔵野市で床面積一〇〇平方メートル程度の物件を探してみた。すると庭のない、用地一杯に建てられた二階建ての建売があったが、一億円近くしたので諦めた。国会議員の歳費は一般のサラリーマンよりは高いが、税金を引くと年間一〇〇〇万円ほどで、とてもその十倍の家など買えなかった。

都市部の地価が高い問題は私の市民運動の原点だ。この問題意識から、私は『中央公論』一九八七年六月号に『いまこそ宅地解放を訴える』を書き、論点を整理し、土地基本法を作ることになる。

いまこそ宅地解放を訴える

（『中央公論』一九八七年六月号）

この一年の地価上昇はまさに「狂乱」の一語につきる。大都市の異常に高い地価が内需拡大の最大のネックになっているという認識が強まり、今や土地についての政策論議は百家争鳴の観がある。しかし、従来の提言の多くは、単なる思いつきや当面する問題に対するモグラたたき的対症療法の域を出ていない。例えば大前研一氏が主張する「第三次農地解放」もその一つである。

大前氏の農地を宅地として解放するという考え方には私も基本的には賛成である。しかし、地価が高い原因を日本の米価が高いことに求め、米を輸入し、農家に米作による収入を無条件で提供することによって都市郊外の水田を宅地化しようという構想は、残念ながら現実離れしている。なぜなら東京圏の市街化区域内農地の約八割は畑や果樹園であって米作とは無関係である。しかも「宅地並課税」を免れるための「農業」が多い現状では、米作収入を保証したからといって誰一人として農地を手放す人はいないであろう。

また「土地ころがし」に対する世論の批判に応えようと政府は土地取引の届出制の強化や短期の土地ころがし防止のための重課税の法案も今国会に提出している。しかし、これも土地取引自体を抑えることにはなっても低価格での宅地供給にはつながらない。いわば肺炎で熱を出している子供に解熱剤を飲ませるようなもので、一時的に熱は下がっても肺炎そのものの治療にはなっていないのと同じである。さらに線引きを見直して市街化区域を拡大するという建設省の案も、一見宅地供給の促進につながるかにみえる。しかし、これも市街化区域内に大量の「農地」が宅地化されずに残っている現状からすれば、単に市街化区域に編入された区域の土地の値上りをもたらすだけであろう。

私は今から十五年前「より良い住まいを求める市民の会」というグループをつくり、市民運動に参加して以来、土地問題に強い関心を持ち続けてきた。その当時に比べてもますます矛盾が激化する一方の東京の現状に対して強い危機感を覚え、昨年の秋以降、抜本的土地政策づくりを進め、これまで政府への申し入れや予算委員会での質問を通していくつかの提言を行った。こうした経緯を踏まえて、本稿では今日の異常な地価の原因の分析、そしてそれを解決するための抜本的土地政策を提言してみたい。

一、異常地価の原因

これまでの通説

日本の地価は異常に高い。それは日本全土の土地評価額が二七倍の広さをもつアメリカ全土の土地評価額の二倍に達するという事実を指摘するだけで十分であろう。

このように日本の地価が高い理由として、⑴日本は人口に対して国土が狭いから、⑵大都市に人口が集中して宅地の絶対量が不足しているから、といった説が一般化している。しかし、本当にそうであろうか。

日本の全面積は三七・八万平方キロメートル、うち可住地面積は二一パーセント、約八万平方キロメートルに相当する。これを単純に総人口一億二千万人で割ると、一人当り約七〇〇平方メートルの土地を持つことが可能になる。ゆったり住むことのできるおおよその目安を一〇〇平方メートル当り一人(一ヘクタール当り一〇〇人)と考えれば結局、宅地としては一・二万平方キロメートル、つまり全可住地面積の七分の一、国土の三パーセントの面積があれば十分という計算になる。

では大都市だけではどうか。最も集中の激しい東京圏(東京、神奈川、千葉、埼玉)に現在約三〇〇〇万人(一〇〇〇万世帯)が住んでいる。東京圏四県はほぼ平野でその合計面積は約一万三五〇〇平方キロメートル、人口一人当りにすれば四五〇平方メートルとなる。宅地としては五分の一もあれば十分である。実際に東京圏の市街化区域の内側だけをとっても、「農地」が約三五〇平方キロメートル(三万五〇〇〇ヘクタール)残っており、一〇〇平方メートルに一人が住むとすれば三五〇万人、約一二〇万世帯分が未利用のまま残されているといえる。

このように、日本は狭いとはいっても人間が都市的に快適に生活する広さとしては十分であり、今日の異常地価の真の原因はもっとほかにあると考えなければならない。

売らないことが経済原則

それでは、真の原因は何か。それは、日本では「土地は売らない方が得」という経済原則が成り立っているからである。一般の商品は値上りすれば必ず誰かが新たに作って市場に供給し、需要と供給がバランスする所で価格が決まる。これが経済の原則である。しかし、土地についてはこの原則は全く当てはまらない。つまり土地は値上りしても同じものを新たにつくり出すことはできない。逆に将来の値上りが見込まれるからこそ所有者は絶対に売らない。従って土地は市場に供給されないのである。

その上、一般の商品は使わなくとも古くなれば価値が下り、倉庫代などの持越費用もかかるが、土地については保有税以外にはそうした心配は一切ない。そのため使わない土地でも保有税さえ少なければ持ちつづけ、売らないでいる方が得ということになってしまった。

事実、都心や郊外で土地が売りに出るのは所有者が亡くなって相続税を支払うためか、買い換えか、あるいは事業に失敗した場合などきわめて例外的事例に限られている。こうして売りに出された少量の土地に対して、宅地としての購入希望者ははるかに多いので、土地価格はいつも購入希望者の負担能力の上限で決まることになる。

このように使わない土地でも「土地は売らない方が得」という経済原則が成り立つことが、今日のような異常地価の真の原因である。

地価をあおる「地上げ」と「買い換え」

こうした地価決定のメカニズムに本質的問題があるとしても、この一年の東京の地価上昇はあまりにも急激である。その原因はどこにあるのか。それは都心の地上《じ》げとその買い換えにある。

東京の都心は国際化と情報化の進展でオフィス需要が増大している。そこに都市部再開発を目的とした野放図的「中曾根民活」が導入されたから事態は一挙に悪化した。不動産業者は実需と投機を織りまぜて「地上げ」や「土地ころがし」に走り、日本経済全体の金余り状況もあって都心の地価は一挙に「狂乱」状態となった。

この都心の狂乱地価を郊外に波及させる上で決定的な役割を果したのが土地譲渡所得課税について設けられている「買い換え特例」の制度に他ならない。つまり十年以上所有した住居用の土地を売却し、一定期間内に土地、家屋を買い換えた場合は売り値と買い値の差額にしか税金がかからないというのがこの制度の骨格である。都心の土地売却者の大半はこれを利用し、都心よりも地価の低い郊外により広い宅地を買い求め、その結果、都心の土地代金でケタ違いに負担能力の大きい購入希望者が例外的に売りに出る郊外の土地に殺到することになった。アッという間に都心の地価狂乱が郊外へと拡がったわけである。（続きは巻末資料B＝244～249ページに掲載）

●野党らしくない法案

四野党政策担当者は一九八七年夏に北海道で合宿して勉強会を開き、土地政策の基本的方針を定める「土地基本法」が必要であるという認識で一致し、私が中心になって原案を作ることになった。

その後、橋本内閣で厚生大臣を経験して、私はつくづく日本は議院内閣制ではなく官僚内閣制だと実感するのだが、そのひとつの要因が、立法府でありながら、与野党を問わず、国会議員が法案づくりに携わらず、賛否を論じるだけになっていることにある。

国会は立法府と呼ばれ、その名の通り法律を作る機関である。憲法上も法律は衆参両院で可決されなければ成立しない。しかし現実には、ほとんどの法案は官僚が作って内閣が提出するものだ。立法府の一員である国会議員が法案を作るものもあるが、「議員立法」と呼ばれ、珍しいこととされている。議員立法で成立する法案のほとんどは超党派で提案したものだ。野党が法案を提出しても、成立どころか、審議されることすらない。どの法案を審議するかを決めるのは議院運営委員会で、その委員の配分は全体の議席に比例するので与党が多くなる。したがって与党にとって都合の悪い法案は、審議されないのだ。「野党は批判ばかり」「対案を出せ」と、自民党や評論家、コメンテーターが言っているが、野党は対案を出している。それを審議もせずに潰しているのが自民党である。

そういう状況ではあるが、若い議員には、一度でもいいから自分で一から法案を作ってみるようアドバイスしたい。最初は分からない点だらけだが、一回やるとコツをつかめるはずだ。すべて自分ひとりでやる必要はない。国会には衆参両院に法制局があり、そこの職員が助けてくれる。国会図書館にも専門の調査員がいる。

法案をつくるときは、まず法律案の骨子をつくる。そして衆議院法制局と何度も打ち合わせ、法文化していく。その過程で法律とはどういう構造なのかを知ることができる。土地基本法を作ったときは、行政、税など土地を中心とした経済構造を含め、国のシステムが浮き彫りになった。

一九八七年十一月に四野党は「土地政策に関する緊急提言」をまとめ、国会には国土利用計画法の「規制区域」の改正案を共同提出した。国土利用計画法では、土地取引を許可制とする「規制区域」の条件として「地価の異常上昇」と「投機的な土地取引が見られる」の二つを定めていた。これだと、何をもって「投機的」かが曖昧なため、規制区域への認定が難しい。そこで、四野党は「地価の異常上昇」が確認されれば、規制区域に認定できるとした。これは提案しただけで終わったが、八八年五月には、「土地基本法」を提出した。

まず、これまで各党が提案してきた土地・住宅に関する法案や提言を精査し、重要と思われる学者やほかのグループの提案も参考に、土地基本法要綱をまとめた。そして衆議院法制局の協力を得て法案化の作業に入った。このとき、法制局のスタッフからは「野党らしくない法案ですね」と言われた。「現実的であり、実現可能性が高い」という意味だった。

土地基本法は前文で、「およそすべての人間の営みは土地の上で行われ、人間は土地なしには生存することができない」と述べ、「土地は、その本来の性格から公共性を有するものである」と土地の「公共性」を明確にした。さらに、土地の所有権と公共性との関係について、「土地に関する権利は財産権として保護されるものの、土地の利用については、公共の福祉を優先させなければならない」とし、所有権は憲法が保障する財産権としては保護されるが、利用については地権者の意思より公共の福祉が優先されることを明確にした。

また各条項で、以下のように、土地政策の基本方針を規定した。

土地の所有権には利用の義務がともなうこと、

土地を投機の対象としてはならないこと、

土地の有効かつ合理的利用をはかるため、西ドイツの土地利用計画や地区詳細計画のような実効性のある土地利用計画を、国および地方公共団体で定めること、

地価の適正化および社会的公平のため、土地の処分などにより生じた利益に適正な課税を行うこと、

土地の有効利用の促進のため土地の保有について適正な課税を行うこと、

地価の評価制度の一元化、

さらに野党四党は不公平税制是正の一環として資産課税のあり方を検討し、一九八八年八月、「不

公平税制是正の十項目」を提案し、その第二項目に土地税制の改革を盛り込んだ。具体的には地価上昇により資産の格差が拡大しないように、原則として固定資産税および相続税の課税評価額を公示価格水準に一元化することを提案した。

市民運動には反対型と提案型があり、私は提案型市民運動を実践し、議員になってからも、委員会で質問するときは、行政の姿勢や方針を問いただす、ただの「質問」ではなく、なるべく現状の矛盾を解消するための「対案」をつくり、その実現性を大臣や官僚と「議論」してきた。国会質問の前には、官僚に来てもらって、私なりの案をぶつけてみる。すると、官僚は「これは、無理です」とか「不可能です」とか、いろいろ反論してくる。それにまた、反論を考える。当選一回の頃から、この方法で自分の考えを詰めていくスタイルだったので、法案づくりにもそれが生きた。

狂乱地価のさなかの一九八七年秋に、中曾根首相は退陣し、竹下登政権となった。

四野党が土地基本法案を提出したのは一九八八年五月二十日だった。しかし政府・自民党はこれを無視し、審議に応じようともしなかった。土地取引の規制を強化する内容なので財界が反対していたのだ。しかし地価高騰は社会問題化していたので、竹下首相は国土庁長官に政府としての土地基本法の制定を指示し、十月に国土庁に土地基本法懇談会が設置された。

この頃だったと思う。私は竹下首相に呼ばれたことがある。国会の委員会では何度も質問していたが、一対一で会うのは初めてだった。選挙事情に精通しているとの評判通り、私の経歴も選挙区事情もよくご存知だった。私が野党では珍しい政策立案型なのに興味を持たれたようだ。そして、自民党の竹下派に入らないかと誘われた。光栄ではあったが、丁重にお断りした。こういうこともあったので、竹下首相が土地基本法の必要を認識していたのは間違いない。また、中曾根内閣で官房長官をつとめた後藤田正晴《ごとうだまさはる》氏とも非公式に会う機会があった。後藤田氏はこんなに地価が上がったのでは暴動になると、警察官僚出身らしい視点で地価の高騰を危惧しておられた。

竹下首相の強い意向があったのだろう。政府の土地基本法は一九八九年三月に国会へ提出されたが、その直後に竹下内閣はリクルート事件で総辞職した。土地基本法は竹下首相の置き土産となった。

その後、宇野内閣となったが、夏の参院選で大敗し短命内閣となり、海部《かいふ》内閣となった。参院で社会党が圧勝し、いわゆるねじれ国会になったことで、政府は土地基本法を野党案に大幅に近づける修正に応じ、十二月に成立した。


政策の話で一気に一九九二年まで進んでしまったが、この間に総理大臣は中曾根、竹下、宇野、海部、宮澤と交代し、また昭和から平成になった。野党の側では、八六年夏の衆参ダブル選挙で社会党は大敗し、石橋政嗣《まさし》委員長が引責辞任すると、九月に土井たか子氏が委員長となった。

土井委員長のもと、一九八九年（平成元年）の参院選で土井ブームが起き、社会党は大勝、翌九〇年二月の衆院選でも議席を増やした。そして細川護熙《もりひろ》氏が日本新党を結党して九二年の参院選で議席を得て、九三年の総選挙での細川内閣誕生へと進む。政局については、次章で述べよう。

第四章　私は日本型「民主党」をめざす　1993-1995

●社会党・土井ブーム

一九八六年から九二年にかけては、前章に記したように社民連の政策委員長として、野党四党の政策協議が主な活動の場となった。これはこれで有意義で充実していたが、政局面では社民連は党勢が伸び悩んでいた。

私の基本戦略は一九七六年から変わっていない。社会党解党、そして政権交代可能な野党をつくり、自民党を倒すというものだ。

一九八六年の衆参ダブル選挙で大敗した社会党は、土井たか子氏を委員長に選び、党の再生に向かった。主要政党で初の女性党首であり、労組出身でもない憲法学者から議員になり、市民運動とも近かった土井氏が委員長になったことは、私も歓迎した。しかし、党首を替えただけでは、社会党は変わらないだろうとも思っていた。

『朝日ジャーナル』が土井・社会党の特集を組むことになり、私は『市民感覚こそ再生の活力だ！』と題して、次のように書いた。

市民感覚こそ再生の活力だ！

（『朝日ジャーナル』一九八六年九月二十六日号）

社会党では同日選での惨敗の責任をとって辞任した石橋委員長に代わって、土井たか子新委員長が誕生した。初めての女性党首、ネアカで市民感覚を持った委員長ということで土井さんに対し各方面で期待が高まっている。

しかし、党首がネアカの土井さんに代わったからといって社会党が大きく変わったと言えるほど、社会党の病状は軽いものではない。石橋前委員長が実現に全力を挙げた「新宣言」は、長年の不毛な党内イデオロギー闘争に一応の終止符を打った。その意味では、社会党の変身を妨げていた呪縛は解かれたといえる。しかし「新宣言」自体はかつての江田ビジョンのように、めざすべき社会の将来像を党外へ向かって指し示すものではない。そのため、新宣言によってニュー社会党に生まれ変わったと言われても、国民には何がニューなのかさっぱりわからない。

他方、社会党を長年支えてきた労組は二重の意味で急速に弱体化している。

一つは国労をはじめとする官公労が行革攻勢を受けて組織が弱まっている上、国民の目にも官公労は親方日の丸の既得権擁護団体と映っており、信頼を失ってきている。

二つには賃上げ闘争のマンネリ化に伴い民間労組においても、労働組合としてのアイデンティティ、つまり、何のために労組を形づくっているのかという目標が薄れ、指導力が落ちている。加えて官民を問わず雇用確保のためには野党より与党、自民党に結びつく方が手っ取り早いといった動きが急激に広がっていることも見逃せない。

また社会党及びその周辺の人材の枯渇も顕著である。かつては労働運動指導者だけでなく農民運動家・官僚・学者など各方面から人が集まっていた社会党も、ここ二〇年余は労組幹部出身者が大半を占め、インテリや若者が決定的に離反してしまった。そして他の野党の進出もあって、都市部、特に京都、大阪、名古屋、東京など大都市では社会党は野党第三党から四党にまで転落しており、復活の芽はどこにも見当たらない。

こうした状況にありながら、社会党に長く席を置く人々には「大国主義」が染み付いている。つまり「自民党に国会で対抗しているのは野党第一党の社会党なのだから、反自民を唱える人は当然、自分たち社会党を応援するべきだ」という態度である。社会党に何の世話にもなっていないと思っている多くの党外の人にとって、社会党のこうした姿勢は「傲慢」と映っている。

このような社会党の現状を踏まえて、果たして社会党を政権に近づけるような改革が可能であろうか。すでに社会党を支持した一部の識者の中には社会党を改革する可能性に見切りをつけ、肥大した自民党をさらに大きくした上で二つに割る「保守二党論」を唱える声も聞かれる。

つまり野党の一部が与党化し、与党が衆議院で四〇〇議席を超え、残りの野党が五〇から七〇程度の勢力になった時、与党自民党が二つに割れ、保守二党間で政権交代が可能となるという考え方である。

私も今日の野党の状況を見ていると、あるいは「保守二党論」の方が議会制民主主義活性化の早道と思うことがないでもない。しかし日本の戦後政治の歴史は最初から社会主義政党を受けつけなかったアメリカと異なり、イギリス、ドイツ、フランスといった国々と同様、保守党と社会党の二大政党からスタートしている。

今日、これらの国々が両党間で政権交代を行っていることを見ると、やはり社会党を無くするよりも社会党を含めた新しい野党結集の方が実現可能性が高いと考える。

サラリーマンを代表する党に

それでは政権交代可能な野党をつくるため、社会党は何をすべきか。私は今、社会党に必要なのは、党内改革ではなく、社会党が長年占めてきた野党第一党という政治空間を外に向かって解放することであると考える。

今の日本の議会制民主主義の状況を「駅」にたとえてみよう。北口真正面には自民党というデパートが、南口一等地には社会党というデパート、傍に公明、民社という店があり、路地に社民連というコンビニエンスストアがある。北口の自民党デパートは時代に合わせて売り上げを伸ばしているのに南口は一等地の社会党が対応に遅れ、全体が地盤沈下している。いま、北口のお客さんを取り戻す方法は南口一等地にある社会党デパートが自らその古くなった建物を壊し、更地に戻し、その上に新たな建物を建てる南口再開発計画を策定することである。

この計画策定には、時代に対応できていれば今日の社会党を形づくっているはずの党外の人々に策定を依頼することが何にもまして重要である。つまり自民党政権に批判的で建設的なインテリ、生協運動、環境保全運動など多様な市民運動、労働運動、テーマを持つミニ政党関係者などに集まってもらい、社会党を含む野党再建計画の策定を依頼することである。

社会党の大改革を進めるためには社会党自身が大改革の受け入れ体制をつくることが重要となる。かつて「革新自治体」が大きな成功をおさめていた頃、その成果が社会党改革に生かされるのかと期待したが、全く期待はずれに終わった。党外のエネルギーが結集できるかどうかは、現存する社会党自体が、清水の舞台からとび降りるほどの改革受け入れの覚悟を内外に示すことである。

以上のような理由から、改革に着手する上で土井新委員長が提案している「国民審議会」構想に私は基本的に賛成である。しかしこの審議会は単に党外の人の意見を聞く会であってはならない。そうではなく、逆に審議会自体に「新しい社会党」の骨格となるような人々を集めて構成し、そこで採用された意見が参加者自身の行動に結びつく、いわば社会党再建委員会の性格を兼ねることが期待される。


大改革によって生まれ変わる新生社会党の姿はどんなものになるのか。

私はまず、新生社会党は給与所得者、つまりサラリーマンを代表する党であることを明らかにするべきだと考える。今日、日本の総就業人口約五八〇〇万人のうち給与所得者は約四四〇〇万人、つまり就業人口の四分の三はサラリーマンである。

サラリーマンには二つの立場がある。一つは職場という生産点において働く労働者としての立場と、もう一つは地域で家族と共に生活する生活者の立場である。

従来から生産点の問題、つまり労働、給与、雇用、そして経済運営については常に政治的な最大の課題とされてきた。つまり経営側対労働組合という図式が日本の保守対革新の基本構造とされ、資本主義対社会主義のイデオロギー対立とも軌を一にしていた。しかし、生活点の問題、例えば公害、住宅難、福祉、教育、税制といった課題は、従来は生産点の問題の副次的問題としてしかとらえられてこなかった。

新生社会党がめざすべきサラリーマンを代表する党というのは、現役の給与所得者及びその家族、それに給与所得者のＯＢも含めた人々の生産点と生活点の両面の立場を代表するという意味である。

（続きは巻末資料C＝249〜251ページに掲載）

●昭和から平成へ

一九八六年の衆参ダブル選挙後、国政選挙は八九年の参院選までなかった。その間の八七年秋に自民党は中曾根首相の後継を選ぶ総裁選となり、投票ではなく、安倍晋太郎、竹下登、宮澤喜一氏のなかから中曾根氏が裁定するという選び方で、竹下内閣が発足した。

竹下内閣では一九八八年十二月に消費税法が成立し、八九年四月からの導入が決まった。一方、八八年六月に、朝日新聞のスクープでリクルート事件が発覚し、ロッキード事件以来の大疑獄事件へと発展していった。竹下内閣の閣僚は何人もが辞任に追い込まれた。

一九八九年一月七日に昭和天皇が亡くなられ平成となった。四月からは消費税が導入され、当然、国民には不人気だった。そこに竹下首相の秘書がリクルートから五〇〇〇万円の借金をしていたことが発覚し、竹下首相は辞意を表明した。後任の宇野宗佑《そうすけ》首相は、就任直後に女性スキャンダルが発覚、公示された参院選ではどこにも応援演説に行かず、自民党は歴史的大敗を喫した。

社会党はこの敵失《てきしつ》と土井ブームによって大勝した。マドンナと呼ばれた女性候補を積極的に擁立し、四六議席を獲得した。自民党は三六議席だった。土井委員長は「山が動いた」と表現した。

この選挙では「連合の会」が一一名を当選させた。前年の一九八七年に労働界は民間企業の労組の同盟と中立労連がまとまり全日本民間労働組合連合会（略称「連合」）となっていた（八九年に官公労の総評も加わり「日本労働組合総連合会」となった）。連合は参院選にあたり、社会、民社、社民連、そして公明党の野党四党に対し、定数一の選挙区に無所属の統一候補を擁立し推薦するよう求め、一二名が立候補して一一名が当選した。一人区はそれまで自民党が圧倒的に強かったが、野党がまとまれば勝てることを示した。

参議院は非改選を含めても、自民党は過半数割れとなった。責任をとって宇野首相は辞任し、総裁選で海部《かいふ》俊樹《としき》氏が選ばれ、首相に就任した。自民党の幹事長に就任したのが、竹下派の小沢一郎氏だ。海部首相は党内基盤が弱いため、竹下派の支援なくしては政権運営ができず、小沢幹事長は実質的な最高権力者に近かった。小沢氏は閣僚になったのは第二次中曾根内閣での自治大臣だけで、竹下内閣では官房副長官と、あまり目立った政治家ではなかったが、海部政権で幹事長になってから、剛腕ぶりが知られるようになる。

●社会党に市民派議員多数誕生

一九九〇年一月二十四日に海部首相は衆議院を解散し、二月十八日投票で総選挙となった。社会党の土井ブームは続いており、市民派の新人候補を多数擁立し一三六議席を獲得した。自民党も前年の参院選から支持率を回復させており、追加公認を含めて二八六議席を得て、政権を維持した。社民連は江田、阿部、楢崎、菅の四人の現職が議席を守ったが、新人二人は落選し、党勢拡大はできなかった。社会党が伸びた分、民社党と公明党は議席を減らし、それまで四野党の国会での共闘はうまくいっていたが、この選挙結果で関係は悪化した。

この選挙では、私の東京七区にも土井ブームの風が吹いて、社会党の新人が二位で当選、トップは自民党で、私は三位で当選した。逆風が吹いたわけではないが、私にとって厳しい選挙だった。

社会党は千載一遇の政権交代のチャンスを逃した。政権を獲るには、少なくとも定数五一二の過半数（二五六）の候補者を立てる必要があるが、一四六人しか擁立できなかった。中選挙区の定数は二から六で、自民党はここに複数の候補者を立てる。しかし社会党は一人を立てて当選させるのがやっとだったのだ。これでは永久に政権交代など無理だ。

しかしこの選挙では希望もあった。社会党は五六人もの新人議員を誕生させた。仙谷由人《せんごくよしと》・岡崎《おかざき》トミ子・赤松広隆氏などは、後の民主党政権で活躍する。

土井ブームは長く続かず、一九九一年春の統一地方選挙で社会党は敗北し、土井委員長は辞任し、田辺誠氏が後任となった。

こういう動きのなか、細川護熙《もりひろ》氏が立ち上がった。細川氏は自民党の参議院議員を三期務めた後、一九八三年に熊本県知事に当選し二期務めた。三期目も当選確実と思われていたが、「権不《けんぷ》十年」（十年以上、同じ者が権力の座にあるべきではない）と、九一年二月に任期を終えると、三選には出馬しなかった。

一九九二年五月七日、細川氏は記者会見を開き、新党「自由社会連合」の結党を宣言した。そして二日後の九日に発売された『文藝春秋』六月号に「『自由社会連合』結党宣言」が掲載された。この号が発売になるのに合わせての記者会見だった。細川氏の新党は「日本新党」という名称となって、五月二十二日に正式に結党され、七月の参院選の比例区で日本新党は三六一万票を獲得して四人を当選させた。

一九九二年はリクルート事件に続いて、佐川急便事件が起きていた。東京佐川急便から五億円の政治献金を受けていた竹下派の金丸信《かねまるしん》会長だったが、東京地方検察庁は略式起訴ですませ、二十万円の罰金刑で終わったので、世論は猛反発した。九二年十月、金丸氏は議員辞職に追い込まれた。後任の経世会会長をめぐり、竹下直系グループは小渕恵三氏、小沢一郎グループは羽田孜《はたつとむ》氏を立てて争い、竹下元首相が推した小渕氏が会長となり、小沢グループは派を飛び出して「改革フォーラム21」を結成した。これが新生党になる。

社民連では、楢崎氏や田氏は野党結集を試みていたようだが、私は関与していない。私は江田五月氏と社会党のニューウェーブと呼ばれていた若手議員たちと、江田氏をリーダーとする勉強会「シリウス」を結成した。社会党から二一名、連合参議院から四人が参加し、江田氏が代表幹事となった。

一方、一九九三年一月になると、自民党の田中秀征《しゅうせい》、武村正義《たけむらまさよし》氏らに細川護熙氏、私と江田氏も加わって、「制度改革研究会」を結成した。この研究会は行政改革の進め方や地方自治のあり方を意見交換する場となった。同じ頃、鳩山由紀夫氏ら自民党内の若手議員が、「政治とカネ」について考える政策勉強会「ユートピア政治研究会」を結成しており、この二つが新党さきがけの母体となる。

●細川政権

「政治とカネ」の問題は、政治にカネがかかるのは選挙にカネがかかるからで、それは同じ自民党から複数の候補者が出て闘う中選挙区制が悪いからだとなり、政治改革が叫ばれた。私は中選挙区制では政権交代は不可能だと感じていたので、小選挙区にすることには賛成だった。

自民党の羽田派は党内刷新を掲げ、小選挙区比例代表並立制と政党交付金の導入を柱とする政治改革を断行するよう宮澤首相に求めたが、自民党内がまとまらず、政治改革四法案は廃案となった。国会は会期末でもあったので、六月十八日に社会党が内閣不信任決議案を提出すると、羽田派は賛成する意向を示し、不信任案は可決された。宮澤首相は衆議院の解散を決断した。

採決後、羽田派は離党し、不信任案に反対した武村氏ら「制度改革研究会」のメンバーの十人が離党して、新党さきがけを結成した。私も研究会のメンバーではあったが、自民党員ではなかったためか、声はかからなかった。日本新党の細川氏は前年に参議院議員に当選していたが辞職し、衆院選に出ると宣言した。

私はこの流れに乗って「シリウス」を新党にしようと動いた。連日連夜、江田氏を説得した。しかし、江田氏はそこまで踏み切れなかった。資金などいろいろな問題もあった。社会党は、選挙後は羽田新党と組もうとしていたので、そこから割れるのはどうかという声もあった。

シリウス新党を断念した私は、さきがけに入ろうと決めて、一九九三年七月の衆院選に臨んだ。もはや社民連ではどうにもならない。選挙後、またどこかと統一会派を組むという話になる。それならば、自分からさきがけに入ろうと決めたのだ。

総選挙の結果、自民党は公示前より一議席多い二二三議席で第一党の座は維持したが、過半数は取れなかった。公示前に新生党や新党さきがけに多くの議員が移ったので、もともと過半数を失っていたのだ。共産党を除く野党は、社会党（七〇議席）・新生党（五五議席）・公明党（五一議席）・日本新党（三五議席）・民社党（一五議席）・新党さきがけ（一三議席）・社会民主連合（四議席）で二四三議席となった。小沢氏はこの七党と、参議院で議席を持つ会派・民主改革連合との連立内閣を樹立しようと極秘裏に動いた。

日本新党と新党さきがけはこの時点では、自民党と連立を組む可能性もあった。そこで、小沢氏は細川氏と密会し「総理にする」と持ちかけた。

八月九日、八会派連立政権として細川内閣が発足した。私はこの選挙で当選五回となり、国会議員になって十三年で初めて与党を経験することになった。国民の期待も大きく、細川内閣は高支持率でスタートし、政治改革関連法を成立させた。

●細川連立内閣の誕生から村山内閣へ

細川政権は八党派の連立で、それがこのまま続くとは誰も考えていなかった。衆院選は次からは小選挙区比例代表並立制となり、これまでとは異なる選挙戦略が必要となる。そこで書いたのが、次に掲げる『私は「日本型」民主党をめざす』で、岩波書店の『世界』に掲載された。

与党になったことで、国会と行政に対しこれまでとは違う視点を持てたので、政策決定のメカニズムを改めて分析し、官僚と大臣の関係が、憲法が規定しているはずの国会内閣制と乖離していることを指摘した。この問題意識を持てたので九六年に厚生大臣になった時、官僚に取り込まれることなく「国民の代表としての大臣」という立場を貫けた。また、初めて国会の常任委員会の委員長を経験したので、それにも触れた。そのうえで、作らなければならない日本型民主党について、机上の空論ではなくリアルな政党論を書いたつもりだ。

今後は野党勢力が、社会党の一部とさきがけ、日本新党、さらに自民党のリベラル派などと一緒になったアメリカでいう「民主党」的な党と、新生党と公明党に自民党の一部が加わるであろう「共和党」的な党の二つにまとまり、それと自民党という、三つの大きな政治勢力になるとの見立てをした。これはかなり的中したと思う。つまり、一九九六年の選挙は、私と鳩山由紀夫氏が代表となった民主党に、社会党の一部とさきがけの大半が参加し、小沢一郎氏が主導した、新生党・日本新党・公明党・民社党がひとつになった新進党が誕生するからである。

だが現実の政治は、私の見立てへと展開する前に、まさに「事実は小説よりも奇なり」という展開をした。この論文を書いたのは、九三年十月から十一月にかけてだ。その後、翌年（九四年）四月に細川内閣は総辞職し、その連立の枠組みで羽田孜内閣ができるが、さきがけと社会党は閣外協力にまわったため、羽田内閣は二カ月で総辞職した。そして、九三年秋時点では誰も予想していなかった、自民党・社会党・さきがけが連立して、社会党の村山富市《とみいち》委員長が首相になるのである。

こういう予期せぬ展開はしたものの、一九九六年の総選挙は、自民党、新進党、民主党という三つの勢力で競う展開になる。現実に起きたことと細部は異なるが、その後の政界再編の「シナリオの叩き台」としては、よくできたほうではないかと思う。

私は日本型「民主党」をめざす

（『世界』一九九三年一二月号）

政界再編第一幕

昨年五月の日本新党結成に始まり、自民党の分裂、新党さきがけと新生党の結成へと進んだ政界再編の第一幕、これら三新党と共産党を除いた旧野党五党派を加えた八党派による細川連立政権の誕生で一応結着を見た。

私は故江田三郎氏の呼びかけで十六年前社民連の前身、社市連の結成に参加して以来、社民勢力と保守党との間で政権交代が行われることを夢見てきた。しかし冷戦が終った後も社会党の体質は変らず、社民連も伸び悩み、昨年の参院選では連合型選挙も惨敗を喫した。

こうした状況のもと、従来の社民結集論では政権交代は実現不可能と考えるようになった。

そこで私は幅広い結集をめざし、一つには昨年十一月、江田五月氏を代表とし、社民連、社会党、民主改革連合の若手国会議員三十一名からなる政策研究集団シリウスを結成した。また昨年十二月には細川、武村両氏を中心に与野党国会議員、自治体の首長、学者、財界、労働界など幅広いメンバーにより政・官・財のゆ着構造の打破を目的とする制度改革研究会がスタートし、私も創立メンバーとして運営にかかわった。

こうした動きを背景に六月の政界激動の中で、私はシリウス新党の旗揚げをめざした。つまりシリウス新党を旗揚げし、日本新党や新党さきがけと共に、リベラルな新々党へ発展させるというのが私の描いた構想であった。この構想には社会党を離党していたシリウスメンバーの小林正参議院議員や渋谷修衆議院議員から強い賛同を得、特に渋谷修氏は将来の「民主党」結成をめざし、地元で「板橋民主党」をいち早く旗揚げしていた。しかし社会党分裂につながるシリウス新党には支援労組などの反発も予想され、選挙を目前にしてメンバーの大半は慎重論になり、残念ながらシリウス新党旗揚げは不発に終った。

そこで私は先の総選挙では「保守党」に対する「リベラル政党」をめざすことを公約に掲げてたたかい、選挙直後、党籍は社民連に残したまま院内統一会派「さきがけ日本新党」に参加することを表明した。

その後、連立政権がまとまり、さきがけ日本新党の細川・武村の両代表が総理と官房長官に就任し、江田五月氏も各党党首と共に入閣をはたした。国会役員についても主要ポストは連立与党で占めるという方針のもと、土井議長が誕生した。また二十の常任委員会の内十五の委員長が連立与党に割り振られ、さきがけ日本新党会派に割り振られた三つの委員長ポストの中で、全く予期していなかったことだが、私は外務委員長に就くこととなった。

政治の構造変化

今回の政権交代では長年の政権政党であった自民党が下野したことで、政治の基本構造が大きく変化しようとしている。従来の自民党内での政権交代では、首相が代っても実力者と称される人たちは、役職こそ変われ政治の中心に居つづけることができた。しかし今回の政権交代では自民党の実力者の多くは政治舞台の片隅に押しやられ、細川総理や武村官房長官という新しい政治家が舞台中央に躍り出た。

同時に自民党の下野は、従来の政策決定システムの崩壊を意味している。これまで予算や法案のからむあらゆる政策は、政府の方針が決められる前に与党自民党は必ず相談にあずかってきた。そのため自民党内には各省庁に対応する形で部会が設けられ、連日のように省庁から実施したい政策の説明を受け、関係業界からも多くの陳情を受けていた。この部会が政府と与党の意見調整を行う政策決定システムの基礎単位となっていたわけだ。

しかし、こうした自民党の部会を中心とした政策決定システムは崩壊しつつある。その象徴ともいうべきできごとが自民党税調による税制改正案のとりまとめの中止である。例年、税制改正をめぐり省庁や業界利益を代表する「族議員」が激しく議論をくりひろげ、電話帳と称される分厚い税制改正案をとりまとめてきたが、それが中止された。

族議員の弊害

このように、与党自民党では、部会を中心に政策調整が行われ、いわゆる「族議員」が生れてきた。族議員は業界のパイプ役を務め、予算獲得などで関係省庁の応援団を務めることで政―官―業の鉄のトライアングルを形成してきた。これが業界との癒着による政治腐敗の温床となってきたことは、建設族のドンといわれた金丸氏への巨額献金、脱税事件からも明らかである。また省益あって国益なしといわれるわが国の縦割行政の中で、族議員は省益の番犬役を果し、行政改革の大きな障害となってきた。

自民党の下野は政―官―業の癒着構造を崩壊させ、ゼネコン汚職など政治腐敗に徹底的にメスを入れるチャンスである。また行革審が取り挙げた縦割行政解消のための行政改革も、族議員が力を失った今こそ実現のチャンスである。

新しい政策決定システム

従来の政策決定システムは崩壊したが、それに代わる新しいシステムの構築はまだできていない。野党であった議員や新人議員にとって、与党議員として何をすべきかということが十分把握されていない。

近年野党議員による法案の提案は増えてはいたが、これまで野党にとっては多くの場合、政府から国会に法案が出されてからが勝負だった。消費税法案にしろＰＫＯ法案にしろ、政府が法案を国会に提出した後、各野党は法案に対する態度を協議し、絶対に反対するもの、反対はするが成立は認めるもの、賛成するものなどに区分けし、それに合せて審議の引き延ばしなどの国会戦術を駆使するというのが、社会党を中心とする野党の長年のやり方だった。

これに対して与党になった今日では、政策面では法案を国会に提出するまでが勝負で、国会に出した後は与党としてその法案の成立に全力を挙げるという立場に変った。

そこで、与党としては自分たちの考えを実現するために、政府、つまり行政府をいかに使いこなすかということが重要になる。

自民党では部会を中心とした「族議員」が関係省庁や業界を巻き込んで政策決定の基礎単位となってきたことはすでに述べた。連立与党として従来の業界利益を代表する族議員とは異なる形での政策決定システムを構築する必要がある。生活者の立場に立った分野別の政策部会など各党で新しい試みも行われているが、本格的に機能するにはもう少し時間がかかりそうである。

物分りのよい新閣僚

新しい政権の閣僚は羽田外務大臣を除いてすべて初めて閣僚になった人たちで、旧野党出身者が半数を超えている。当初は旧野党出身閣僚が、「野党的」言動をするのではないかと心配されたが、意外と物分りの良い閣僚に納まっている。

しかし、物分りが良いというのは、裏を返せば役人のコントロールに従っているということでもある。大臣として一人役所に乗り込んだ新閣僚は、朝から晩まで優秀な官僚達にとり囲まれ、一種の「洗脳」を施されている。

私はある旧野党出身の経済閣僚に、政策的アドバイザーが務まる仲間の議員をそばに置くように勧めたが、大臣自身が官僚に遠慮して実現しなかった。細川首相は法律的裏付はないが、首相の特別補佐官として議員である田中秀征氏を任命した。官邸の機能を充実させる新しい試みである。

政権交代がスムーズに進んだ背景には日本のしっかりした官僚制度があることは認めなければならないが、その官僚たちが政治家をあやつるのか、それとも政治家が責任を持って官僚を使うのか、その新しいせめぎ合いが今始まっている。

与党議員としての取り組み

私自身は、野党時代から取組んできた土地政策に関連して「公有地拡大と金融システムの安定化のための土地保有機構」を実現したいと各方面に働きかけている。これはバブルの崩壊で地価が下落したことは歓迎すべきだが、良好な都市環境につながる土地利用は進んでおらず、金融機関も貸ししぶりが続いていることから、都市部の売却を希望する土地を大量に買い上げ、自治体の公有地に転換し、良好な都市環境をつくり出すための種地《たねち》として活用しようというものである。

また建設の談合問題についても、土地の勉強会の仲間と共に、設計にあたる建築士に弁護士と同様に発注者側に立って施工の質的管理を行う責任と権限を持たせ、そのもとで施工について一般競争入札を行わせる改革を提案している。

与党になったことで、関係省庁はこれまで以上に熱心に話は聞き、検討も始めているが、いずれも大きな課題なので、まだ実現には至っていない。

外務委員長としての活動

外務委員会は国際情勢一般について調査をし、条約の承認や外務省にかかわる法案の審査を行う委員会である。そのため外務委員長になってからは、私の部屋には外務省の役人が絶え間なく訪れ、外交日程や条約などについて報告や説明を行ってゆく。つまり外務委員会は外務省という行政機関にとっては立法府に設けられた「関所」であり、委員長はいわば「関守《せきもり》」である。

私は外務委員会を、外交問題について国民のコンセンサスを探る国民的討論の場としたいと考えている。しかし現実はそう簡単ではない。与党の一員としては基本的には政府を支え、外務省を擁護して条約の承認などを進めるという仕事が優先し、国民的討論の場にするには相当時間がかかりそうだ。

そこで私は外務委員長就任直後の九月上旬、カンボジア、ラオス、ミャンマーの三ヶ国を訪問した。訪問は国会派遣ではなく私的なものだったが、「外務委員長」ということでPKO関係者、UNTACの明石《あかし》代表、NGO関係者、現地政府の要人などに会うことができ、カンボジアの平和維持活動やODAの現状、人権問題などについて中味の濃い意見交換ができた。

こうした経験を通じて外務委員長の立場で、行政に対して建設的な影響力を行使するための方法を考えてきたが、その一つとして、学者やNGO関係者を中心にODAのあり方を考える私的諮問機関をつくる準備を進めている。

市民運動と新政権

市民運動の中には社会党など旧野党が政権に参加したため、自分たちの声を代弁してくれる政党がなくなったとなげいている人が少なくない。私も元々は市民運動の出身で、そうした気分も理解できる。そこで私はそうした人たちに「これまでのように政府を批判するのではなく、与党を介して政府を使うことができるはずだ」と言っている。

アメリカでは共和党政権から民主党のクリントン政権に代ったことによって、それまでアムネスティなどの人権擁護運動をやっていた市民運動のリーダーが、クリントン政権の人権部門の責任者になった例も聞かれる。日本でも政権を批判してきた人が新たな政権にいろいろな形で参加できる道をひらかなくてはならない。

政界再編第二幕

自民党の分裂によって、政界再編と政権交代があっという間に実現して三ヶ月が経過した。細川政権は「自然体」で日米・日ロの首脳会談を成功させ、政治改革や不況対策など難問を抱えながらも、国民の高い支持を背景に安定した政治運営を行っている。

しかし政治改革法案の審議が進むとともに、選挙制度の変更を見越して政界再編の第二幕が激しく動きはじめている。

社会党の深刻な自己矛盾

社会党の自己矛盾は特に深刻だ。国会審議での社会党閣僚の答弁を聞いていても気の毒になる。つまり社会党の固有の政策が余りにも連立政権樹立で合意した基本政策と距離があるため、答弁は苦しい。

もともと社会党は政権を握って政治を変えたいとする「権力志向」は弱く、時の政権を批判しチェックするという反権力抵抗運動の体質を根強く持っている。そのため社会党には反対運動用の政策あるいは要求はあっても、政権担当を前提とした政策にはなっていない。例えば消費税についても廃止は主張しているが、それに代る間接税をどうするのかは何も提案されていない。自衛隊違憲論も自衛隊の存在を認める政権への参加は理論上無理を生ずる。

社会党議員の多くは、今の社会党の基本政策は非現実的で変えなければいけないと考えているが、逆に党員の多くは反権力抵抗運動の体質が強く、古くからの政策に固執している。

このように社会党の自己矛盾の根は深く、非自民政権を守るという一点でかろうじて政権参加を正当化しているに過ぎない。

そこで政界再編の第二幕では、社会党固有の政策に固執する独自派は連立政権から離脱し、他方連立政権を支えようとする協調派は固有の政策を転換し、他党との連携を進めることになろう。つまり連立政権から離脱するか残留するかによる社会党の分裂は必至の情勢にある。

自民党の危機

自民党もまた深刻な危機にある。その原因の一つは皮肉なことに連立政権が「政治改革は進めるがそれ以外の基本政策は自民党政権の政策を継承する」としたことにある。つまり従来、野党政権になると社会主義的政策がとられ日本が孤立する、と批判していた自民党にとって、これでは連立政権を批判する政策的理由が見当らない。

そのため連立与党の足並みの乱れをさそおうと社会党の矛盾を責めたてるが、細川政権の批判にはなっておらず、逆に自民党が矮小《わいしょう》に見えてしまう。そこで河野洋平自民党新総裁は、新生党の小沢一郎氏との政治スタンスの違いを浮きぼりにしようと代表質問に立ったが、この質問は逆に自民党内の意見の違いを浮きぼりにする結果となった。つまり小沢一郎氏のいう「普通の国」をめざすのか「控え目な国」をめざすのかは、連立与党内でも意見の相違があるが、自民党内にはもっと激しい意見対立があるからだ。

派閥の崩壊

これまで自民党はその政治理念には相当のバラツキがあり、政権という求心力によって一つの党にまとまってきた。特に派閥は首相の座をねらうボスが、金とポストの配分によって作り上げた強固な党内党であった。しかし自民党が政権を失ったことで閣僚ポストの配分権は失われ、資金もかつてのように集まらず、派閥の求心力は無くなり、派閥の会合は人の集まりが極端に悪くなっている。

しかも新政権で当選回数の少ない総理や閣僚が生まれたことで、世代交代の気運が高まり、若手を中心に自民党を見限る空気が強まっている。この結果、今から他党に移りにくいベテランを中心に政権復帰をめざすグループと、自民党に見切りをつけつつある若手グループとに色分けが進みつつある。

「民主党」と「共和党」の誕生

このように五五年体制の主であった自民・社会の両党は分裂必至の情勢にある。その中で分立している党派がどのような形で再編されてゆくかが問題となる。

私は次のように考えている。まず社会党が、連立政権から離脱する独自派と残留する協調派に一対二程度の比率で分裂し、それに伴い自民党から若手を中心に数十名が連立与党に参加する。そして現在八党派に分れている連立与党は新しい参加者を含め二つか三つの党に収斂《しゅうれん》してゆく。

私としては新党さきがけと日本新党に、社民連や社会党の協調派と自民党からの連立参加者の一部を加え、リベラル派と社民派の結集による日本型「民主党」の結成をめざしたい。この「民主党」は衆議院で一三〇名前後の勢力となることが予想されるし、望ましい。他方新生党、公明党を中心に自民党や他の党からの参加者を加えて日本型「共和党」が生まれるのではないか。「共和党」は衆議院で一五〇名前後の勢力となろう。

そしてこの「民主党」と「共和党」が連立を維持して細川政権を支え、次の選挙では自民党政権の復活を許さない立場から全面的な選挙協力を行うことが必要である。

新しい選挙制度による次の選挙で自民党が政権復帰ができない時には、自民党の求心力は完全に失われ、消滅に向かう可能性が大きい。この場合、大部分の議員は「民主党」か「共和党」に合流し、新しい二大政党時代に入ることになろう。

次回の選挙前に自民党の大分裂が起き解体する可能性も指摘されている。しかし政権復帰をかけて一度は新しい選挙制度で自民党も闘うことになると考えるのが普通だ。

なお連立政権から離脱した社会党独自派と共産党は比例区を中心に併せて三十〜四十人の勢力を維持、政権に対する左からのチェック役を果たすことになろう。

「民主党」の政治理念

私のめざす「民主党」の政治理念をひとことで表せば「リベラル」ということになる。リベラルの意味は国や時代によって様々に解釈されているが、私のイメージするところは人権や環境を重視するアメリカ民主党と、公平・公正さを重視するヨーロッパの社会民主政党の性格を併せ持つ政党である。「民主党」の政治理念を別の形で表現すると、①政治構造として地方主権を尊重する「分権民主主義」、②経済構造として市場メカニズムに公共性を加味した「生活者民主主義」、③国際的には世界全体のことを視野に入れた「国際民主主義」の三つの民主主義になる。

国際民主主義

特に冷戦という名の第三次世界大戦が終った今日、世界と日本の関係をどう考えるかがこれからの政党にとって重要な課題となる。

これまで世界は主権国家の集合体として強く意識され、国際政治は各国の国益がぶつかる場として理解されてきた。しかし今日、環境問題はもとより核、経済、平和など、どの問題も各国の主権を前提とした考えでは十分な対応がとれなくなっており、世界を一つの社会単位として考える必要性が高まっている。

すでに国連をはじめIMFやガットといった国際機関が、国の主権を超えた「世界政府」として分野ごとの機能を持ちつつある。私たちは今や地域ごとの「自治体政府」と「国の政府」に加え、「世界政府」という三種類の政府を持っているのである。

国際民主主義は日本の国益にのみとらわれず、世界市民の観点で世界の問題を考え、世界政府に積極的に参加、協力しようという立場に立つものである。

国連改革

国連に対する我が国のかかわり方は今後の日本の針路を大きく左右する大問題である。日本の外務省は常任理事国入りを強く望んでいるが、国際的に重要なポストに就くことで外務省が国内的にも発言力を増すといった、省益拡大が大きな動機となっているように思えてならない。

常任理事国になれば、ガリ提案のような重武装部隊を平和創設軍として提供することを要請される可能性も大きい。平和主義に立つ我が国としては、武器輸出国である現在の常任理事国が消極的な、通常兵器の輸出入の国際管理の強化を強く働きかけることなど、やるべきことは多い。

世界市民の立場に立って国連に協力することと、日本の政治大国化をめざすことを混同してはならない。日本は政治的には控え目でも尊敬される国になる道を模索すべきである。

「共和党」の性格

私がめざす「民主党」の政治理念について述べてきたが、新生党や公明党が中心になると思われる「共和党」はどんな性格を持つことになるであろうか。小沢一郎氏の著書からすると、「共和党」は国内的には自己責任や自助努力が強調され、国際的には国益を重視し、国力にふさわしい政治大国、つまり「普通の国」をめざす立場に立つことになろう。

こうした政治理念に加えて政党の体質も大きな問題となる。特に今回進んでいる政治改革では、個人の政治家よりも「政党」の役割を重視しており、扱い方によっては集権型の政党になりやすい。特に「共和党」は新生党や公明党の性格からしても一枚岩的集権型の政党になりそうである。これに対して「民主党」は分権型の政党をめざさなくてはならない。

政党の構造

政治改革論議と政界再編は改めて「政党」とは何か、どうあるべきかを問いかけている。

私はここ数年、党員と議員と有権者の関係について考えてきた。例えば社会党は十三万党員の全員投票で委員長を決め、基本政策は党員から選ばれた代議員で構成される大会で決定される。一見非常に民主的なように見えるが、大きな落し穴がある。それはこの手続きが党員民主主義にはなっていても、有権者民主主義になっていないからである。つまり党員や熱心な活動家である代議員の多くは、社会党を「抵抗の党」と考えており、政権を担当できる党に脱皮してほしいと考える支持有権者の平均的意見は長年、党の方針に十分反映されてこなかった。

議会民主主義の下では、「政党」は一般国民が国政に参加する社会的システムであることを考えると、基本政策などは有権者に選ばれた議員集団で決定する方が有権者民主主義に適しているはずだ。

分権型政党

しかし小選挙区制や比例代表制では、公認されるかどうかが死活問題で、公認権まで中央の議員集団に独占させると中央集権型の政党になりかねない。そこで公認候補の決定は地域ごとに行うのが好ましい。この場合に参考になるのが、アメリカとイギリスの方式である。

つまりアメリカでは州法に予備選挙が規定されており、有権者は誰でも一時的に党員となって民主党か共和党の予備選挙に参加できる。これでは中央のボスが公認候補を決める余地はない。

イギリスの場合は政党によって多少異なるが、政党の中央で候補者に適する人物を多数選びプールしている。そして地域で新たな候補者が必要となると、プールされている適格者から希望をつのり、地域の党組織で面接や討論会などを行ってオーディション方式で決めることになっている。

このように透明性の高い方法で、地域ごとに公認候補を決めることによって、政党の過剰な集権化を防ぎ、政党を有権者により身近なものにしてゆくことが極めて重要である。

選択肢の提示

五五年体制が崩壊し、政治選択の枠組が全く変ってきた。こうした混迷の中で国民の前にめざすべき政治理念を明示し、選択肢を提示することは、民主主義のもとでの政治家の一つの役割であろう。そう考え、不確定要素の多い中ではあるが、私自身の見通しとめざすべき方向について述べてみた。多くの皆様から御意見をいただければ幸いである。

●自社さ・村山政権へ

この『世界』の論文で、私は細川政権の誕生は政界再編第一幕だと書いたが、それから半年も経たずして、一九九四年四月に細川政権は終わった。

細川首相自身の東京佐川急便事件への関与といった問題もあったが、連立政権内に亀裂が入っていたのも、原因のひとつだった。具体的には新党さきがけ代表で官房長官の武村正義氏と、新生党幹事長の小沢一郎氏との間での対立だった。私はこの政権では与党の一員だったが、政局にはほとんど関与していない。

連立の枠組みを維持する前提で、次の総理は新生党の羽田孜氏に決まった。新党さきがけは最初から、首班指名では羽田氏に投じるが、閣内には入らないと決めていた。ところが、一九九四年四月二十五日の首班指名後に、新生党・日本新党・民社党が統一会派「改新」を組むと発表され、これに社会党が猛反発して連立からの離脱を表明した。引き留めようという動きもあったが成功せず、二十八日に社会党なしで組閣され、羽田政権は少数与党政権として発足した。予算案は細川政権で作ったものだったので、さきがけも社会党も賛成して成立させたが、その後の対応は決めていなかった。

自民党は内閣不信任決議案を提出し、さきがけと社会党が反対しない限り可決される状況となり、採決の前に羽田内閣は総辞職した。

そして社会党の村山委員長を首相にする自民・社会・さきがけの連立政権が発足するわけだが、ここで初めて、私は政局の渦《うず》の中で動くことになった。三党連立の「村山政権誕生」という政治劇は、突き詰めれば、さきがけの田中秀征氏と新生党の小沢一郎氏との闘いだった。衆議院の議席では、自民党も、新生・民社・公明・日本新党のグループも過半数を得ていない。共産党は別とすれば、さきがけも単独ではキャスティングボートを握る議席は持っていない。だが社会党と組んで、自民か連立与党のどちらかと組めば政権を取れるという状況だった。つまり、さきがけが政権を取るためには、大前提として社会党と組んでいなければならない。田中氏の戦略は、さきがけと社会党の間で政権構想を作り、それを自民党と連立与党側に提示し、呑むと言ったほうと組むというものだった。さらに、「首相は社会党の村山委員長」も条件にする。

その戦略に沿って、さきがけの政調会長となっていた私は、社会党の関山信之《せきやまのぶゆき》・政審会長との政権構想の協議に入った。そこには国の仕事を地方自治体に委任している「機関委任事務」の廃止など、大胆な政策も入っていた。

私と関山氏の間で協議した政権協定の合意文書が、正式に村山委員長と武村代表名義の政権構想となり、自民党と連立与党に提示された。「この政権構想と、かつ社会党の村山委員長を首相とすることでいいのであれば、連立政権を組む」と、両方に申し入れたのだ。

自民党の政調会長は橋本龍太郎氏で、二党の政権構想を読むと、「多少の問題はあるけど、まあいいかな」とその場で呑んだ。しかし連立与党側は小沢氏が難色を示し、すぐに回答してこなかった。小沢氏は自民党の海部俊樹元首相を首相に擁立しようとして動いていたのだ。海部氏が首相だったときの幹事長が小沢氏という関係にある。小沢氏としては、海部氏は使いやすかったのだろう。海部氏は自民党を離党し、連立与党側の総理候補になる。

国会の首班指名（正確には総理大臣指名選挙）は立候補制ではない。国会議員がそれぞれ総理にふさわしいと思う人の名前を書いて投票する。ルール上は自分の名前を書いて投票してもいい。現実には各党が誰に投票するかを決めて、所属議員はそれに従って投票する。ほとんどの場合、その党の党首の名前を書くが、連立政権を作ると合意できていれば、党が決めた人に投票する。したがって、ほとんどの場合、首班指名はセレモニー的なもので誰が過半数を取るかは予め決まっている。開票するまで誰が勝つか分からなかった例は、五五年体制下では、一九七九年の総選挙後、いわゆる「四十日抗争」のときの、大平首相と福田前首相とに自民党の票が割れた時だけだ。九四年は、それに次ぐ誰が勝つか分からない状態での首班指名選挙になった。

小沢氏の真意は分からないが、さきがけとは組みたくなかったのだろう。もっといえば、武村氏、田中氏とは組みたくなかった。そこで小沢氏は自民党から海部氏を引き抜くという奇策に打って出た。自民党の中にはいくら政権を取るためとはいえ社会党の党首の名前は書きたくない者もいるだろうし、社会党の中にも、自民党との連立に反対の者もいると見込んでの策だった。実際、中曾根康弘元首相は、記者会見を開き、「社会党委員長には投票しない」と宣言した。

投票の結果、村山氏、海部氏とも過半数を取れず、決選投票で村山氏が首相に指名された。

社会党というのは、面白いといえば面白い党で、何事も機関決定で動き、その機関決定は絶対視される。この首班指名の直前に、社会党は「自民党とは組まない」と決定していたので、首班指名の時点では、正式には自民党との間では政策協定は結ばれていないし、連立政権を作ることで党内合意はできていない。その一方で、首班指名で自分の党の党首に投票するのは当然のことなので、社会党議員は「村山富市」と書いた。

小沢氏は自民党にいたので、社会党の組織原理が理解できていなかったのではないか。いくらなんでも自民党と組むのは嫌だという感情論から造反する者が多数出ると見込んだのだろう。だが、連立与党側の候補者が自民党にいた海部氏では、社会党議員としては投票できない。そこが誤算だったと思う。

自民党は政権に就けるとなれば、何でもする党と言える。中曾根元首相に続く議員はなく、決選投票で村山委員長が過半数を得た。しかしこれは社会党の見解としては、「自分たちは党首の村山さんに投票した。そうしたら、自民党も勝手に村山さんに投票した」ということなのだ。この期に及んでも、「自民党との連立は認めない」「自民党と連立政権を組むには党大会が必要だ」と言う議員もいた。

首班指名選挙は夕刻で、その後で三党で政策協定を結び、連立すると合意しなければならないが、三党首会談が開けない。社会党の党内調整が終わらないのだ。議員のなかには飲みに行ってしまった者もいた。私は知り合いの社会党議員に片っ端から電話をかけて、「今晩中に三党首会談ができなければ、連立政権は離陸前に塀に激突するぞ」と言って、国会に戻らせた。社会党内の調整が終わり、夜中の二時頃になってようやく、自民党の河野洋平総裁、社会党の村山委員長、さきがけの武村代表の三党首会談が始まったのである。

村山政権誕生にあたっては、自民党の亀井静香《しずか》氏などが、自分たちが根回しをして実現したとよく語っている。自民党内の根回しはしていたのかもしれないが、連立政権の政策協議の場にいた私の視野には、亀井氏たちの動きは見えていない。「自社さ」政権について、「自民党が動いたから実現した」というのは自民党史観に過ぎない。

整理すると、こうなる。社会党とさきがけの政権合意という手続きをした。次に両党の政権合意を自民党と連立与党に示し、どちらが呑むかという手続きをし、自民党が呑んだ。そして首班指名選挙で、自民党は勝手に村山委員長に投票した。その後、三党で合意し、連立政権としてスタートしたとなる。したがって、首班指名後に自民党を含む三党合意がなければ、村山政権は、社会党とさきがけだけが与党という、少数与党政権となるところだったのだ。実際、自民党との連立に反対の党内左派が連立与党と組んで、羽田孜氏を首相に担ぐという動きもあった。

こうして、私はおよそ市民的とは言えない永田町の政争劇に関わるようになったが、これはこれで、いい経験となった。

●連立政権の政策決定システム

自社さ連立の村山政権で、私はさきがけの政調会長として政策協議を担うことになった。社会党は関山氏が政審会長を続けたが、自民党は橋本龍太郎氏が通産大臣として入閣したため、加藤紘一《こういち》氏が政調会長となった。加藤氏とはその以前から、多少は付き合いがあったので、関山氏と三人による政策調整はうまくいったと思う。

三人の政策調整会議の下に、テーマごとのプロジェクトチーム（ＰＴ）を二十ほど置き、その全てが、自民党から三人、社会党から二人、さきがけから一人の合計六人で構成された。自民党だけでは過半数にしないという配分にしたので、自民党は社会党かさきがけの同意がなければ決められない。この手順を重視した。

さきがけは人数が少ないので、一年生議員もこのプロジェクトチームのメンバーに起用していった。一方、自民党からは大物議員が出てくる。さきがけの一年生議員にとっては、非常にいい勉強の場になったと思う。また、各プロジェクトチームの議長は二カ月交代の当番制にしたので、さきがけの一年生議員も議長となり、まとめ役を果たさねばならず、省庁との調整も必要なので、いいトレーニングになった。このときのさきがけの若い議員たちが、当選五回・六回となったときに民主党政権となり、大臣や副大臣として活躍するわけだが、このときの経験が生きたはずだ。

各プロジェクトチームで固まった政策が、私たち政策調整会議に上がり、そこで三人でまとめたものが、幹事長や書記長で構成される与党責任者会議に上げられ、三党が合意した政策となった。細川政権では、小沢一郎氏たち幹事長・書記長でつくる代表者会議でほぼすべてのことを決めるトップダウンだったのに対し、村山政権ではボトムアップで決めていた。政策調整会議には、予算編成から法案まで、ありとあらゆる問題が持ち込まれたので、やりがいはあった。

自社さ政権では、社会党は自衛隊を認めるという大転換を迫られたが、従来から主張していながらも自民党政権では実現できなかった課題を解決することができている。これはもっと誇っていいことだったと思う。

たとえば、九四年十月に被爆者援護法が三党で合意でき、十二月に成立した。これは一九七〇年代から社会党が国会に提出していたが廃案を繰り返していた法案だった。この法律によって被爆直後の死没者に遡り、遺族にひとり一〇万円の特別葬祭給付金を支給することになった。

水俣病未認定患者問題も、社会党は一時金を出すよう求めていたが環境庁は一切認めない立場だったのを、九五年六月に患者に対して一律二六〇万円の一時金と団体加算金を払うことで、患者団体と合意でき決着した。これらは、いくら正論であっても、政権を取らなければできなかったことである。こういう点を社会党がもっとアピールすれば、この連立の評価も変わったのではないか。

さきがけが主張していた政府系金融機関の統廃合は大蔵省の強い抵抗があったため、日本輸出入銀行と海外経済協力基金の統合、日本開発銀行が業務の一部を削減することしかできず、これは苦い経験となった。省庁の抵抗がどんなものかを思い知らされた。

●新進党結党、村山内閣退陣

羽田政権の与党だった、新生党・公明党・民社党・日本新党などは一九九四年十二月にひとつになり、新進党が誕生した。初代党首は海部俊樹氏、幹事長は小沢一郎氏だ。

その翌月の一九九五年一月、阪神淡路大震災が起きた。さらにオウム真理教事件もこの年だ。

夏の参院選では、新進党が改選議席の十九を四十へと倍増させ、比例区の得票では自民党の獲得票を上回る勝利を収めた。自民党は六年前に社会党・土井ブームで大敗したので改選議席は三三ともと少なかったが、それを四五へ増やした。しかし社会党は四一の改選議席だったのが一六しか取れず大敗した。さきがけは参議院には議席がなかったのを、三議席得ることができた。新進党は非改選を合わせても五七で、自民・社会・さきがけの三党で過半数は十分にあったので、政局にはならなかった。しかし、自民党としては比例第一党が新進党となったのはショックであり、九月の自民党総裁選挙では、河野洋平総裁が出馬できず、橋本龍太郎氏と小泉純一郎氏の一騎討ちとなり、橋本氏が総裁となった。

さきがけとしても、議席を獲得できたのはいいが、二年の間に必ずある衆院選の戦略の構築を急がなければならない。さきがけ単独では、小選挙区での当選はかなり厳しい。参議院の比例区は全国だが、衆議院はブロック別になるので、そこでの議席獲得もこのままでは難しいと予想できた。大敗した社会党はもっと深刻だった。

●住専問題

一九九五年になると、経済ではバブル崩壊後の問題のひとつとして住専問題が浮上していた。ノンバンクの住専（住宅金融専門会社）は個人向けの住宅専門の金融会社だったが、バブル期になると、銀行が個人向け住宅ローンに積極的になったので、住専各社は顧客を奪われ、新たな貸出先として不動産業者に土地を担保にして融資していた。

バブルが崩壊すると、不動産会社は経営危機に陥った。地価下落で担保価値も目減りし、不良債権化した。大蔵省が住専各社へ立入検査をすると、総資産の半分に当たる六・四兆円の損失が生じていた。これらとは別に農林系の一社があり、そこも損失を出していた。

住専には大手銀行や生保、証券会社が出資し、さらに融資もしていた。住専の破綻は金融システム全体の破綻につながる。それをどう処理するかが大きな問題となっていた。

連立三党は、六・四兆円の損失は各社の母体行が三・五兆円、そこに貸し出していた一般行が一・七兆円を債権放棄し、農林系金融機関については、その負担能力五三〇〇億円を超える六八五〇億円については公的資金を投入することでまとめ、それを九六年度予算に組み入れた。この「公的資金投入」をめぐり、翌年の国会は荒れることになる。

年末までかかった一九九六年度予算編成が、与党の政調会長としての最後の仕事となった。あわただしく年を越したのを覚えている。

この政調会長という仕事も、そろそろ交代してもらおうかと思っていたところに、入閣の話が来たのである。

第五章　大臣　1996

●薬害エイズ事件とは

一九九六年一月五日に村山富市首相が退陣を表明し、自民党の橋本龍太郎氏を首相とする自民・社会・さきがけ三党の連立政権が誕生し、私は厚生大臣として初入閣した。

約十カ月の任期だった。就任から最初の三カ月で、私は薬害エイズ事件で国の責任を認め、患者に謝罪し、裁判所からの和解勧告を受け入れた。

これこそが、第三章で記した、市民運動と国会議員の役割分担だった。

「薬害エイズ事件」も、もう四半世紀も前の事件なので、若干長くなるが、詳しく記しておきたい。

血友病患者に使用されていた血液製剤がエイズウイルスに汚染されていたため、日本では約二千名が感染し、六百名を超える死者を出した。アメリカではエイズ患者の中に血友病患者が多いことから、血液製剤が原因と疑われ、加熱処理することにしていたが、日本は遅れた。八三年の段階で厚生省はエイズ研究班（帝京大学の安《あ》部《べ》英《たけし》教授が班長）を組織し、調査した結果、非加熱製剤の使用継続を決めていた。八五年に安全な加熱製剤が承認されたが、血液製剤を製造・販売していたミドリ十字社は非加熱製剤を回収せず、在庫がなくなるまで使用されたため、さらに感染が拡大した。厚生省は非加熱製剤が危険と知りながら回収させなかったので、不作為責任がある。

患者側は一九八九年五月から、国と製薬会社に対して損害賠償を求める民事裁判を起こし、九五年十月に裁判所は和解案を出したが、厚生省は救済責任は認めたものの、加害責任は否定していた。

ちょうどその頃、私が帰宅すると、妻・伸子にいきなり「あなた、何をしてるの」と怒られた。伸子は生活クラブ生協に入っており、小平市（中選挙区時代、私の選挙区）でその会合があったので出席すると、薬害エイズ事件の被害者である川田龍平《かわだりゅうへい》氏（後、参議院議員）とその母・川田悦子《えつこ》氏（後、衆議院議員）が来ており、この問題についての話を聞いた。

「今日ほど、政治家の妻として恥ずかしかった日はありません。あなた、何をしているんですか」というのが伸子の怒りの原因だった。妻に言われたからというわけではないが、いまもなお亡くなっていく患者がいるので、一日も早い解決が必要だとの認識を新たにし、その日から私はこの事件の資料を集め、詳しく勉強した。

和解勧告が出たのが十月六日で、厚生省が責任を認めようとしないことが明らかになっていた。同二十日に、私はさきがけに薬害エイズプロジェクトを発足させると座長となった。二十四日にそのメンバーのひとり、枝野幸男議員が衆議院厚生委員会で質問し、「裁判所の所見は国に法的責任があるとしており、和解勧告を真摯に受け止めるというのなら、国に法的責任があるという前提で進めなければ、司法をバカにしている」と発言した。これには、連立を組んでいる自民党、社会党の議員からも批難を浴びた。そこで私は枝野議員を呼び、「この問題に本気で取り組む覚悟はあるのか」と問い質《ただ》すと、きっぱりと「あります」と答えたので、党として取り組むことにした。

枝野議員は十一月下旬に三十項目ほどある質問主意書を提出したが、曖昧な回答しか返ってこない。そこで私は、もっと質問を細かくし、イエスかノーでしか答えられないようにするといいとアドバイスをした。たしかこの頃、川田龍平氏とも面談した。

私は政策責任者として予算編成などに忙殺されていた。前述のように住専問題が大きな課題となっていた。さきがけ党内では薬害エイズ事件の解決に党として取り組む気運が高まっていた。

一九九六年が明けると、いきなり村山首相の退陣表明となった。自民・社会・さきがけの三党は、連立の枠組みを維持することで合意したが、単なる数合わせではいけない。政策での合意が必要で、合意した政策を実現するために連立政権を作るのでなければならない。私は政策合意になんとしても薬害エイズ事件の問題を加えようと決意して、三党の政策協議に臨んだ。二日か三日、連日深夜まで議論して、「新政策合意」をまとめた。並行して三党の党首を中心にして次の総理は誰にするかの協議があり、自民党の橋本龍太郎総裁を立てることでまとまった。

政策合意に、さきがけの主張として「薬害エイズ問題の真相究明と責任追及」を求めた。だが自民党は、「真相究明」と「責任追及」を入れることに抵抗し、「薬害問題を教訓として、再発防止に努める」でまとめようとした。私は「真相究明」「責任追及」で合意できないなら連立離脱もやむを得ないとの覚悟だった。結局、自民党も折れて「責任問題を含めて事実関係を究明し、再発防止に努める」となった。

この時点で私は、まさか自分が厚生大臣になり、その立場になるとは、夢にも思っていなかった。

●厚生大臣就任

一月十一日に村山内閣は総辞職し、同日に橋本龍太郎氏が総理大臣に指名された。そして私は厚生大臣に任命された。この厚生大臣時代を、一九九八年に岩波新書に『大臣』として書いた。この本では体験に基づいての行政機構論、統治論と、大臣として薬害エイズ事件や食中毒のＯ《オー》－１５７事件にどう取り組んだかを書いた。以下『大臣』と重なることも多いが薬害エイズ事件を振り返る。

一月十一日、首相官邸に呼ばれ、総理大臣執務室に入ると、橋本首相から「厚生大臣をお願いします」と言われた。厚生省の官房長が待ち構え、「事務の秘書官ですが、この者はいかがでしょう」と経歴書を差し出した。官僚として申し分のない経歴が書かれていた。私は、どうしてもこの人をという意中の人がいたわけではないので、「いいですよ」と答えた。すると「実は、ここに連れてきております」とその隣りにいた男性を紹介した。実に手際がいい。

さらに、「ご参考までに挨拶文を用意しました」と原稿を渡された。このあと、大臣は就任の記者会見をすることになっていた。そのための挨拶文だ。そこには「ただいま厚生大臣を拝命いたしました菅直人です」と、すでに私の名前までちゃんと入っていた。ここでも官僚は手際がいい。

私は以前からこの就任記者会見がポイントだと考えていた。これまでの内閣、とくに細川政権以後、かつての野党の議員も数多く大臣になったにもかかわらず、行政が変わらない理由のひとつは、この就任直後の記者会見にある。どの大臣も就任したばかりでその省が抱える案件をよく知らない状態で会見に臨むので、官僚が用意した文書を読むしかない。そこには当然ながら官僚が推し進めたい政策や方針が書いてある。それを読むことで、すべて官僚が敷いた路線に乗ってしまうしかない。あとで問題の重要性に気づいて、軌道修正しようと思っても、「大臣は就任時の会見で、こうおっしゃっていますよ」と言われてしまい、修正がしにくくなるのだ。私は官房長から渡された紙はそのままポケットに入れ、記者会見の順番を待つ間に何を話すかを考え、次のような趣旨を話した。

「厚生大臣は厚生省の責任者であると同時に、国民が国会議員を選び、国会議員が総理を選び、総理が大臣を選ぶという点で、国民の代表者である。そのような意味で、今後は、役所の責任者という立場と、国民に選ばれた大臣であるという立場との両方を大事にして仕事にあたりたい」

「市民政治」の最もわかりやすい例は、市民が自分たちの代表を市長にすることだ。この人をと思う人を候補者に立てて市長選挙で勝つことである。国政の場合、日本は総理大臣を直接選挙で選ぶのではなく、国会議員がそのなかから選ぶ。国会議員は「総理大臣選挙人」としての役割も持つ。

国務大臣は総理大臣に任命権がある。したがって、大臣は二重の意味で国民の代表だ。まず、大臣自身が国会議員だから（民間人の大臣は除く）、国民から選挙で選ばれている。さらに、選挙で選ばれた国会議員が選んだ総理大臣から任命されているので、やはり国民の代表なのだ。

だが、国民も政治家も、大臣はその役所の責任者だとしか思っていないようだ。たしかにその役所の責任者であり代表だが、同時に国民の代表としてその役所を指揮、監督する立場でもあるというのが、私の理解だった。それを最初に明言した。

最初の記者会見と、翌日の厚生省での職員へ向けての挨拶では同じことを話し、自分は役所の言いなりにはならないという姿勢を明らかにしたつもりだ。また、いくつもの案件があるなか、薬害エイズ事件については私のほうから、「被害者の救済」「訴訟に関する早期和解」「責任問題を含め、必要な調査」「再発防止に万全の措置」という方針を明らかにした。さらに、これが三党の政策合意にも記されていることだとも言って、私の個人的な政策ではないことを強調した。

分かる者には分かったはずだが、これは私の厚生省への宣戦布告だった。

●調査チームの設置

大臣に就任すると、最初の数日間は「大臣レク」が待っていた。「大臣へのレクチャー」である。一般企業では、新しい社長が就任すると、幹部社員を集め、今後の方針などを社長が説明するだろうが、役所は逆で、官僚たちが現在抱えている案件などを大臣に「ご説明」する。それが大臣レクだ。大臣室には会議用の大きなテーブルがあり、そこに三十人ほどの官僚が並ぶ。こちらは私ひとりだ。つまり、一対三十で、かなりの威圧感がある。それぞれの担当部署が「この問題はこうなっていて、こうしていくことになっています」と説明する。それに対して、「それは違うんじゃないか」と言うと、その何倍もの言葉で説得にかかってくる。いわば、洗脳の場である。よほどしっかりした知識と意思がなければ、「わかった、もう、君たちに任せるよ」となってしまう。

大臣レクでは薬害エイズについても説明しようとしたので私は遮って、「厚生省がこれまでにどう言ってきたかは、私なりに調べて知っているつもりだ。それよりも、なぜ四百人もの患者が亡くなるような大事件が起きたのか、省内に調査チームを作って徹底的に調べたい」と言った。官僚たちは「前例がありません」と言って反対した。そして「知りたいことがあるのでしたら、大臣には何でも教えます」と言う。つまり、教えるけど公表しないでくれという意味だ。そんなことをしたら、私は共犯になってしまう。「私が個人的に知りたいのではない。多くの国民が疑問に思っており、事実を知りたいのだ。それに答えるのが行政の責任ではないのか」と押し返した。

航空機事故が起きた場合、運輸省（現・国土交通省）は、航空機事故調査委員会を立ち上げ、専門家が詳細に事故の原因などを調査し公表する。同じ事故を繰り返さないためで、これは法律で設置が義務付けられている。しかし、薬害の場合は、そういう調査委員会はない。そこでそういうものを作れないかを考えた。だが、法律を作るには時間もかかる。

そこで「薬害エイズ問題に対する調査プロジェクトチーム」を作りたいと指示した。だが、これにも事務次官が「前例がありません」と反対する。「ならば、私ひとりで調査する」と言うと、ようやく、「調査班」を置くことを認めた。当初は私自身がそのトップになり指揮を執るつもりだったが、それもまた前例がないと抵抗し、事務次官がトップになると決まった。大臣に就任してから十日間ほどは、毎日のように「こうしたい」「前例がありません」という押し問答をしていたのだ。

こうして一月二十三日に「血液製剤によるＨＩＶ感染に関する調査プロジェクトチーム」が発足した（厚生省は「薬害」と認めていないので、「血液製剤によるＨＩＶ感染」と呼ぶ）。ここまでやるだけで、大臣就任から十日以上もかかってしまったが、これでも異例のスピードでの設置だったそうだ。役人の時間の感覚は、だいぶ違うのだ。

調査班は事務次官をトップに、大臣官房と薬務局に所属する十一人の課長補佐クラスとして、二日後の二十五日に最初のミーティングを開いた。彼らにはこれからの一カ月は、いままでの業務から離れて、調査に専念してもらうこととし、私は次のような指示書を配った。自分で書いて、ワープロで清書してもらったのだ。

血液製剤によるＨＩＶ感染に関する調査プロジェクトチームに対する指示

平成八年一月二十五日
厚生大臣　菅　直人

記

一、調査の進め方について
調査は、その進め方や手続きそれ自体が国民に納得されうるものでなくてはならない。誰に対し、また何について、どういう形で調査したかを明らかにする必要がある。
二、調査内容について
調査は、行政に対する国民の疑問に答えることを目標とし、少なくとも次のイ・ハの中で指摘された問題で、プロジェクトチームの「調査項目」に含まれる事項はもれなく調査されたい。
イ、東京・大阪地裁の和解勧告にあたっての所見
ロ、ＮＨＫのエイズ特集番組「埋もれたエイズ報告」
ハ、枝野幸男議員の質問主意書

事務次官以下の官僚たちは驚いた。厚生省始まって以来、大臣から指示書が出たのはこれが初めてだと言う。これもまた前例にないことだったのだ。つまりそれまで官僚に指示や命令を出す大臣はいなかったということである。一方、大臣たちは官僚が作った挨拶文をそのまま読まされている。主従関係が逆ではないのか。私は日本は国民主権ではなく官僚主権だと実感し、これがその後の政権構想へとつながっていく。

あえて指示書を作ったのは、「調べてみましたが、何もわかりませんでした」という回答になるのを防ぐためだった。これまでの議員生活で役所に質問しても、何度も「分かりませんでした」という回答しかこなかったことがあった。「枝野幸男議員の質問主意書」というのは、枝野議員の二回目の質問主意書で、私のアドバイスにしたがって、百数十項目の細かい質問をしたものだ。通常は七日以

内に答弁しなければいけないのだが、延ばしているうちに、私が大臣になった。直接私が書いたものではないが、質問した側の私が答える側になったのである。

また、期限を決めた。一カ月として、二月末に中間報告、三月末に最終報告をするようにとも指示した。資料が発見されないのなら、どこを探し、誰に会って訊いたが見つからなかったと報告するよう求めたのだ。

●郡司ファイル発見

調査班発足の三日後、私が「指示」を示した翌日にあたる二十六日、薬務局のロッカーから後に「郡司ファイル」（薬務局生物製剤課長・郡司《ぐんじ》篤晃《あつあき》のファイルのこと）と呼ばれるエイズ研究班の資料が見つかっていた。だが私のもとに「見つかった」と報告が届いたのは二月九日のことだった。大臣室に省内の情報が届くのに十日以上かかるのだ。当時、「厚生省は広いからかね」と皮肉を言ったものだ。九日は金曜日で閣議があり、その後は予算委員会が開かれていたので、私は閣僚として出席していた。昼休み、昼食をとっていると「薬務局長が至急会いたいと言っている」と連絡があったので議員会館の私の部屋へ呼んだ。薬務局長は「エイズ研究班の資料が見つかりました」と言う。この日の朝、閣議の前に事務次官と薬務局長に会っていたが、そのときは何も言っていなかったので、そのあとに見つかったのだろうと思ったら、メモには「26日に発見」とある。発見されたことを局長がいつ知ったのか問い詰めようかとも思ったが、とにかく内容の確認を急ぐことにした。

局長はすでにコピーを持っていた。こういうことは手際がいい。午後の予算委員会では私への質問は予定されていなかったので、私はファイルに目を通した。それは、これまで「存在していない」ことになっていたエイズ研究班の議事録も含まれ、厚生省が非加熱製剤の危険性を認識していたと示すものだった。

予算委員会の合間に事務次官に電話し、「資料が発見されたのを知っているか」と訊くと、「知っています」との答えだった。「すぐに発見されたことを発表するから、記者会見をセットしてくれ」と伝えた。予算委員会が終わり大臣室へ戻ると、昼休みに渡されたもの以外に八冊のファイルがデスクの上に積んであった。合計九冊だ。実はこの他にも二十七冊（合計三十六冊）のファイルが発見されていたがエイズには関係ないとして、この日は私へは報告されなかった。

「これから記者会見をする」と言うと、薬務局長は「すべて中身を見てからのほうがいいと思います。患者のプライバシーに触れる部分もあるので、公表するのは問題があります」と止めようとした。

「この資料をこのまま公表するのではなく、発見されたことを発表する必要がある。中身については、ちゃんと確認、整理した上で、後日、公表すればいい」と言って、私は記者会見を開いた。すでに夕方を過ぎていたが、一刻も早く、国民に知らせたかった。

金曜に「発見されました」と伝えてきたのには、官僚側の理由がある。政治家は土曜・日曜は選挙区へ帰るか遊説で地方へ行くなどで、公務に対応しにくい。そこで官僚は重要な案件をわざわざ金曜に持ってきて、二日間、対応できないようにする習性がある。ここで発表を月曜にしたら、私が「発見されたことを知りながら、月曜まで隠していた」となって、一種の共犯にさせられる。

私は「発見された」とだけ発表するとして、手ぶらで、つまりファイルは持たずに会見へ臨み、発見されたことを発表し「国の責任という問題もはっきりしてくるだろう」と述べた。

この「資料発見」は夜のニュースで大きく報じられた。以後は、もう私の力を越えて、事態は動き出した。私の会見後、記者たちは薬務局長を「ファイルを見せろ」と吊し上げ、中身は見せられないが外側はかまわないとなり、九冊のファイルの写真も報じられた。

私が大臣に就任する前、すでに裁判所から和解勧告が出されていた。だが厚生省は責任を認めていなかったので、このままでは和解ができない。そこに、厚生省に責任があると明らかな証拠が発見されたわけである。厚生省としても、和解を拒否する根拠がなくなった。

●謝罪

二月十四日、薬害エイズ裁判の原告と支援者が霞が関の厚生省のある合同庁舎前で、全面解決を求める坐り込みを始めた。そして十六日、私は厚生省内の会議室に約二百名を招き入れた。この時も官僚たちは「そんなに入る広い部屋はない」「居坐られたら困る」と反対したが、押し切った。

1996年、厚生大臣として薬害エイズ事件被害者に謝罪。

私は大臣として責任を認め、謝罪したが、これは個人プレーではない。大臣としての発言は重いが、役所の同意と、さらには与党の合意、そして総理の同意も必要だ。それがなければ、口だけで謝ったことになり、実際には何も動かない。

このときは、当日の昼までかかり、自民・社会・さきがけ三党からなる与党エイズ問題検討ワーキングチームが、大臣と同席することになった。これには枝野議員が奔走してくれた。そして、このワーキングチームが、「裁判所の示した和解勧告の所見を尊重し、早期全面解決をめざすこと、恒久対策をとること、再発防止のために真相を究明すること」

を、大臣に申し入れることになった。もちろん、私はそれを受け入れることになる。その前に、和解するには一時金を支払わなければならず、それには予算措置が必要だ。私は橋本首相と梶山静六《かじやませいろく》官房長官に会い、こういう方向で和解へ進みたいと言って、了解を取り付けていた。

東日本大震災の時も重い場面はいくつかあったが、この謝罪の場ほど重いときはなかった。「心からお詫び申し上げます」と謝罪すると、原告団、弁護団からすすり泣きが聞こえた。私は原告ひとりひとりと握手をして謝った。ひとりの女性が、「息子のお骨《こつ》を持ってきました。手を合わせてやってください」と言って箱を差し出した。私は膝まずいて手を合わせた。こんなに辛いことはなかった。「死者六百人」と書いてしまえば五文字だが、そのすべての人に名前があり顔があり家族がいて人生があった。それが奪われたことを思い知らされた。

●市民運動と議員の役割分担の実践

東京地裁と大阪地裁は三月七日に第二次和解案を出した。十四日に製薬会社五社が和解受け入れを表明し、十五日に政府も受け入れを表明、二十日に原告側も受け入れを決め、二十九日に和解が成立した。

国の責任を認め、謝罪し、和解するまで三カ月だった。このような大きな事件としては、異例の早期解決と評価されたが、裁判が続いているうちにも失われる命がある事案である。急ぐのは当然だった。

薬害訴訟も広義の市民運動である。市民運動出身者が議員になり、議会や行政の場で、市民運動と連携して問題解決にあたるべきだという、私の「市民運動」論のひとつの実践となった。亡くなった方が多いので、威張れた話ではないが、大きな仕事ができたという安堵感と、これを第一歩として、国民主権の下での行政へ変えなければいけないとの決意を新たにした。

●食中毒O－157

夏になると、大阪府堺市を中心に、病原性大腸菌O－157による集団感染が起き、死者まで出た。堺市では子どもたちが集団感染した。再発防止のためにも原因究明が急務だ。すぐに学校給食が原因だろうと考えられた。給食はそういう事態に備えて、出したものを保管することになっていたが、O－157は潜伏期間が長いため、患者が出たときには保管期間が過ぎており、処分されていた。そこで、どの業者が納入して何をどう調理したのかの記録から、疫学的調査をさせた。給食メニューは学校ごとに違う。患者の出たすべての学校に共通して出されたものが、感染源の可能性が高い。その結果、すべてに共通する食材は、パン、牛乳、カイワレ大根だった。牛乳は殺菌されており、パンは複数の業者が仕入れていた。しかしカイワレ大根はある農園から出荷されていた。さらに学校以外の高齢者施設での患者や他の地域の患者も、その農園のカイワレ大根を食べており、患者から検出された菌のDNAが共通していた。こうしたことから疫学的には、その農園のカイワレ大根の可能性が高いとの報告が届いた。

これを発表するかどうか、厚生省内では意見が割れた。というよりも官僚たちは消極的だった。発表に反対する理由は「パニックになるから」だ。だが、私は発表すべきと考えた。国民は何が原因か不安なので、それを解消すべきだった。

これは薬害エイズと同じ構造だった。非加熱製剤が危険と分かった時点で発表すれば、被害は食い止められた。だが、加熱製剤がまだできていない段階で非加熱製剤は危険だと発表すると、血友病患者の間でパニックが起きるという意見もあって、発表されなかった。

橋本総理にも「発表したい」と伝えた上で、私は「ある特定の農園のカイワレ大根の可能性が高い」と発表した。あくまで、「ある特定の農園のカイワレ大根」であり、他のすべてのカイワレ大根が危険なわけではない。だが、いったん、そう発表してしまうと、メディアは「カイワレが感染源」とセンセーショナルに報じ、レポーターはスーパーへ行き、「カイワレが感染源なのに、まだ販売しているんですか」と

1996年、かいわれ大根の風評被害を打ち消すため、自ら食べた。

取材した。スーパーなどからは、一瞬にしてカイワレが消えた。いくら、他のカイワレは大丈夫だと説明しても、それは届かない。

一週間ほどが過ぎた八月十五日、全国戦没者追悼式が終わった後、私は昼食にカイワレ大根を食べることにして、大臣室にテレビカメラも入れて、食べてみせた。すると夏休みで事件が少ないこともあってか、夕方のニュースから翌朝まで、大々的に報じられ、その直後からスーパーにはカイワレ大根が並ぶようになった。国民には、「カイワレ大根を食べても大丈夫なのか」と安心していただけたとは思うが、「パフォーマンスがすぎる」との批判も浴びた。

この問題は政府としての情報発信の困難さを教えてくれた。隠してもパニックになるし、発表の仕方を間違えてもパニックになる。後の原発事故では、分かった事実は隠さない、あやふやな情報は出

さないという大原則で対応したつもりだ。

介護保険制度については、法案を作るところまではできたが、自民党内に介護は家族がやるものだとの考えが根強く、与党内の合意ができず、国会には提出されなかった。しかし私の退任後に成立するので、道筋をつけることはできた。

●閣議はサイン会、大臣は省内で孤独

大臣経験者から、「閣議はサイン会だ」と聞いてはいたが、いざ実際に閣議に出ると、本当にサイン会だったのには驚いた。

言うまでもなく「閣議」は行政の最高決定を行う会議である。ところがその実情は、前日に行われる「事務次官会議」(全省庁の事務次官が出席し、事務担当の内閣官房副長官が主宰する)で全会一致で決められた決定事項を追認する場に過ぎなかった。格別に重要な国事であっても、「閣議」で大臣同士が議論することは稀で、議論の必要があるケースならば、閣議後に「閣僚懇談会」という場が設けられ、ここで話し合うことになる。

私が閣僚として目の当たりにしたのは、日本の国家権力の中枢が空洞だという驚くべき現実だった。首相官邸や閣僚が大きな権力をもつように見えるが、その実、真ん中はカラッポであり、内閣は無責任体制そのものなのである(政治学者の丸山眞男氏は「無責任の体系」と述べた)。そして「閣議」という行政の最高決定会議は、官邸の閣議室の丸いテーブルに坐って、各大臣が「花押」を嬉々として認《したた》めるサイン会に等しい。自分が署名する文書を読むこともできない。

「これが民間企業なら絶対に倒産するな」と私は実感したものだ。権限のないはずの役人が事実上す

べてを取り仕切っている。これで国家が危うくならないほうがおかしい。

大臣退任後、私は衆院予算委員会で事務次官会議について質問したことがある。

「閣議の前日の事務次官会議にかけられずに閣議にかかる案件はあるのか？」

「一つだけあります。衆議院の解散という案件です」

衆議院の解散は憲法上も首相の専権事項であり、閣議決定は形式的なものに過ぎない。そこでさらに突っ込んで聞いてみた。

「では戦後、事務次官会議の承認を得ずに閣議にかけられた法案や予算はあるのか？」

「ひとつもありません」

「事務次官会議にかけなければ閣議にかけられないという法的根拠はあるのか？」

「いえ、慣例でそうなっております」

憲法上、行政権は内閣に属し、内閣の最高意思決定機関は閣議である。にもかかわらず、法的根拠を全く持たず、明治二年の太政官《だじょうかん》布告の時代から形は変えながらも慣例で続いてきた事務次官会議という「関所」を通過しなければ、閣議には法案も予算案もなにもかからない。しかも、事務次官会議は「全会一致」が原則だ。各省の事務次官がそれぞれの省益を主張し、一人でも反対すれば、いかなる法案も閣議にはかけられない。この、官僚にとっては極めて都合のいい仕組みが、一三〇年以上も連綿と続いてきたのだ。そうして実質的に行政を動かしている官僚を国民が選挙で選べるわけでもない。憲法が掲げる国民主権とはまったく相容れない原理で、この国の行政は動いてきたのだ。

その事務次官会議を座長として運営しているのが、官僚機構全体のトップである事務の官房副長官だ。事務の官房副長官は、閣議にも出席し、官房長官の補佐役として実質的に閣議を切り回している。

大臣と事務次官との違いは、選挙で国民から直接選ばれているか否かである。大臣は半数以上が国会議員であり、民間人を入れたとしても、選挙で選ばれた総理大臣が任命している。しかし官僚は難しい国家公務員試験に合格しているとしても、国民が選んだわけではない。国民主権と憲法にはあるのに、現状は官僚主権ではないか。このことは以前から感じていたが、大臣を経験してその思いを強くした。

もうひとつの大きな発見は、大臣は孤独だということだ。就任直後の大臣レクで三十人の官僚に囲まれて、こちらはひとりだったと書いたが、以後も、大臣は官僚に囲まれてしまう生活となる。

当時はまだ副大臣と大臣政務官は制度としてなく、各省庁にいる政治家は大臣と政務次官だけだった。政務次官は自民党では当選二回くらいの議員が就任する。大臣に誰を政務次官にするのかという相談もなく、総理が任命していた。私のときも自民党の議員が政務次官だったが、何の面識もない人で、就任してからも一度も何かを一緒にしたことはない。

事務次官は官僚のトップで権限も強いが、政務次官には何の権限もなく、省の意思決定ラインからも除外されている。大臣が出席する省内の会議にも出ない。大臣の代理でセレモニーで挨拶するのが最大の仕事である。

大臣が外部から連れてくることができるのは、政務秘書官ひとりだけだ。自民党の場合、将来後を継がせようとしている息子を秘書官にするケースが多い。他に事務の秘書官がいて、官僚にとっては大臣秘書官になるのは出世コースだという。いわゆる秘書の仕事はこの事務の秘書官がしていた。私は政務秘書官に東工大時代からの友人である宮城《みやぎ》健一《けんいち》氏になってもらった。彼は政策通で、シンクタンクに勤めていたのを辞めて来てくれた。大臣在任中、私のそばにいたのは、宮城氏以外はすべて官僚だった。相談相手の政治家はいないのだ。

大臣同士の連携もなかった。他の大臣と会うのは閣議の時だけだ。だが、前述のように閣議はサイン会でしかない。国会の委員会では並んで坐るが、大臣同士で話すわけにはいかない。重要な案件のときは首相官邸へ行き、総理や官房長官と協議するくらいである。

内閣もチームとして動いているわけではなかったし、それぞれの省には政治家によるチームは存在しない。大臣はお飾りに過ぎないのだ。大臣を経験して日本の行政が国民主権とはほど遠い現状を私は知った。

『大臣』で私は、各省の大臣を支える政治家チームが必要なので、政務次官を廃して、各省に五人前後の「副大臣」を起き、またひとりしかいない政務秘書官も廃して、補佐官として民間からの登用もできるようにすべきだと書いた。

孤独なのは総理大臣も同じで、総理を支える政治家は官邸にはいなかった。細川内閣では田中秀征氏が「特別補佐」となったが、これは法律に基づいたポストではなかったので、村山内閣で、さきがけの強い主張で総理補佐官を法制化した。その延長で、各省にも副大臣と大臣補佐官を政治任用ポストにすべきだと考えたのだ。

その後の行政改革で、各省には副大臣と大臣政務官が置かれるようになった。この改革には私の『大臣』も貢献したと自負している。

一九九八年に出した『大臣』（岩波新書）のまえがきに、こう書いた。

> 参加型市民運動を国レベルでもできないだろうか。それが私の出発点だった。

しかし、日本の憲法では、地方自治体は都道府県でも市町村でも、いわゆる大統領制をとり、行政の長も議会も直接選挙によって市民が選ぶ構造になっている（九十三条②）が、国の行政では議院内閣制をとっている（六十七条など）。国民が直接、行政のトップを選ぶことはできない。国民がまず国会議員を選び、その国会議員が総理大臣を選び、その総理大臣が任命するのが大臣である、と間接的になっている。もちろん、間接的ではあるが、究極的には大臣も国民が選んでいると私は考えているが、どうも多くの大臣はそうではないようだ。大臣自身も官僚たちも「大臣は国民に選ばれた」という意識がきわめて薄くなっている。選んでくれたのは国民ではなく、あくまで直接の任命者である「総理大臣」という意識なのだ。

そのため、たとえば市長や県知事は「私は市民によって選ばれた、市民の代表なのだ」という意識が自分も強いし、市役所や県庁の職員も、市長や県知事についてはそのような認識を持っているので、市長や知事の意思が比較的通りやすいが、国の行政機関のトップである各大臣と官僚の関係では、官僚のほうに政策意思決定権がいつのまにか移行している。そうなったのには、政治家の側、具体的にいえば自民党にかなりの責任があるのだが、その端的な理由は短い任期である。県知事や市長らはよほどのことがないかぎり、四年の任期は保障されている。しかし、大臣の場合、明確な任期は憲法にも示されておらず（私は衆議院議員の任期である四年が大臣の任期でもあると解釈しているが）、現実に戦後の大臣の平均在任期間は一年に満たない。

一年足らずで大臣が交代する最大の理由は、「一人でも多くの自民党議員が一度は大臣を経験する」ためである。こうして、自民党は、遅くとも衆議院議員の選挙で六回当選すれば誰でも大臣になれるようにした。大臣が名誉職になってしまったのだ。

その結果、大臣には、「国民の代表」として行政を監督しているという意識がますます希薄となり、あくまで「役所の代表」、そして名誉職としてのポストになってしまった。官僚もそのような大臣を望み、それが「いい大臣」だとしてきた。

また、ほとんどの大臣が国会議員でもあるのだが、大臣になったとたんに「大臣は行政府の人間で、国会議員は立法府の人間だ。自分は大臣だから、行政府の人間であり、立法府とは距離を持たなければならない」と思ってしまう。だが、それはアメリカのような大統領制における考え方であり、日本のような議院内閣制においては、大臣はあくまで国会に属する人間のはずだ。「三権分立」の捉え方が、誤っているのではないか。

とくに、憲法四十一条の「国会は、国権の最高機関」という条文と、六十五条の「行政権は、内閣に属する。」という条文の解釈をめぐり、私は大臣になる数年前から、おもに総務庁を中心とした官僚を相手に、かなり議論してきた。その結果、ますます官僚の憲法解釈は間違っていると確信するにいたるのだが、そのときの議論と、実際に大臣をしてみての体験とから、私なりの憲法解釈が固まってきた。（略）

現在の日本の政治・行政は、経済、産業、教育をはじめすべての分野においてシステムとして行き詰まっている。この行政システムの中心に位置しているものが内閣であり、それを構成しているのが大臣だ。憲法や内閣法にある大臣と、現実の大臣とがどう乖離《かいり》しているのかを明らかにし、国民主権のもとでの大臣はどうあるべきかを考えていくことで、この行き詰まりを打破していく糸口がつかめるのではないだろうか。

そして『大臣』の最後にはこう書いた。

私は厚生大臣である間、「大臣は根源的には国民によって選ばれ、各役所を国民に代わって監督する者」と考えて行動した。この考え方は、国民主権を原則とする現行憲法下の大臣としては当然の姿であると、今も確信している。

しかし一般には大臣自身にも国民にも、大臣が国民の代表としての役所の監督者であるという意識は薄い。どちらかといえば、大臣は役所の代表であり、その役所の利益を主張するのが自分の役目と思っている。ここに、官僚にコントロールされた大臣の姿がある。

内閣自体も、本来は国民の意思を体して行政をコントロールすべきものだが、実際には役所の利害調整機関として、事務次官会議の追認機関になっているのが、今の姿である。

こうした大臣像や内閣像の背景には、明治以来の官僚中心の「国家統治」という考え方がある。つまり、国民は統治の対象物であり、統治するのは官僚や一部政治家からなる「お上《かみ》」であるという意識である。

しかし、戦後憲法の定めた「国民主権」とは、国民自身が国民自らを統治することである。誰かに統治をまかせるのではなく、自分たちが代表を選んで統治を委任する、それが代表制民主主義である。

今日、大臣どころか、すべての政党・政治家に対する国民の不信は強い。しかし、不信が強ければ強いほど、それならどうやって信用できる政治家や大臣をつくってゆけるか、それが、逆に国民に問われていると考えるべきではないだろうか。

これが私が民主党を結党したときのベースとなる考えだった。

この本で私は総理大臣や大臣が孤独だと書いたが、この問題は二〇〇一年の中央省庁再編に伴う改革で、かなり改善された。従来の政務次官を廃止して、政治任用職としての副大臣と大臣政務官が置かれるようになり、原則として国会議員が就く。政務次官は大臣の職務を代行できなかったが、副大臣は代行でき、国会答弁も担当することになった。これは官僚主導から政治主導への移行のひとつだ。

後の民主党政権では、大臣・副大臣・政務官の三役がチームを組んで官僚を動かすことになった。総理にも、政治任用ポストとしての補佐官を置けるようになり、これは私自身が総理になったとき、非常に役立った。

二〇〇九年に民主党が政権に就くと、最初にしたことが事務次官会議の廃止だった。この本で、閣議が事務次官会議の追認機関になっている実情を明らかにし、これは国民主権に反すると書いたことが、原点だ。

第六章　なぜ私は「奇兵隊」をめざすか　1996-2003

●民主党結党へ

一九九六年、厚生大臣となり、薬害エイズ事件で被害者に大臣として謝罪し、裁判での和解を進め、また真相究明を続けたことで、私は全国的な知名度を得て、「首相候補」のひとりと呼ばれるまでになった。官僚機構と戦える政治家として認められてきたのは、率直に言って嬉しかったし、いよいよ「時が来た」との思いでいた。

一方、小選挙区比例代表並立制の導入で、次の選挙はさきがけのような小さな政党は議席を得るのは難しい情勢となっていた。武村正義代表は、社民党の村山委員長との間で二党が一緒になる構想を抱いて動きかけたが、さきがけ党内は自民党出身者が多いため社民党アレルギーが強く、この構想はなかなか進まない。村山政権の戦略を立てた田中秀征氏も、社民党との連立はいいがひとつの党になることには強く反対していた。

鳩山由紀夫氏は武村代表とは別の動きを始めた。自民党を出て新進党で総務会長代理だった船田《ふなだ》元《はじめ》氏とともに新党（「鳩船新党」と呼ばれた）を作るとか、やはり新進党にいた弟の鳩山邦夫氏との連携も取りざたされていた。

私は閣内にいたので、そういう動きには基本的に関わらないでいたが、鳩山由紀夫氏には早い段階から「私は閣内にいて動きにくいから、鳩山さん、どんどんやってください。鳩山さんが動くときは必ず動きますから」と約束していた。しかし鳩船新党については、どの程度まで話が具体的に進んでいたかは見えていない。

鳩山氏の動きとは別に、北海道知事を九五年四月で退任し国政復帰を準備していた横路孝弘《よこみちたかひろ》氏、海江田万里《かいえだばんり》氏、仙谷由人氏らは、全国組織の「リベラルフォーラム」を立ち上げており、私はその東京版として「リベラル東京会議」を、海江田氏、山花貞夫《やまはなさだお》氏らで立ち上げた。そのリベラルフォーラムのメンバーと鳩山邦夫氏、社会党の赤松広隆氏が一緒になる動きも見えてきた。

こういう情勢のなか、八月二十八日に、社民党の村山党首とさきがけの武村代表は、社民・さきがけ二党による新党結成を表明したが、鳩山氏は強く反対し、断念に追い込まれた。そして、鳩山氏はさきがけを離党し、新党結党を宣言した。三十一日、武村代表は混乱の責任を受けて代表を辞任し、井出正一《いでしょういち》氏が代表になった。

その直後に私は厚生大臣の公務としてヨーロッパに介護保険制度などの視察に出た。これは前から決まっていた日程で動かすことはできなかった。結果的に、それからの政局に巻き込まれず、冷静に見ることができた。

私はヨーロッパへ出かける前に『文藝春秋』から求められ、新党についての考えを書いておいた。帰国したのが九月七日で、『文藝春秋』十月号は十日に発売された。それが、『なぜ私は「奇兵隊」をめざすか』である。当時、どういう状況で私が何を考えていたかは、ここにすべて書いてある。

この論文のタイトルに「奇兵隊」とあるのは、論文の末尾にこうあるからだ。

私は一九四六年山口県の宇部市で生まれ、高校二年までをそこで過ごした。そのころ、萩市を訪れ、明治維新の英雄・高杉晋作に憧れるようになった。高杉は厳然たる士農工商の階級があった時代に、武士・百姓・町人からなる奇兵隊をつくり、第二次長州戦争以後は幕藩体制を覆し、明治維新の原動力となった。彼は武士の上流階級出身だったが、周りの反対をものともせず、自由な発想で新しい時代の扉を開いた。

後に政治家を志したとき、高杉の理想と行動力に傾倒したことが私の行動の原点になったといってもいい。

いま新局面のなかで新たにめざすべき「新党」の姿は、「奇兵隊」的政党だと、私は思う。すなわち、「霞が関」と戦える知恵も能力も、そして志ももった議員の結集の場としての「政党」である。幕末の歴史を展開させた薩長土肥は全国三百諸藩のわずか四藩にすぎなかった。時代の転換期には「突出した志」こそが「改革」の原動力となるのだ。

奇兵隊を構成した庶民のエネルギーを、高杉は信じていた。私も、「市民こそが政治を変える」と信じ続ける政治家でありたいと思う。

なぜ私は「奇兵隊」をめざすか

(『文藝春秋』一九九六年一〇月号)

政界再編はまだ三合目、ようやく急坂にさしかかったところというのが、登山者の一人としての実感だ。今後、より道は厳しくなり、吹雪に見舞われる日もあると思う。ときには道に迷い、国民の目から見れば、迷走状態に見えるときもあるだろう。しかし、それはあくまで真剣な努力の過程であって結果ではないことをご理解いただきたい。

私は、いわゆる保守二党論にはくみしない。保守二党体制では切り捨てられてしまう民意を、政策として実現するためのリベラルな政党づくりをめざし続けたいと考えている。

私の求める「リベラルな政党」とは何か――それについては後に詳述したいが、それを求める流れのなかで、鳩山由紀夫氏が新党さきがけを離党した。私は、リベラル勢力のより大きな結集をすすめるうえで、氏の行動をかならずしもマイナスとは考えていない。むしろ、ともすれば滞りがちな流れに一石を投じた勇気を評価したいと思う。

もともと、さきがけの当選三回以上の議員のなかで、積極的な新党推進派は、武村氏、鳩山氏、それに私の三人だった。そして、武村氏のさ・社中心の新党構想が思うように進まないなか、私が首都圏における第三極づくりをめざしてリベラル東京会議を結成した後、鳩山氏が「幅広く」「個人参加」をキーワードにより幅の広い全国レベルの新党構想を提起した。

その後、数カ月の間、私は、さきがけを中心に社民党、新進党の一部、市民リーグを巻き込む形で、鳩山氏の構想が進むことを期待し、氏と意見を交換してきた。しかし、八月末の重要局面で、事態が急速に展開し、思わぬ方向に走りだしたことは、私にとっても意外であり、残念なことだった。

私は、鳩山氏が提起した「個人参加」という命題、あるいは手法に共感する者だが、同時に「個人参加」という結集の手段が新党の目的でもないことを指摘しておきたい。「個人参加」とか「丸ごと」とかは、いわば手法の問題であり、新党問題の本質とはいえないのだ。

新党に求められるものは、つまるところ、明確な理念と政策、優秀かつ志の高い人材、そしてそれを束ねる明確なリーダーシップである。結集の手法より、結集の過程、あるいはその結果として、それらを生み出すことが重要なのだ。その原点に戻れば、今後、再び大同団結するための「登山道」は探しだせると考えているし、そのための努力を惜しまないつもりだ。

その意味で、鳩山氏の離党・鳩山新党結成へという動きが、リベラル結集という目標を遠ざけるとも、私は考えていない。氏の動きをきっかけにして、本格的な仕切り直しへの機運が否応なく生まれてきている。その意味で、ようやくあらたな開幕のベルが鳴ったのだと、私は積極的にとらえたい。この機運を逃すことなく、一気に議論を煮詰め、国民の期待にふさわしいさらに新しい政治勢力を生みだす契機にしたいと考えている。

また当然のことだが、私たち政治家にとって、新党の旗揚げや政界再編は「目標」ではない。そういう取り組みは政策実現のための手段にすぎず、国民に選ばれた立法府の目標は、一言でいえば、民意を元にして国民一人ひとりが暮らしやすい国を作ること、それ以外にはありえないのだ。そのための政策を実現する手段として、新党が必要なときは新党をつくることを、また政界再編が求められるにすぎない。

では、あらゆる意味においてこの国を暮らしやすくするために、今何をなすべきか。具体的な急務は「霞が関の解体と再生」、その一点につきるといえる。戦後の行政改革史は失敗で綴られた歴史といえるが、先送りにつぐ先送りの結果、問題は山積され、霞が関丸は難破寸前の状態に陥っている。

その破綻ぶりについて詳しく述べる紙数はないが、量的な破綻（財政赤字）とともに質的な部分（官僚の政策・意志決定能力）でも、綻びは日々拡大している。薬害エイズ問題もそのなかで発生した悲劇といえる。そして、それは官僚自身の責任でもあるが、それを放置してきた政治の責任もまた大きい。八カ月間の行政経験を通して、そういう思いが日々強まっている。

超高齢化時代を目前に控え、もはや時間はあまり残されていない。今、政治にできることは、「霞が関の解体と再生」を旗印にした政権を作ること——そのためにこそ、行革を旗印にし、リベラルな勢力を結集する形での「行革新党」が必要だというのが、私の現在の認識だ。その道は、真剣に模索されなければならないし、その点で鳩山氏と再び行動をともにすることも可能なことだと思う。（続きは巻末資料D＝252〜259ページに掲載）

●民主党（第一次）結党

さきがけと社民党の合体は頓挫し、私と鳩山由紀夫氏は新しい政党を作ることで合意した。そして九月十一日、私と鳩山由紀夫氏、鳩山邦夫氏、岡崎トミ子氏の四人が呼びかけ人となって、民主党設立委員会が結成された。

二十七日に衆議院が解散され、翌日、日本青年館で「民主党」の結党大会が開かれた。さきがけから十五人、社民党から三十五人、市民リーグの五人、新進党からは鳩山邦夫氏のみ、そしてさきがけを離党していた鳩山由紀夫氏で、合計五十七人での結党だった。社民党からは約半数が来た。代表には私と鳩山由紀夫氏が就任し、二人代表制とした。

総選挙の公示は十月八日で、二十日が投票日と決まった。衆議院が解散しても、内閣は次の内閣が生まれるまで継続している。民主党は自民党とは連立を組まないと決めていたので、私は橋本首相に大臣辞任を相談したが、そのままでいいと言うので、橋本内閣の閣僚のまま、民主党代表となって選挙を戦った。小選挙区制となったので、私は武蔵野・三鷹・小金井の三市で構成される東京第十八区から立候補した。この選挙では全国を飛び回ったので、自分の選挙区には数時間しか入れず、妻・伸子が代わって遊説をしてくれた。そのおかげもあって一一万六九一〇票で当選した。自民党・新進党・共産党の候補はみな二万票台だった。これで当選六回となった。

民主党は「市民が主役の民主党」をキャッチフレーズにした。これは感慨深かった。「市民」が選挙のテーマとなったのだ。民主党は小選挙区に一四三名を立て、比例区単独（小選挙区には立候補しない）候補と合わせて一六九人を擁立したが、小選挙区で一七、比例区で三五、合計五二議席しか獲得できなかった。これは公示前と同じで、勝ったとも負けたとも言えない数だった。

1996年、民主党（第1次）結党。

投票率は過去最低の五九・七パーセントに落ちた。新制度になったこと、新しい政党ができたことなどは、有権者の関心を引かなかったようだ。自民党は公示前を上回る二三九、新進党は下回る一五六、さきがけは二、社民党は一五、共産党は二六だった。さきがけから民主党に来た議員も、多くは比例復活だった。さきがけから出ていたら落選していた者が多いはずで、さきがけに残った園田《そのだ》博之《ひろゆき》氏からは「若手を生き残らせてくれてありがとう」と感謝され、気持ちが救われたのを覚えている。

社民党とさきがけは第二次橋本政権では閣外協力となった。橋本政権は行政改革を政権のテーマとして掲げ、省庁再編を実現し、さらに財政改革にも取り組もうとしていた。

民主党は与党にはならないと決めていたので、選挙後に橋本内閣が総辞職すると私は厚生大臣を退任、小泉純一郎氏が後任となった。これでまた野党である。一九八〇年の初当選から十三年目の九三年に与党となり、三年後に再び野党となったのだ。すぐに自民党を倒して政権交代だとの思いでいたが、それが実現するまでにまたも十三年かかる。

民主党は結党から一年後の九七年九月に、二人代表制を改め、私が代表、鳩山由紀夫氏は幹事長という体制になった。

●民主党、参院選勝利

新進党は政権を取れなかったことで分裂していき、九六年十二月に小沢氏の盟友だった羽田孜、奥田敬和《けいわ》氏らが離党して「太陽党」を結党した。さらに九七年六月には細川護熙氏も離党し「フロム・ファイブ」を結成していた。そして九七年十二月、小沢氏は新進党を解党させ、「自由党」を結党した。同時に鹿野《かの》道彦《みちひこ》氏を中心とする「国民の声」、旧民社党系の「新党友愛」、旧公明党系の「新党平和」（衆院）と「黎明クラブ」（参院）、小沢辰男氏を中心とする「改革クラブ」が結党され、四分五裂どころではなかった。

そして一九九八年二月、細川元首相が「政権戦略会議」を立ち上げ、自由党と公明党系を除く党が民主党に合流し、四月二十七日に新しい民主党が結党された（以下、「民主党」とする）。参加したのは、衆議院九三名、参議院三八名の合計一三一名で、私が代表、羽田孜氏が幹事長となった。細川氏は民主党結党を見届けると議員辞職した。

結党を急いだのは夏に参院選があるからだった。

参院選では、自民党の勝利が予想されていたが、選挙期間中に橋本首相の恒久減税に関する発言がぶれたことなどで、自民党は改選議席六一を大きく下回る四四議席しか獲得できず、参院の過半数を大きく割り込んだ。橋本首相は退陣した。民主党は一八議席から二七議席と増やした。社民党は五、さきがけはゼロ、一方、小沢氏の自由党は六議席を得た。

自民党総裁選挙では小渕恵三氏が勝ち、首相に就任した。参院は野党が多数となり、首班指名では他の野党も決選投票では私に投じてくれたので、私が総理大臣に指名された。いわゆる「ねじれ国会」の象徴だ。衆参で異なる場合は、両院協議会で決めることになっているが、両議院の意見は一致せず、憲法の規定（六十七条二項）で衆議院で指名された小渕氏に決まった。

自民党が負けたのは減税に関する発言もさることながら、財政再建を優先させ緊縮財政政策を進めたため景気後退を招き、金融システムが崩壊寸前だったこともある。小渕首相は「経済再生内閣」と名付け、総額二四兆円の緊急経済対策を決定し、秋の臨時国会に臨んだ。

●金融国会で民主党案を成立させる

この臨時国会では金融システムを救うための金融再生法が注目され、小渕首相は民主党が提案した案を丸呑みした。これは異例中の異例であり、民主党に政策立案能力があることを示せた。

この法案について、『週刊ダイヤモンド』十一月二十一日号に書いた。

大蔵の介入を排した金融再生法の意味

（『週刊ダイヤモンド』一九九八年一一月二一日号）

一九九八年四月の民主党結成大会の折、私は「二つの政権交代が必要」と強調した。ひとつは自民党から民主党へ、もうひとつは官僚主導政権から国民主導政権へ、である。

「金融再生関連法」が成立するまでのプロセスは、二つめの政権交代にかかわる壮大な実験であったと思っている。

たとえ、政党間で政権交代したとしても、日本は変わりはしない。なぜなら、政治家である大臣は、事務次官を筆頭とした官僚たちが描くシナリオにそって演技をするアクターであって、背後で八割方を取り仕切っているのは官僚なのである。その構造が続く限り、何も変わらない。

金融再生関連法の共同修正の過程は、その意味で極めて異例だった。議論そのものがリアルタイムで現実を動かしたのも異例だったが、それ以上に大きいのは、「財政・金融分離」という霞が関の構造にかかわる大問題について、事実上、大蔵省がまったく手を出せないまま法案が成立したという点だ。

日本の霞が関中心の政策決定プロセスが、今回、一八〇度覆って、新しいパターンが生まれたのである。それは、民主党あるいは野党うんぬんというよりも、与野党を超えた「政策新人類」を軸にしての動きだった。おそらく、この経験は党を超越して、政治家たちにインプットされたと思う。まさに画期的な出来事であった。

異例ずくめだった与野党の修正協議

国会においては、ほとんどの法律案を政府が提出する。その政府案をつくるのは役所である。金融問題でいえば大蔵省が政府案をつくる。政府案に野党が異議を唱えると、多少、野党の主張を入れて修正を施し、そして国会を通過する――。これまでのパターンはこうだった。

ところが、今回はまったく違った。政府が出した法案は大蔵省が作成したいわゆるブリッジバンク法案だったが、これが事実上、初日につぶれた。実質的に大手銀行問題に対応できないことが、早々と露呈したからである。

これまでのやり方に沿えば、仮に百歩譲って野党案に乗るとしても、いったん、政府案と野党案の双方を取り下げて、いま一度、政府案を出し直すという形式になっただろう。実際、政府はそうしようとした。

それに対して私は言った。何を言っているんだ、われわれの法案は財・金分離を含んでいる、そんな法案を大蔵省に任せてつくり直そうなど、まな板の鯉に自らを包丁でさばけというに等しい、そんなことはできっこない、と。野党案をベースにしろと押し通した。

われわれの考えは、本質的にはシンプルなものだった。通底していたのは、モラルハザードを引き起こしてはならない、ということである。

とにもかくにも銀行救済を、という声も聞かれたが、ここ数年間を振り返ってみると、モラルハザードを起こしながら、金融システムは崩壊の一途をたどってきたのではなかったか。一三兆円スキーム（金融機能安定化緊急措置法）を含めてそうだった。逆にいえば、金融を立て直すには、モラルハザードを招かないことを基本原理とすべきではないか。

かたや霞が関最強の大蔵省は、ほとんど身動きがとれない状態だった。もちろん、野党案そのものに手を出せないし、修正協議の場においても、彼らが頼みとする守旧派ではなく政策新人類が中心となっていたから、同じように手出しできない。まったくついてこれなかった。

自民党も、一三兆円スキームで押し切ることは原理的には可能だった。野党がどう反対しようと、野党案自体は与党・自民党が反対する限り、衆議院を通過しない。野党案を歯牙にもかけずに、強引に押し通そうと思えばできる構造にあった。ところが、自民党はできなかった。住専問題をはじめとして大蔵省が仕切ってきたこれまでの政策は、だれの目から見ても明らかに失敗である。自民党はその大蔵省といっしょに沈むのが怖くてできなかった。

法案修正のプロセスで、最後は、債権放棄を認めたうえで日本長期信用銀行に資本注入するか、日本リースを救済するかどうか、が焦点となったが、結局、ターニングポイントになったのは、野中広務官房長官の「債権放棄なし」の発言。これで、事実上、政府与党による「丸のみ」の流れが決まった。

水戸黄門でなく七人のサムライを

金融再生法は、新しい政策決定のモデルである。しかし、後半戦の「金融早期健全化法」においては、守旧派の巻き返しの動きは熾烈だった。

自民党内にも、民主党案のほうがいいとわかっている人たちはいた。が、二回にわたって丸のみすることは、自民の党内事情が許さなかった。法案の中身の問題ではなく、丸のみでは自民党の旧体制がもたないのだ。

危機感をもった守旧派は、まさに国会対策の手法で攻めてきている。次の臨時国会を前にした今、政府与党は、なにを出せば野党が賛成するか、事前に御用聞きにまわっている。国会でなにを議論するかさえ決まっていない。頭にあるのは政権を維持することだけだ。今の状況に対してどんな対応策が必要で、次の国会でなにを問うのか、自ら提起できなくなった政府に存在価値があるのだろうか。

景気対策を中心に、やるべきことは山ほどある。が、なにひとつできない。なにかやろうにも、過去の悪しきしがらみ、旧構造に足を引っ張られる。タイタニック号が沈みつつあるにもかかわらず、手をこまねいている。

守旧派と改革派のせめぎ合いは、かつて政治改革をめぐって繰り広げられた。ただし、選挙制度や政治資金といった問題は、官僚組織にとって関係のない話だった。今回は違う。行政のあり方も含めた問題だから、彼ら自身に直接、関係してくる。霞が関全体にとっていわば黒船だ。守ろうとする勢力が猛烈に巻き返しをしようとしている。

官僚にとっては、過去の各種審議会の答申や与野党合意のような「玉虫色」決着ほど都合のいいものはなかった。玉虫色であれば、後で法案化のとき、どうにでも料理できるのである。

政治家たるもの、細かいことに口を出さずに、大きな方針だけ示して後は役人にやらせればいい――。そんな風潮も官僚にとって好都合だった。しかも、実のところその大方針さえ、こっそり役人から聞いた話をさも大仰《おおぎょう》に口にしていただけだったのだから。

すべてがすべて、再生法のようなプロセスを踏めるか。私はそこまで楽観視していない。しかし、いざとなればやれるんだ、という気概を政党、政治家が持つことが大切だ。政治家だけでできるはずがない、自分らが中心でないとなにひとつ動かない、という官僚の常識を打ち破って、彼らをコントロールする突破口になる。政と官の関係を根本から変革しうる。

「水戸黄門」か「七人の侍」か。講演のときによくこんなたとえ話をする。

日本人の多くは「水戸黄門」派。だれか立派な人が、最後はやってくれる、官僚組織に任せておけば大丈夫と。かたや「七人の侍」の農民は、村を守るために、自分たちで一生懸命カネを集め、自分の眼力で強そうな用心棒を雇いにゆく。自分たちもいっしょになって村を守る。

民主主義とは本来、こういうものだ。自分たちが選んだ政治家に仕事をさせ、結果が悪ければ、選んだ自分たちに眼力がなかった、時間の猶予があれば変えればいい、その暇がなければいっしょになってつぶれるかもしれない……。

政党・政治家と官僚。これまで、実質的な判断のほとんどを官僚が握っていた。水戸黄門のほうが安心だった。しかし、金融再生法のプロセスで、侍たちが与野党を超えて、霞が関のコントロールをはねのけ、実質的な決定権を握った。旧体制のポストと利権だけの政治家はもはや通用しなくなる。それが国民主権国家の証である。

●森内閣から小泉内閣

一九九九年一月の代表選挙で私は再選された。だがこの年は九月にまたも代表選挙があり、私と横路孝弘氏、鳩山由紀夫氏が立候補し、鳩山氏が勝った。鳩山代表から政調会長をやってくれと頼まれ、引き受けた。代表、代表代行、幹事長といろいろなポストに就いたが、私は自分がいちばん向いていたのは政調会長だと思っている。社民連でもさきがけでも政調会長をしていたので、自分のフィールドに戻った感覚だった。

この時期に、国会で大臣に代わって官僚が答弁する政府委員制度の廃止と、党首討論の導入が決まった。政治主導のひとつだった。

自民党総裁に再選された小渕首相は、ねじれ国会解消のため、自由党と連立し、さらに公明党を加え、自自公連立へと動いた。しかし、二〇〇〇年四月一日、小沢氏の自由党が連立を離脱すると、その夜、小渕首相は倒れた。翌日、自民党は密室に集まった幹部だけで、後継総裁に森喜朗《もりよしろう》氏を決め、五日に森内閣が発足した。小渕氏は意識が戻らぬまま五月十四日に亡くなった。

秋で衆議院議員の任期が満了となるため、いつ解散・総選挙があってもおかしくない情勢だった。森内閣は密室で生まれたという批判にさらされ、最初から支持率は低かったが、六月二日に衆議院を解散し、十三日公示、二十五日投票となった。民主党は三二議席プラスで一二七、私自身も一一万四七五〇票で勝てた。自民党は三八マイナスで二三三議席となったが、公明党と、自由党から分かれて連立に留まった保守党とで二七七議席となり過半数は維持できたので、第二次森内閣となった。

しかし二〇〇〇年秋に、いわゆる「加藤の乱」が起きる。民主党は九月に党の役員人事を一新して私は幹事長になっていた。自民党の加藤紘一氏とは自社さ政権で政調会長同士で信頼関係ができていた。加藤氏は森内閣に批判的で、野党が内閣不信任決議案を出せば賛成する考えを明らかにした。私と鳩山代表は、加藤氏が派閥を率いて離党したら加藤氏を首相候補にして連携しようと決めていた。加藤氏とは連絡をとりあってはいたが、民主党の方から自民党の分裂を仕掛けようとしたわけではない。そんな力は、民主党にはなかった。

加藤派は野中広務《ひろむ》幹事長によって切り崩され、「加藤の乱」は終わった。

二〇〇一年は夏に参院選があるので、不人気の森首相のままでは負けるとの危機感から、森首相は退陣し、秋の総裁選を前倒しした。そして「自民党をぶっ壊す」と言った小泉純一郎氏が圧勝した。

小泉首相と民主党は「構造改革」という点では一致しているように見えたので、闘いにくい相手となった。そこで私は『文藝春秋』七月号に『この内閣は私が倒す』を書いた。

この内閣は私が倒す――「この国のかたち」を変える救国連合政権構想（『文藝春秋』二〇〇二年七月号）

●看板倒れの小泉内閣

小泉純一郎内閣を一言で評するならば、注文通りの料理が出てこない「看板倒れの改革レストラン」である。

「構造改革なくして景気回復なし」というスローガンの下、「道路四公団民営化」「郵政民営化」「不良債権一掃」などと国民の目を引くメニューを並べ、昨年四月の開店当初は盛況だったものが、一年以上経ってもまともな料理は何一つ出てこない。民営化のはずが公社化であったり、検討委員会の発足などでお茶を濁すばかりである。二年で片づくはずの不良債権処理も、青木建設やマイカルが倒産したときは「改革が進んでいる証拠」と強弁しておきながら、首相自身の地元・横須賀市にショッピングセンターを構えるダイエーは「潰せない」と言い出したあたりから雲行きが怪しくなり、従来の「銀行の経営体力の範囲内での辻褄合わせ」路線にすぐさま後退してしまった。

「新規国債三十兆円枠」といった「名」だけを小泉首相がとって、補正予算による公共事業費の積み増しといった「実」は抵抗勢力がとるというような政治的妥協の連続では、必要な構造改革が進むわけがない。そう見透かした外国の格付け機関からは、日本国債の長期格付けを先進国最低水準にまで引き下げられてしまった。

年間の自殺者三万人以上、失業者は三百五十万人を超えるという国民の激しい「痛み」を、「首相vs.抵抗勢力」のドタバタ政治ショーを見せることで、しばし忘れさせようというのが、小泉流パフォーマンスによる催眠術ではなかったか。しかしそれも、主演女優であった田中真紀子前外相をクビにした途端に、術が解けてしまった。いまや目覚めた国民は、公共事業やＯＤＡをめぐる口利き疑惑などで自民党議員が次々に辞職していくのを見て、小泉首相が変えると明言していたはずの古い自民党の利権構造や金権体質は、何も変わっていないではないかと呆れ果てている。機密費や調査活動費といった「裏金」は使い放題で、ＢＳＥ（狂牛病）対策に失敗した官僚も退職金を割り増しでもらえるような「官僚天国」にも何らメスが入れられていない。小泉レストランの客足が遠のくのは、当然の話である。

周知のように、日本は大統領制ではなく議院内閣制である。議院内閣制の下では、国会内の多数派である与党が首相を決める。自民党の衆議院議員は森内閣の時と誰一人として変わっていないのに、その議員たちに首班指名で選ばれた小泉さんが首相になったぐらいで、予算の隅々まで組み込まれた利益配分の構造、族議員や族官僚とその口利きで仕事を回してもらおうとする業者の「鉄のトライアングル」が、壊れるはずがない。これは、「自民党をぶっ壊す」と叫びながら、抵抗勢力だらけの自民党を政権基盤として頼るしかない小泉首相が、最初から抱えていた自己矛盾だった。

議院内閣制の下では、首相ひとりが思いつきで政策を振りかざしてみても、議会の多数を握る与党がその通りに動かなければ、予算も法案も何も通すことができない。総理の資質が問われるのは当然にせよ、自分たちの利権構造を壊す気などさらさらない、やる気のない議員集団を政権基盤にしている小泉政権に改革を期待するのは、百年河清《かせい》を俟《ま》つようなものだ。小泉政権の一年余を総括すれば、改革しなければいけない自民党という政官業癒着システムを温存し、国政の停滞を招いただけではないか。（続きは巻末資料Ｅ＝259〜267ページに掲載）

●代表に復帰

二〇〇一年夏の参院選では自民党は六四議席、民主党は二六議席だった。

二〇〇二年九月の民主党代表選挙は、サポーター制が導入され、党員ではなくても二〇〇〇円を払えば投票できるシステムとなった。市民に開かれた党になるためだったが、労働組合などの組織票という問題が生じる。難しいところだ。

私と鳩山氏、横路孝弘氏、野田佳彦氏の四人が出て、私と鳩山氏の決選投票となって、鳩山氏が再選された。当初、立候補を表明していた中野寛成《かんせい》氏が取りやめて鳩山支持にまわった。鳩山代表はその中野氏を幹事長にしたので、露骨な論功行賞だとの批判が高まった。一カ月後の秋の衆参統一補欠選挙では七選挙区で一つしか勝てなかった。民主党は内紛していると見られ、支持率は下がり、鳩山代表はそれを打開しようと、十一月末に、十二月十三日の臨時国会会期末までに野党結集に努力し出処進退を明らかにすると表明した。野党結集とは具体的には小沢氏の自由党と合併することを意味しており、党内に何の根回しもなく、唐突に発表したため、ますます混乱し、十二月三日、鳩山代表は辞任を表明した。再選されて三カ月に満たなかった。

この党内政局では、私は何も動かなかった。代表選で負けたばかりであり、動くべきではないので、何も発言もしなかった。結局、またも代表選挙となり、私と岡田克也《かつや》氏が立候補し、私が勝った。

こうして私は代表に復帰し、岡田氏には幹事長になってもらい、二〇〇三年の国会では小泉首相と論戦を展開した。一月二十三日の予算委員会では、小泉首相の自民党総裁選での公約である「八月十五日の靖国神社参拝、ペイオフ完全実施、国債発行枠三〇兆円」が何ひとつ守られていないと指摘した。それに対し、「この程度の公約を守れなくても仕方がない」との答弁を引き出した。

●民由合併、マニフェスト選挙

二〇〇三年は衆議院の解散・総選挙が予想されていた。

私はこう分析していた。民主党は一九九八年に野党第一党となり、二〇〇〇年の総選挙に挑んだが、勝ちきれなかった。政権を獲るためには、過半数を取らなければならないから、他の野党との関係をどうするかを考えなければならない。それは二つの選択肢しかない。潰すか、一緒にやるかだ。これはいまも同じだ。当時の野党は民主党の他に、自由党・社民党・共産党だった。共産党とは最初から一緒にはなれないと分かっている。社民党もこれまでの経緯で難しい。自由党だけが、一緒になれる相手だった。実際、二〇〇〇年の総選挙では自由党と候補者がバッティングしたために負けた選挙区がそれなりにあった。二党が一緒になった場合と、別々に総選挙を闘った場合とでは三十議席の差があるとの試算もあった。

私は自由党と一緒になるしかないと考えていたが、党内には小沢氏への警戒心が強い。新進党から来た人は、ようするに小沢氏とは一緒にやれないとなって出た人たちだ。

自由党と一緒になって数が増えても、それに反対して出ていく者がいたら、プラスマイナスで変わらない。それでは意味がない。まず、合併推進派には「みなが納得する形でやるから、急ぐな」と説得した。

小沢氏とは一月八日に最初の会談をして、「通常国会開会までに結論を出してくれ」と言われたが、私は即答せず、十七日の会談で、「合流の先送りと、国会対応と選挙協力での関係強化」で合意した。

民主党内では、四月に岡田幹事長が全議員から意見聴取し、合併に「賛成」「反対」「どちらでもない」に三等分されていると分かった。そこで五月に合併の先送りを決めた。私は反対というか慎重になっている議員を中心に話すことにし、彼らが納得できる形はどういうものかを考えていた。

七月になり、あるテレビ局の小沢氏と親しい記者に頼んで、二人だけで会う機会をもった。その場で、私から、まず衆議院で合併し参議院は統一会派、そのあと合併という二段階方式を提案した。だが、小沢氏は「やるなら一段階だ。それがダメならこの話は、なしだ。他の条件は呑む」と答えた。他の条件とは、党名も人事も民主党のまま、自由党が解散して合併するというもので、これなら党内を説得できると考えて提示したものだった。

小沢氏と合意したので、私は岡田幹事長にこの条件で進みたいと伝え、理解してもらった。そして七月二十三日、改めて小沢氏と会談し、自由党を吸収合併することで正式に合意した。翌二十四日に、両院議員総会を開いて報告すると、誰も反対せず、党内手続きは終わった。九月二十六日に自由党は解散し民主党と合併した。

自民党・小泉首相は秋に解散すると決めていたのだろう、九月に若い安倍晋三氏を幹事長に抜擢、さらに道路公団の民営化に反対していた藤井《ふじい》治芳《はるよし》総裁を解任するなど、手を打ってきた。

総選挙にあたり、私が武器としたのは「マニフェスト」だった。それまでの政党の公約はスローガン的、抽象的なものが多く、守れたのか守れなかったのかの検証ができにくい。

イギリスでは各党が「マニフェスト」と呼ばれる政権公約集を出して競っていた。それを日本にも導入しようと考え、六月の段階で、国会での党首討論の場で、次の総選挙ではお互いにマニフェストを掲げて競い合おうと迫った。従来の公約との違いは、政策ごとに実現までの「期限」と必要な「財源」と「プロセス」を明記するという点だった。

十一月九日の総選挙で、民主党は四〇議席プラスの一七七議席を獲得した。自由党との合併効果はあきらかだった。

私の選挙区は区割り変更で三鷹市が外れて府中市が加わった。そして一九九九年の東京都知事選挙に立候補するため民主党を離党した鳩山邦夫氏が、自民党の候補者としてこの選挙区に来た。これには私も驚いた。まさに「昨日の友は今日の敵」である。私よりも妻・伸子のほうが燃え、前回よりも多い、一三万九一九五票で当選した。鳩山氏は比例復活で当選したが、次の総選挙では福岡に移った。

自民党は二三七議席だったので、民主党の政権獲得はならなかった。しかし比例区では総計二二〇九万票・七二議席を取り、自民党の二〇六六万票・六九議席を上回り、第一党となった。

これで政権交代に王手だと私は確信した。だが、そう簡単にはいかなかった。

第七章　第九十四代内閣総理大臣就任　2004-2011

政権交代に王手をかけたと思ったのも束の間、私は二つの挫折を経験した。ひとつは自身のことで、年金未納問題での代表辞任だ。もうひとつは、二〇〇五年の小泉・郵政選挙での民主党大敗である。これで政権交代は当分できないと思った。

だが政局は二転三転し、ついに二〇〇九年の総選挙で民主党は政権交代を実現し、鳩山政権ができた。以下、私のポジションから見た政権交代までを記しておく。

●年金未納問題で代表辞任

二〇〇四年の国会では年金改革法案が重要法案となっていた。四月になると、閣僚を含む与野党議員に年金未納期間があったことが発覚し、私は閣僚三人を「未納三兄弟」と揶揄的に批判した。

ところが、私自身が厚生大臣在任中の十カ月、年金が未納だったことが分かる。私には「払わなかった」という自覚がまったくなかった。ずっと銀行の自動引き落としで納付していたので、未納になるはずがなかったのだ。だが未納になっていた。なぜか。国会議員は住んでいる市区町村で国民健康保険と国民年金に加入する。だが大臣になると行政職なので健康保険は国家公務員共済に移る。厚生省からその手続きをしてくれと言われたので、私は妻・伸子に武蔵野市役所で国民健康保険の脱退手続きを頼んだ。すると窓口で国民年金も脱退してくれと言われた。国民健保と国民年金に入っている人が国家公務員になった場合は、両方脱退することになっている。伸子は市役所の指示に従った。だが、国家公務員共済法では、大臣は国家公務員共済の健康保険には入るが年金には加入しないという特例があったので、私は国家公務員共済年金には入っていなかった。武蔵野市役所の職員も、そんな特例があるとは知らなかったのだろう。大臣になる市民など、めったにいないのだから、当然だ。年金制度の複雑さを改めて実感した。

そういうわけで、私はよりによって厚生大臣の期間だけ年金が未納となっていた。これは後に社会保険庁がミスだと認め、十カ月分の納付も認められる。だが、私が年金未納だった自民党の閣僚を「未納三兄弟」と言って批判・攻撃していたので、まさに倍返しとなって、私へのバッシングの嵐が吹き荒れた。テレビ番組で未納の理由を説明しようとしても「言い訳はいい。辞めるか、辞めないのか」と迫られた。

小泉内閣の福田官房長官も未納が判明し、すぐに辞任したこともあり、私の辞任は避けられない情勢となった。夏に参院選が控えていたので、党内は「菅が代表では戦えない」という空気が充満していた。私は地位にこだわる気はなかったので、五月十日に辞任した。

後任の代表には小沢一郎氏が決まりかけたが、小沢氏にも年金未納期間があったと判明し辞退、岡田克也氏が代表となった。

妻・伸子は自分が年金脱退の手続きをしたので説明したいと記者会見を開いて、言いたいことを言った。しかし連日憤慨していたので、かなりストレスが溜まっていた。五月三十一日、二人で外で食事をしていたとき、突然、激しい頭痛を訴えた。病院へ運ぶとクモ膜下出血で、翌朝手術をした。医師からは「亡くなるのが三分の一、助かるのが三分の一、助かるが後遺症が残るのが三分の一です」と覚悟するよう言われた。幸いにも助かり、後遺症もなく、いまも元気にしている。伸子はいまも「クモ膜下出血ではなく社会保険庁出血だ」「社会保険庁に殺されかけた」と憤慨している。

伸子が入院していた二十一日間、私は夜は病室に泊まって付き添った。そして初めて酒を断った。そのころから参院選が終わったらお遍路《へんろ》に行ってみようかと考えるようになっていた。きっかけは、二〇〇二年十一月に東大阪市の司馬遼太郎記念館へ行ったことだ。司馬さんの本はほとんど読んでいたが、まだ読んでいなかった『空海の風景』を買い求め読んでみて、空海に興味を持つようになった。そして二〇〇四年二月に高野《こうや》山《さん》へ行く機会があった。

この二つから空海にますます関心を抱き、いつかお遍路をしてみたいと漠然と思うようになっていたのだ。民主党を作ってからは、ほぼいつも要職にあり忙しく動き回っていた。全国各地を訪れたが、駅や空港から演説会場へ行き、すぐに帰るので、「移動」であって「旅」とは言えない。そんな生活が続いていたので、代表も辞めて自由な時間が多くなったので、旅に出ようと思い立った。そこで参院選の応援で徳島県に行ったとき、お遍路の一番札所である霊山《りょうぜん》寺《じ》に行ってみた。下見のつもりだった。

2004年、四国へお遍路。

二〇〇四年七月十一日投票の参院選では、民主党は選挙区三一、比例一九、合計五〇議席を獲得し、自民党の四九議席を上回った。総得票数でも自民党に勝った。

伸子も退院していたので、私は十五日にお遍路の旅へ出た。八十八箇所を歩くと一一〇〇キロから一四〇〇キロになる（ルートがいくつかあるので、どれを選ぶかで変動する)。ぶっ通せば四十日ほどかかる。しかし、そんなに長い休みはとれないので、一週間から十日前後の休みを取りながら、七回に分けて歩いた。その間に政権交代、総理大臣就任、三・一一とあり、結願《けちがん》したのは二〇一三年九月二十九日、あしかけ十年かかった。

これは楽しかった。永田町とはまったく異質な空間と時間があった。たくさんの出会いがあり、人生においてかけがえのない経験となった。このお遍路の記録は、二〇一五年に『総理とお遍路』(角川新書)という本にした。

●郵政選挙で大敗

二〇〇三年の衆院選、〇四年の参院選とも、民主党は比例区の得票では自民党を上回る第一党となっていたので、政権交代は近いと党内もいい雰囲気になっていた。

ところが、二〇〇五年八月、郵政民営化法案が参議院で否決されると、小泉首相はその一点を争点にしたいと衆議院を解散した。いわゆる「郵政選挙」である。この選挙はまさに劇場型選挙だった。そして、小選挙区制のダイナミズムを示す選挙となった。「郵政選挙」と言われたが、民営化の是非についてではなく、反対した自民党議員の選挙区に刺客を送り込んだことが最大の話題となったと見ている。自民党は二九六議席で大勝、民主党は一一三議席と四四議席も減らし大敗した。東京の小選挙区では私以外はみな落選するという惨状だった。私も接戦だった。鳩山邦夫氏が福岡へ移ったので、自民党公認となったのは武蔵野市長の土屋正忠氏だった。六期目だったが辞任して、衆院選に出たのだ。私は一二万六七一六票で一位、土屋氏は一一万八八七九票で比例復活した。以後、土屋氏とは五回闘い、地元では「土菅《どかん》戦争」と呼ばれた。私の三勝二敗である。

大敗し、政権交代に向けてずっと進めてきたことが、ここでいったんガタンと断ち切られた思いだった。

岡田代表は選挙結果が出ると同時に辞任すると決断し、代表選になった。サポーターを含めた選挙ではなく、両院議員総会で代表を決めることになり、私と前原誠司《まえはらせいじ》氏が出て二票差で負けた。

国会は郵政民営化に一応の決着がつくと、二〇〇五年末から二〇〇六年初めにかけて、耐震強度偽装問題、ライブドア事件、防衛施設庁談合事件などが次々と起き、民主党にとっては反転攻勢のチャンスとなった。ところが、「偽メール」事件が起きて、前原代表、野田佳彦国対委員長が辞任し、当事者の永田寿康《ひさやす》議員は議員辞職に追い込まれた。

民主党は両院議員総会で新しい代表を選ぶことになり、私と小沢一郎氏が出た。私は小沢氏と競って出ようとは思っていなかったが、それだと無投票で決まりそうで、周囲も「出るべきだ」と推すので出た。小沢一郎という人は、敵対すると関係が悪くなるというか、関係そのものがなくなると分かっていたので、選挙後に党が分裂する恐れもあり、止める人もいた。だが、一度「出る」と言って、「やっぱり出ません」となるのは「政治家を辞めます」と言うのと同じなので、立候補した。

しかし小沢氏とサシで会い、「敵対するつもりで代表選を戦うわけではありません」ということは伝えた。このように消極的な立候補だったので、私に勝ち目はなく、四月七日、小沢氏が勝ち、鳩山氏が幹事長を続け、私は代表代行となった。いわゆるトロイカ体制だ。代表代行はナンバー2のイメージがあるかもしれないが、実権はほとんどない。小沢代表に代わって、会合や式典へ行き挨拶することが多かった。

二〇〇五年の総選挙で圧勝したにもかかわらず、自民党の党則で〇六年九月で総裁の任期が切れたので、小泉首相は退陣し、安倍晋三氏が総理になった。

●反転攻勢

安倍政権のもとでの二〇〇七年夏の参院選で、自民党は公示前の六四議席から三七議席へ激減し、民主党は三二議席から六〇議席と倍増した。比例区の総得票数は、自民党一六五四万票に対し、民主党は二三二五万票を得た。非改選と合わせて、自民党は八三、民主党は一〇九となり、公明党の二〇議席を加えても、与党は一〇三で過半数の一二一を大きく割り込み、「ねじれ国会」となった。これで予算案以外の法案は野党の賛成がないと通らなくなった。

この選挙は小沢代表が仕切り、私は遊説とイベントの企画が主な仕事だった。いわゆるトロイカ体制がうまくいっていた。形式的にも実質的にも小沢一郎氏がトップにいる時はその組織は非常にうまくいく。このときは小沢氏が私や鳩山氏を使う立場なので、変なことはしてこない。私たちも、トップである小沢氏には協力する。小沢氏は自分に協力する人間とはうまく付き合う。トロイカ体制では三人の関係も良好だったし、民主党全体もうまくいっていた。

参院選後、安倍首相は続投すると言っていたが、臨時国会で所信表明演説をした二日後、野党の代表質問が始まる直前に辞めると表明した。自民党総裁選では、福田康夫氏と麻生太郎氏が立候補し、大差で福田氏が当選し内閣総理大臣に就任した。

首相が交代しても、ねじれ国会の状況は変わらない。そこで、小沢氏は福田首相に大連立を持ちかけた。与党を経験したことのない議員が多いので、いったん大連立で政権に入り、経験を積んで政権交代に備えるというのが、その理由だった。それは一理あるのだが、党内の誰にも相談も報告もしないで、自民党に話を持ちかけたので、民主党内で猛反発を受けた。せっかく次の総選挙で政権交代ができそうなのに、こちらから連立を持ちかける必要はないというのが、党内の圧倒的多数の声だった。役員会でも小沢代表は孤立した。せめて私や鳩山氏に事前に言ってくれれば、どうにかなったかもしれないが、私も鳩山氏も寝耳に水だった。小沢氏は、「大連立は諦める。責任をとって代表を辞める」と言い出したが、結果的には辞任を思いとどまった。

私は小沢・自由党との合併を決めたときは、民主党的なルールと、小沢的剛腕がうまくコラボレーションしたら強くなると考えていた。実際、二〇〇七年の参院選は勝った。しかし、改めてその剛腕ぶりを見せられると、大丈夫だろうかとの不安もあった。

民主党との大連立もできず、ねじれ国会のままなので行き詰まり、二〇〇八年九月一日に、福田政権は退陣した。次の総裁には麻生太郎氏が選ばれた。すでに郵政選挙から三年が過ぎていたこともあり、麻生首相は支持率が高いうちに衆院を解散するという見方もあったが、リーマンショックでそれどころではなくなった。

民主党は九月に代表選となったが、小沢代表が無投票で再選された。

ねじれ国会は解消されていないので、民主党は麻生政権も追い詰めていた。だが、二〇〇九年五月に、小沢代表の公設秘書が逮捕された。小沢氏の「政治とカネ」の問題は、その前からマスコミと自民党が追及していたものだった。公設秘書の逮捕は政治的に大きい。せっかく民主党への期待が高まっていたところなので党としても痛手だった。だが、前々から言われていた問題なので、変な言い方だが、意外だとか驚いたという雰囲気にはならなかったのではないか。

小沢氏は自分は無実だと訴えていたが、代表を辞任した。総選挙が九月までには絶対にあるなか、民主党が勝つために身を引こうと判断したのだろう。代表選には鳩山氏と岡田氏が出て鳩山氏が勝ち、鳩山代表、岡田幹事長、私と小沢氏と参院の輿石東《こしいしあずま》氏が代表代行という体制で総選挙に挑むことになった。三人の代表代行のなかでは小沢氏が筆頭で選挙担当となって、総選挙を仕切る。

麻生首相は七月二十一日に衆議院を解散した。ほぼ任期満了に近い。総選挙は八月十八日公示、三十日投票で、民主党はマニフェストを掲げて闘い、小選挙区二二一、比例代表八七、合計三〇八議席を獲得し圧勝した。自民党は小選挙区六四、比例代表五五、合計一一九議席だった。〇五年の郵政選挙とまったく逆になった。しかし、民主党は衆議院では圧勝したものの、参議院では単独では過半数を持っていなかったので、社民党と国民新党との連立政権となった。

この選挙でも地元に数時間しか入れなかったが、民主党圧勝の勢いで、私も過去最高の一六万三四四六票で、八万票台の土屋氏にダブルスコアで勝てた。

九月十六日、鳩山政権が正式に発足した。政権交代が確実視されていたので、選挙中から新政権の骨格人事は始まっていた。私は副総理として入閣し、新設される国家戦略局を担当することになり、小沢氏は幹事長に復帰した。当初の構想では、内閣と党を一体化させるため、国家戦略担当大臣は党の政策調査会長を兼任することになっていたが、小沢氏の意向で、政策調査会そのものが廃止されることになった。これは政権発足の直前になって、小沢氏がつきつけてきたことで、鳩山代表も私も呑まざるをえなかった。

小沢氏は「政府・与党一元化における政策決定のために政調を廃止」と言う。つまり、内閣と別に党にも政調という政策決定機関があると二元化するからよくないという。民主党の政権構想では、幹事長が入閣することで一元化するとなっていたのだが、幹事長は選挙対策で忙しいので、政調会長が閣内に入ると決まっていた。それが直前になって、政調そのものを廃止すると決まった。

その結果、党と内閣は完全に分離された。鳩山氏は党の代表で内閣の総理大臣だが、閣僚は私を含めてみな、党では一党員でしかなくなった。

●国家戦略担当大臣から財務大臣へ

鳩山内閣では、最初に事務次官会議を廃止した。そして私がトップになる国家戦略室と、仙谷由人特命大臣がトップの行政刷新会議を立ち上げた。後者は「事業仕分け」をした。

世間が注目したのは、マニフェストにもあった国家戦略局だろう。しかし、新しく「局」を作るには新たな法律が必要なので、とりあえず、「国家戦略室」としてスタートさせた。当初は財務省に代わって国家戦略局が予算編成までやる、省庁間にまたがる案件について全体の調整をやるなどの構想があった。だが、よく煮詰めていなかった。調整役としてはこれまでは内閣官房がしていたので、それとの役割分担や、予算編成までやるとなると、財務省主税局を分離させるのかなど、かなり大掛かりな法改正を伴う行政改革となり、それには膨大な法律が必要となる。それだけ大きな法律は簡単には作れない。そこで、とりあえずは国家戦略室としてスタートさせた。

鳩山政権が始まると、私は一九九八年に出した『大臣』に、新政権についての章を新たに書き加え、増補版として出版した。まだ高揚した気分のなか、十月にその「まえがき」にこう書いた（出版は十二月）。

民主党政権が実現した。

二〇〇九年九月十六日の特別国会の前日、私は自分のウェブサイトの「今日のひとこと」にこう書いた。「明日特別国会が召集され、鳩山新総理が誕生する。今回の政権交代は自民党から民主党への政権交代と、官僚主導の官僚内閣から国民に選ばれた政治家主導の国会内閣への二重の政権交代。明治時代に内閣制度が生まれて初めての大改革。この実現に全力を挙げたい。」

翌日、鳩山由紀夫代表が正式に総理大臣に指名され、私も正式に、副総理（内閣法九条の第一順位指定大臣）・国家戦略担当、内閣府特命担当大臣（経済財政政策、科学技術政策）に就任した。

そして今、まさに「革命」と言っても過言ではない大改革の只中にある。

民主党結党から十一年目での政権獲得だ。鳩山由紀夫総理大臣や小沢一郎幹事長にとっては、自民党を離党した一九九三年から十六年目での政権獲得だと、マスコミは書いていた。だが私にとっては、三十三年目だとの思いが強い。私が最初に衆議院議員選挙に立候補したのが一九七六年（その時は次点で落選）だったからだ。あの三十三年前から、私は政権交代をしなければだめだと考えていた。そして八〇年に初当選したが、社会民主連合（社民連）という最も小さな野党に属していたので、政権は遥か彼方にあった。政権党の一員となったのは、一九九三年に細川内閣ができた時だ。その後、自民・社会（現・社民）・さきがけの連立政権となり、一九九六年の第一次橋本龍太郎内閣で私は初めて大臣になったのである。

この時の十カ月にわたる厚生大臣の経験で、私はこの国が国民主権国家ではなく、官僚主権国家であることを、深く認識した。

橋本内閣の組閣の日、当事者の私よりも先に私が厚生大臣になると知っていた官僚たちから、就任記者会見のための挨拶文をもらうところから、大臣としての活動は始まった。いま思えば、その瞬間に、私は違和感を抱いたのだ。これはどこかおかしい、と。

やがて閣議に出席し、そこでは何の議論もなされず、ひたすら書類に署名をするだけなのには、驚きを通り越してしまった。それなのに国政が遅滞なく動いているのも、別の意味での驚きであった。実際は遅滞どころか、とんでもない方向に日本は進んでいたわけだが、あの閣議のシステムでは、そんなことはまったく分からない。政治家はすべての情報を官僚に握られ、政策の是非を判断する機会も事実上放棄していた。それが自民党の政治システムだった。あるいは戦前、さらには明治以来のシステムなのかもしれない。これを打破しないことには、日本の未来はないと、私は確信したのだ。

それまでは、A政党からB政党へ政権交代するのが民主主義の基本だから、日本もそうなるべきだと、半ば単純に考えていたのだが、大臣経験を経て、単に「自民党から非自民党」に交代しただけではだめで、「官僚主権から本来あるべき国民主権へ」という交代が必要だと認識したのだ。

だが、その時点では自民党に対抗でき、なおかつ政治主導で内閣を運営できる力量のある野党はなかった。そこで、政権交代可能で、なおかつ交代後に政治主導での政権運営が可能な野党をつくるところから始めることになった。こうして一九九六年秋、衆議院の解散と同時に、私は鳩山由紀夫さんたちと、民主党を立ち上げ、それが九八年に現在の民主党へと発展した。その民主党は結党以来、「脱官僚主導」「脱官僚依存」を訴えてきた。官僚に主導されるのをやめ、国民が選んだ政治家が主導する政治をつくるというのが、民主党の基本理念であり、まさにこの本で私が言いたかったことだ。

●財務大臣としてギリシャ危機に遭遇する

結果として国家戦略室は大きなことはできなかったが、かなり斬新な組織だった。メンバーの半分を民間人にしたのだ。アメリカの場合は、大統領が交代するとプロパーの役人以外に大学やシンクタンクから、新たな人がホワイトハウスに入ってくるが、日本の場合はそういう構造はなかった。国家戦略室はその日本の役所の前例を打破し、民間からスタッフがたくさん入った。

予算編成が終わり、二〇一〇年になると、藤井裕久《ひろひさ》財務大臣が高齢を理由に辞任し、一月七日に私が財務大臣に就いた。二月五日にカナダのイカルイトでG7の財務大臣と中央銀行総裁の会議があり、議題の九割はギリシャの財政危機だった。ギリシャは政権交代した後、前政権の放漫財政が明らかになって国債が暴落していたのだ。日本も決して財政が健全なわけではなく、赤字額はギリシャより多い。これをこのまま放置しておいたら同じことになりかねない、何とかしなければと思ったのが、後に消費税を上げなければならないと考えるようになった出発点だ。

●鳩山首相、辞任

鳩山内閣は高支持率で出発したが、小沢幹事長の「政治とカネ」の問題はいつまでも尾を引き、さらに鳩山首相にも「政治とカネ」の問題が出てきた。普天間《ふてんま》基地の移転問題でも迷走してしまった。

普天間問題は鳩山首相が選挙中に「最低でも県外(へ移転させる)」と言ったことが、「公約」とされたが、実は民主党のマニフェストにはそうは書いていない。しかし党首が公の場で言ったのだから、それは公約とみなされても仕方がない。鳩山氏にどのような目算があったのかは分からない。

鳩山首相は「五月までに結論を出す」と自ら期限を区切ってしまったので、追い詰められてしまった。私は市民運動の人脈から沖縄にも知人は多いので、「何かできることがあれば、やります」と申し出たが、「いや、菅さんには他のことをお願いしているんで、この問題は自分がやります」と言われたので、この件では動かなかった。

内閣として普天間基地の沖縄県外への移転を断念したことで、社民党は連立から離脱した。

鳩山首相は六月二日に退陣表明をした。同時に、小沢氏も幹事長を辞任した。七月に参院選が控えていたので、民主党のイメージを刷新したいとの思いからだろう。代表選出の方法は小沢幹事長が決め、四日に両院議員総会で代表選出となった。

鳩山氏からは、「後を頼みます」と言われていた。副総理でもあったので、客観的に見ても次の総理の本命は私だった。私は「ここまできたら、やる」と代表選に出ることを表明した。

小沢幹事長にも挨拶に行こうと連絡を取ったら、本人ではなく側近の議員が、「どういう挨拶なのか」と訊く。「代表選に出るので、その挨拶をしたい」と言うと、「挨拶のためだけに来てもらうんでしたら結構です」と断られた。つまり、引き続き幹事長をやってくれと頼みに来るのなら会うということだ。私はそれは違うだろうと思い、挨拶には行かなかった。

●第九十四代内閣総理大臣就任

六月四日の代表選では、小沢氏は対抗馬として若い樽床伸二《たるとこしんじ》氏を立候補させたが、私が勝った。

私は民主党代表となり、同日に国会で第九十四代内閣総理大臣に指名された。八日に親任式（任命式）があり、菅内閣は正式に発足した。仙谷由人氏を官房長官に、枝野幸男氏を幹事長に指名した。

親任式後の記者会見では「最小不幸社会」という私の政治理念の根幹を紹介し、こう述べた。

内閣総理大臣就任会見

二〇一〇年六月八日

今夕、天皇陛下の親任をいただいた後、正式に内閣総理大臣に就任することになりました、菅直人でございます。国民の皆さんに就任に当たって、私の基本的な考え方を申し上げたいと思います。

私は、政治の役割というのは、国民が不幸になる要素、あるいは世界の人々が不幸になる要素をいかに少なくしていくのか、最小不幸の社会をつくることにあると考えております。もちろん、大きな幸福を求めることが重要でありますが、それは、たとえば恋愛とか、あるいは自分の好きな絵を描くとか、そういうところにはあまり政治が関与すべきではなくて、逆に貧困、あるいは戦争、そういったことをなくすることにこそ政治が力を尽くすべきだと、このように考えているからであります。

そして、今、この日本という国の置かれた状況はどうでしょうか。私が育った昭和二十年代、三十年代は、ものはなかったけれども、新しい色々なものが生まれてきて、まさに希望に燃えた時代でありました。しかし、バブルが崩壊してからのこの二十年間というのは、経済的にも低迷し、三万人を超える自殺者が毎年続くという、社会の閉塞感も強まって、そのことが今、日本の置かれた大きな、何か全体に押しつぶされるような、そういう時代を迎えているのではないでしょうか。

私は、このような日本を根本から立て直して、もっと元気のいい国にしていきたい、世界に対してももっと多くの若者が羽ばたいていくような、そういう国にしていきたいと考えております。

そのひとつは、まさに日本の経済の立て直し、財政の立て直し、社会保障の立て直し、つまりは強い経済と強い財政と強い社会保障を一体として実現をすることであります。

今、成長戦略の最終的なとりまとめを行っておりますけれども、日本という国は大きなチャンスを目の前にして、それにきちっとした対応ができなかった、このように思っております。

たとえば、鳩山前総理が提起された地球温暖化防止のための二五パーセントという目標は、まさに日本がこうした省エネ技術によって、世界の中に新しい技術や商品を提供して、大きな成長のチャンスであるにもかかわらず、立ち遅れてきております。

また、アジアの中で、歴史の中で、最も大きな成長の時期を迎えているにもかかわらず、先日も中国に行ってみましたら、いろんな仕事があるけれども、日本の企業はヨーロッパの企業の下請けしかなかなか仕事が取れない、いったいどんなことになったのか。つまりは、この二十年間の政治のリーダーシップのなさが、こうしたことを生み出したと、このように思っております。

成長戦略の中で、グリーンイノベーション、そしてライフイノベーション、そしてアジアの成長というものを、私たちはそれに技術や、あるいは資本や、いろいろな形で関与することで我が国の成長にもつなげていく、こういったことを柱にした新成長戦略、これに基づいて財政配分を行いたいと考えております。

また、日本の財政状況がこれまで悪くなった原因は、端的に言えば、この二十年間、税金が上げられないから、借金で賄おうとして、大きな借金を繰り返して、効果の薄い公共事業、たとえば百に近い飛行場をつくりながら、まともなハブ空港がひとつもない、これに象徴されるような効果の薄い公共事業にお金をつぎ込み、また、一方で、社会保障の費用がだんだんと高まってきた、これが今の大きな財政赤字の蓄積の構造的な原因である。財政が弱いということは、思い切った活動ができないわけでありますから、この財政の立て直しも、まさに経済を成長させる上の必須の要件だと考えております。

　そして、社会保障についても、従来は社会保障というと、何か負担、負担という形で、経済の成長の足を引っ張るんではないか、こういう考え方が主流でありました。しかし、そうでしょうか。スウェーデンなどの多くの国では、社会保障を充実させることの中に、雇用を生み出し、そして、若い人たちも安心して勉強や研究に励むことができる。まさに社会保障の多くの分野は、経済を成長させる分野でもある、こういう観点に立てば、この三つの経済成長と財政と、そして社会保障を一体として、強くしていくという道は必ず開けるものと考えております。

2010年、総理大臣就任の記者会見。

　国際的な問題についても触れたいと思います。日本は戦後六十年間、日米同盟を基軸として外交を進めてまいりました。その原則は、今も原則としてしっかりとそうした姿勢を続けていく必要があると考えております。それと同時に、アジアにある日本として、アジアの諸国との関係をより深め、さらにヨーロッパあるいはアフリカやあるいは南米といった世界の国々とも連携を深めていく、このことが必要だと思っております。

　普天間の問題で、日米関係、国内の問題も含めて、国民の皆さんに御心配をおかけいたしました。日米間の合意はでき、それに基づいて進めなければならないと思っておりますが、同時に、閣議決定においても述べられました、沖縄の負担の軽減ということも真摯に全力を挙げて取り組んでいかなければならないと考えております。

大変困難な課題でありますけれども、私もしっかりとひとつの方向性を持って、この問題に取り組んでまいりたいと、このように思っているところであります。

そして、私、総理大臣としての仕事は何なのか。この間、テレビなどを少し見ますと、私が任命をした閣僚や党の新しい役員がそれぞれマスコミの皆さんの取材を受けて、いろいろな発言をしているわけです。どうですか、皆さん。そういう私よりも十歳、二十歳若い、そういう民主党の閣僚や党役員の顔を見て、声を聞いて、こんな若手が民主党にはいて、なかなかしっかりしたことを言うではないか、なかなかこれならやってくれそうではないか、そういうふうに思っていただけたんじゃないでしょうか。

私は鳩山さんとともに一九九六年に旧民主党をつくり、九八年に新たな民主党初代の代表となりました。その後、小沢前幹事長の率いる自由党と合併をして、今の民主党になったわけでありますけれども、そこにそうした人材が集まってきたこと。私はそのことがうれしいと同時に、自信を持って、今申し上げたような日本の改革を推し進めることができる、このように思っております。

そして、この多くの民主党に集ってきた皆さんは、私も普通のサラリーマンの息子でありますけれども、多くはサラリーマンやあるいは自営業者の息子で、まさにそうした普通の家庭に育った若者が志を持ち、そして、努力をし、そうすれば政治の世界でもしっかりと活躍できる。これこそが、まさに本来の民主主義の在り方ではないでしょうか。

その皆さんとともに、このような課題を取り組んでいく上で、私の仕事はひとつの方向性をきっちりと明示し、内閣あるいは党を、その方向で議論するところは徹底的に議論して、みんなが納得した上で、その方向にすべての人の力を結集していく。そのことが私の仕事だと考えております。

総理になったからには、もうあまり個人的な時間は取れない。本当なら五十三番札所まで来ているお遍路も続けたいところでありますけれども、いましばらくはそれをまさに後に延ばしても、ある意味では官邸を中心に、これこそが修行の場だ、そういう覚悟で、日本という国のため、さらには世界のために私のあらん限りの力を尽くして、よい日本をよい世界をつくるために全力を挙げることを国民の皆さんにお約束をいたしまして、私からの国民の皆さんへのメッセージとさせていただきます。

●参議院選挙での敗北

総理大臣になると自分から発信する機会は、あるようでない。その代わりと言うわけではないが、私が総理になると、妻・伸子が、『あなたが総理になって、いったい日本の何が変わるの』(幻冬舎新書)という刺激的なタイトルの本を緊急出版した。これはかなり話題になったそうだ。私たち夫婦のなれそめや、私の性格などについて、何の忖度もなく書かれていてる。「菅直人」がどんな人間で何を考えているかを知ってもらうにはいい本だと思うことにした。

総理に就任するとすぐにカナダでのサミットがあり、帰国すると参院選となった。

財務大臣としてギリシャ危機を間近に見ていたので、日本の財政をどうにかしなければとの思いが強くあった。自民党は参院選に先立って、消費税一〇パーセントと言っていた。そこで私が「消費税問題を議論しなければいけない。自民党が言っている一〇パーセントも参考にして議論したい」と会見で言うと、「菅総理、消費税一〇パーセントにする」と報じられてしまった。たしかに発表の仕方がまずかった。別に来年から一〇パーセントにするという話ではなく、「一〇パーセントにすること

2010年、サミットでカナダのハーパー首相夫妻と。

2010年、サミットでアメリカ・オバマ大統領と。

2010年、サミットでドイツ・メルケル首相と。

も議論したい」という意味だったのだが、そう説明すると「発言がブレている」となってしまった。

結果として消費税問題が響いて参院選で民主党は選挙区で二八、比例区で一六、合計四四議席と、一〇議席のマイナスで、非改選と合わせて一〇六、国民新党は三議席なので、与党は一〇九議席で過半数の一二一に一二足りない。参院では少数与党となり、ねじれ国会となった。

これが以後の政権運営で非常に痛手となった。党内の小沢氏に近い議員からは責任をとって辞めろと言われた。また落選した大臣もいたが替えなかったことも批判された。これは、九月に代表選が予定されていたので、人事はそれに勝ってからにしようと思っていたからだ。なぜまた代表選を九月にやるかというと、民主党の規則では、代表の任期は二年で、途中で辞めた場合は、新しい代表は就任してから二年ではなく、前の代表の任期までとなっていた。二〇〇八年九月の代表選では小沢代表が無投票で再選され、その任期が二〇一〇年九月までで、その間に鳩山氏と私が代表になったので、九月で私の代表の任期は終わることになっていたのだ。

代表選は無投票になるか、私以外に対立候補が出るか。対立候補が出るとしたら小沢氏自身か、小沢氏が誰かを担ぐのか。これはギリギリまで読めなかった。結局、小沢氏は自分で出た。

この代表選挙は国会議員だけでなく、党員・サポーター、それから地方議員も参加した。私は総理大臣としての公務があるが、小沢氏は何の役職にも就いていないので専念できる。その意味では不利だった。しかし、党員・サポーター票、地方自治体議員票、国会議員票とも私が多く、代表に再選された。もっとも国会議員票は六票差だった。

代表選の最中の九月七日に、尖閣諸島の中国漁船衝突事件が起きた。その後、ビデオが流出して大騒ぎになり、支持率低下の大きな要因になった。

二〇一一年になると、仙谷官房長官が問責決議を受けたので内閣改造をし、国会は予算審議となった。そこに今度は外国人献金問題が起きた。最初は前原誠司外務大臣で、献金してくれた支持者のなかに外国籍の人がいたと分かり、三月六日に大臣を辞任した。私は辞める必要はないと慰留したが、本人の辞意が固かった。

その五日後の三月十一日の朝日新聞で、私も外国籍の人から献金を受けていたと報じられた。報道では献金者は在日韓国人ということだったが、日本名だったので、私は日本国籍だと思っていた。「あなたは日本国籍ですか」とひとりひとりに確認するのは難しいとはいえ、ミスはミスであった。外国籍であると確認された場合には全額返金すると答弁し、実際、返金した。その日の参議院の決算委員会でこの問題を追及されていたとき、東日本大震災が襲った。

第八章　東電福島原発事故——総理大臣として考えたこと　2011

総理大臣任期中、いや、私の人生のなかで最も重い体験となったのが、東日本大震災と東電福島第一原発の事故であったことは、言うまでもない。

二〇一一年三月十一日十四時四十六分に地震が発生した。その日は参議院の決算委員会に出席していたが、東京もかなり揺れ、委員会室の天井から吊り下がっているシャンデリアが大きく揺れていたのを見て、落ちてくるのではないかと思ったのを覚えている。

委員会は即時に休憩の手続きが取られ、私は総理大臣官邸へと急いだ。震度六以上の地震が発生した場合は、内閣危機管理監のもと、各省庁の局長級のメンバーによる緊急参集チームが集められ、官邸対策室が設けられることになっており、そのとおりに進んだ。

そして十五時十四分に私も出席して会議が開かれ、緊急災害対策本部の設置が決まった。総理大臣である私が本部長である。

●福島第一原発全電源喪失

まずは人命救助だった。北澤俊美《きたざわとしみ》防衛大臣に早急な自衛隊の出動を指示したところ、すぐに動かせるのは二万人との報告が来たので、二万人の出動命令を出した。だが、それでは足りない可能性が高かったので、北澤大臣にさらに多くの自衛隊出動の検討を要請した。

一九九五年の阪神淡路大震災の後も、二〇〇四年の新潟県中越地震などを経験しているので、政府・自衛隊の対応は早かったと思う。だが、地震だけではすまなかった。津波が襲ってきた。

東京電力福島第一原発に津波の第一波が到達したのは、十五時二十七分、第二波が十五時三十五分とされている。そして十五時四十二分に、東電は経済産業省原子力安全・保安院に対して事故発生を報告、十六時四十五分には、一号機・二号機の非常用炉心冷却装置注水不能という報告も、東電から保安院へ届いていた。

私は十六時五十四分から、地震発生後最初の記者会見を開いていたが、そのときにはまだ福島第一原発の状況の報告を受けていなかった。会見を終えて、総理執務室へ戻り、十七時頃から、原子力・安全保安院の関係者と協議していたところに、十七時四十二分に海江田万里経産大臣が来て、原子力緊急事態宣言に該当する事故が起きていると知らされた。

事故対応のなかで、私は地震・津波と原発事故の状況を把握する目的で、翌十二日早朝に現地へ自衛隊のヘリコプターで飛び、福島第一原発では吉田昌郎《まさお》所長と面談した。また十五日早朝には東電本店へ行き、政府と東電との統合対策本部の設置を決めた。この間、私は夜も総理官邸の執務室で仮眠を取っており、官邸から外へ出たのはこの二回のみだった。私だけではない。枝野幸男官房長官以下、官邸に詰めていた政治家、官僚の大半が、家に帰れず、まともに睡眠もとれない状況だった。

●なぜ、福島の現場へ飛んだか

十二日早朝に福島第一原発へ行ったことは、いまもなお批判されているが、私はあの時点で現地へ行き、吉田所長と直接会ったことは、その後の政治判断において非常に重要だったと、いまも考えている。大将は最前線へ行かず、本陣でどかっと坐って、届いた情報をもとにして指示を出せばいいという考えもあるが、それは戦国時代の戦《いくさ》の話だろう。これだけ通信技術が進んでいるのだから、官邸にいなくても必要な情報は来るし、指示も出せる。

もうひとつは、行ったところで実務的には役にも立たない総理大臣が行けば、現場が混乱し、事故対応に支障をきたすという批判だ。これについては、政府、国会のそれぞれの事故調査委員会の報告書でも、私が行ったことで何らかの作業に支障が出たとは認められていない。憶測でそういうことを言っている人がいるだけだ。

2011年3月12日早朝、東電福島第一原発へ視察。

現地へ行くことを、私は誰にも相談せず、ひとりで決断し、行けるよう指示を出した。反対の声もあったが、押し切って、出かけた。その最大の理由は、とにかく東電からの情報が曖昧で遅く、要領を得なかったからに尽きる。情報をもとに判断するのが私の仕事だが、その情報が入ってこないので、自分で取りに行くしかないと決断したのだ。

福島の現場と東電本店とは二十四時間、テレビ会議システムでつながっており、本店は現場の様子をリアルタイムで把握し、指示を出していたことは、後で知った。総理官邸には、東電の武黒《たけくろ》一郎フェローが詰め、東電からの情報は武黒フェローから得るしかなかったのだが、それが曖昧で遅いのだ。私は本店にテレビ会議システムがあることすら知らされず、武黒フェローが自分の携帯電話で、本店の誰かと話して得た情報しか知ることができない状況だった。

もうひとつの東電→経産省の原子力安全・保安院→官邸という伝達ルートもあったが、これも機能していたとは言い難い。保安院の寺坂信昭《てらさかのぶあき》院長が、私への説明役として来たのだが、何を質問しても的確な答えがこない。院長の説明そのものが、私には何が言いたいのか理解できなかった。この人は自分でも何を言っているのか理解しないまま話しているなと感じたので、「あなたは原子力の専門家なのか」と尋ねると、「いいえ、自分は東大経済学部出身です」と言う。経済学部を出て経産省に入り、出世の階段を登り、人事異動でたまたま保安院の院長ポストに就いていただけだったのだ。

私はそれまで厚生大臣と財務大臣を経験していたが、たとえば年金局長であれば年金について精通していた。だが、保安院は原子力の素人をトップに据えていた。これは、原発に事故など起きないという前提で、人事を決めていたからである。

院長は管理職なので、技術的なことは詳しくなくてもいいとの考えもあるだろう。だが、こういう事故が起きた時に、総理に説明するのだから、自分が詳しくなければ、詳しい人間、分かる人間を同行させればいいのに、それもしない。院長に代わり次長が来るようになったが、その人も理系の学部を出ていたが原子力は専門ではなく、保安院から原子力の専門家が官邸へ来るようになったのは三日目からだった。

●届いた電源車が役に立たない

事故発生直後から東電への不信感は募るばかりだった。電源喪失して冷却できないということは、時間がたてばたつほど、爆発する恐れが高まる。一刻も早く電源を回復しなければならない。そのために、東電は自社の他の事業所だけでなく、東北電力にも支援を頼み電源車を福島第一原発へ急行させていた。しかし、高速道路が渋滞し、遅延しているという。ヘリコプターで運ぶことも考えたが、重くて無理だという。米軍にも打診したが無理だった。

そこで、警察や自衛隊に先導するよう指示した。二十一時頃にようやく到着したと報告が来たときは、官邸の私のまわりで歓声が上がったほどだ。これで助かると私も安心した。ところが、届いた電源車のプラグのスペックが合わず電源がつながらない、ケーブルの長さが足りない、電源盤が使用できなかったといった報告が次々に入った。いったい、どういうことか。東電は電気の会社ではないのか。私は思わず、「おい、電気屋を呼んでやれ」と言った。笑えないジョークである。

いったい現地はどうなっているのか。私は現地へ行きこの目で見なければならないと考えた。もうひとつ、現場の責任者が信頼できる人物なのかを見極める必要もあった。また、福島第一原発だけでなく、上空からだけでいいので、津波被害の大きさも確認したかった。

十一日から十二日になった頃、私は朝になったら福島第一原発と、宮城県、岩手県の津波被害を視察に行くと決めて、準備するよう指示した。

●ベントの遅れの真実

私が福島第一原発へ視察に行ったためにベントが遅れ、メルトダウンしたと信じている人が、いまだに多い。これは事実とはまったく異なる。誰がいつ、どのように言いふらしたのだろう。最初は憶測に過ぎなかったものが、「事実」となって広まったのだろうか。

まず「ベント」を説明しておこう。原子炉格納容器を冷却できなくなったため、原子炉内の温度と圧力が上昇し、このままでは爆発する恐れがあった。それを防ぐために、原子炉の安全弁を開けて蒸気を原子炉から格納容器へ放出した。すると今度は格納容器内の圧力が高まり、破損、すなわち爆発する恐れが出てきた。それを避けるために排出口を開いて気体を外部へ放出するのが、ベントだ。その気体には放射性物質が含まれているので、放出するのは好ましくないが、放置すると爆発して、何十倍・何百倍もの放射性物質が放出し、コントロールできなくなる。そこでやむなく、放出することにした。

記録によると、福島で吉田所長がベントの準備の指示を出したのが十二日午前〇時六分（地震、事故発生当日の夜中）で、午前一時頃に、私のもとに東電からベントの了解を求める要請がきた。断る理由はなく、ためらわずに了承した。私の理解では、ベントをすれば爆発は回避できる。それで時間を稼いでいる間に、電源車が到着すれば、冷却機能が復旧し、最悪の事態は回避できるはずだった。

一方、ベントをすれば、放射性物質が外部に出る。そのため、近隣住民には避難してもらわなければならない。すでに、万一に備えて、二十一時二十三分に福島第一原発から半径三キロ圏内に避難指示を出していた。それを広げるかどうかという問題もあった。武黒フェローに「どれくらいでベントができるのか」と訊くと「準備に二時間かかります」と言うので、午前三時頃だなと理解した。

ところが三時を過ぎても始まったという報告がない。遅れるのはしょうがないが、どういう理由で遅れるのか、いつになるのか、そういうことが何も分からない。

私の視察は午前六時十分に官邸出発というスケジュールが組まれており、定刻に官邸を飛び立った。その時点では、まだベントは始まっていなかった。出発直前に、枝野官房長官から避難区域を一〇キロ圏内に広げたいと申し出があったので、了承した。

七時十二分に福島第一原発に到着した。出迎えた東電の武藤栄副社長に「ベントはどうなったか」と尋ねたが、要領を得ない返事だった。吉田所長に会って、ようやく東電の人間との間で、まともな会話が成り立った。

吉田所長は「電動でのベントをするにはあと四時間。手動でやるかどうかを一時間後までに決めたい」と明確に答えた。すでに当初予定の午前三時から四時間も遅れ、そのうえさらに四時間も待ったのでは、格納容器がもたない恐れが高まる。一方、手動というのは、近いところまで人間が行って弁を開くことで、かなり危険を伴う。私が「早くやってほしい」と言うと、吉田所長は「決死隊を作ってやります」ときっぱりと言った。私はこの人に任せれば大丈夫だと思った。現場には信頼が置ける人物がいると分かり、安心した。これは、私にとって精神的に大きかった。

実際、ベントは命がけだった。それでも、時間がかかり、十四時半頃に、格納容器内の減圧に成功し、放射性物質は若干の流出はあるが、危機的状況は脱したとの報告が届いた。しかし、後に判明したがすでに前夜二十時頃には、一号機はメルトダウンしており、この十四時半の報告の減圧がベントのおかげか、メルトダウンによるのか、正確なところは分かっていない。

この時間軸でお分かりのように、私が行こうが行くまいが、ベントは遅れていたのである。吉田所長と私が面会していたのは三十分前後で、その前にベントの準備を指示しており、私の対応のために何かがストップしていた事実は確認できないと、事故調査委員会の報告書にもある。さらに言えば、メルトダウンは前日夜に起きていたので、私の視察のせいでメルトダウンしたというのは、まったく事実とは異なる。

どうにかベントが成功したらしいと安堵していたところ、一号機が爆発した。記録によると、爆発したのは十五時三十六分で、地元・福島の民放は固定カメラでそれを捉えていたそうだが、何が起きているのか分からいない状況では放送できないと判断し、すぐには流さなかった。系列の日本テレビが全国に放送したのは十六時五十分である。その間には一時間十数分あるが、私のところにはそれまで何の報告もなかった。自民党など各野党との党首会談を終えて、私が執務室に戻ったのが十六時頃で、内閣危機管理監が「原発から白煙が出ている」と伝えてきた。武黒フェローに問い合わせると、「何も聞いていません」と言いながら本店に電話をかけ、「そんな話は聞いていません」と言った。

原子力安全委員会の班目《まだらめ》春樹委員長などと執務室で協議していると、秘書官が「テレビを見てください」と血相を変えて入ってきて、テレビをつけた。一号機が爆発しているのが映っていた。ちょうど、班目委員長に私は水素爆発の可能性を質問し、「ありえない」という答えを得ていたのだが、爆発したのだ。班目委員長は両手で顔を覆っていた。

本店はリアルタイム、つまり十五時三十六分には爆発を知っていたはずだが、官邸にいる武黒フェローが問い合わせても教えなかったことになる。一時間以上が経過して、テレビの映像で初めて私は知った。これが一号機へのベントと爆発の真実である。

こうして地震と原発事故から丸一日が経過した。地震と津波の被害状況も甚大であると分かってくる。七十二時間を過ぎると生存率が著しく下がるので、救命に全力を上げなければならない。ヘリから津波の被害のすさまじさを実感できたので、私は官邸へ着くとすぐに北澤防衛大臣に自衛隊を最大限投入するように要請した。

東京では電力不足から計画停電をしなければならないという事態も起きていた。

ここまでを含め、原発事故については一年半後の二〇一二年十月に『東電福島原発事故　総理大臣として考えたこと』にまとめ、幻冬舎新書として出版した。三月十一日から十八日までは詳細に記し、その後の脱原発宣言から、退陣までにエネルギー政策を大転換させたことも書いた。

以下、私がこの事故の最中に何を思い、何を考えたかの記録として、同書の「序章　覚悟」の一部を掲げる。

『東電福島第一原発事故　総理大臣として考えたこと』（幻冬舎新書、二〇一二年十月）

大震災と原発事故から一年半が経過した現在でも、最初の一週間の厳しい状況が頭に浮かぶ。

大震災発生の三月十一日から一週間、私は官邸で寝泊まりし、ひとりの時は総理執務室の奥にある応接室のソファーで防災服を着たまま仮眠をとっていた。仮眠といっても、身体を横にして休めているだけで、頭は冴えわたり、地震・津波への対処、そして原発事故がどこまで拡大するか、どうしたら拡大を阻止できるのかを必死で考えていた。熟睡できた記憶はない。

●初動

私は原発事故対策の初動がスムーズでないことに苛立《いらだ》っていた。

原子力事故対応の中心となるべき行政組織は原子力安全・保安院である。その保安院が初動において、現状の説明や今後の見通しについて何も言ってこないからだった。

私はこれまで厚生大臣（現・厚生労働大臣）や財務大臣を経験したが、各省の官僚は関係する分野の専門家であった。そして、大臣が指示する前から彼らは方針を検討し、それを大臣に提案するのが通常の姿であった。しかし今回の原発事故では、最初に事故に関する説明に来た原子力安全・保安院の院長は原子力の専門家ではなく、十分な説明ができなかった。その後も、先を見通しての提案は何も上がってこなかった。

私はやむなく、事故発生後の早い段階から、総理補佐官や総理秘書官を中心に、官邸に情報収集のための体制を作り始めた。

●燃え尽きない原子力発電所

原発は制御棒を挿入して核分裂反応を停止させても、核燃料の自己崩壊熱が出続けるため冷却を続けないと、原子炉の水が蒸発して空焚きの状態となり、やがてメルトダウンする。そこで、緊急停止した後も冷却しなければならないのだが、福島原発の場合、冷却装置を動かそうにも全電源が喪失し、冷却機能停止という深刻な事態となったのだ。

火力発電所の火災事故の場合、燃料タンクに引火しても、いつかは燃料が燃え尽き、事故は収束する。もちろん甚大な被害は出るが、地域も時間も限定される。危険であれば、従業員は避難すべきだし、消防隊も、これ以上は無理となれば撤退することもあり得るだろう。

だが、原子力事故はそれとは根本的に異なる。制御できなくなった原子炉を放置すれば、時間が経過すればするほど事態は悪化していく。燃料は燃え尽きず、放射性物質を放出し続ける。そして、放射性物質は風に乗って拡散していく。さらに厄介なことに、放射能の毒性は長期間にわたり、消えない。プルトニウムの半減期は二万四千年だ。

いったん、大量の放射性物質が出てしまうと、事故を収束させようとしても、人が近づけなくなり、まったくコントロールできない状態になってしまう。つまり、一時的に撤退して、態勢を立て直した後に、再度、収束に取り組むということは、一層の困難を伴うことになる。

報じられているように、事故発生から四日目の十四日夜から十五日未明にかけて、東電が事故現場から撤退するという話が持ち上がったが、それが意味するのは、十基の原発と十一の使用済み核燃料プールを放棄することであり、それによって日本が壊滅するかどうかという問題だったのだ。

●最悪のシナリオ

原発事故が発生してからの一週間は悪夢であった。事故は次々と拡大していった。

これは後に分かったことであるが、事故発生初日の三月十一日二十時頃、すでに一号機ではメルトダウンが起きていた。当時はまだ水が燃料の上にあるという報告もあったが、水位計自体がくるっていたのだ。翌十二日午後には一号機で水素爆発が起きた。十三日には三号機がメルトダウン、十四日にはその三号機で水素爆発。そして十五日、私が東電本店にいた午前六時頃、二号機で衝撃音があったと報告され、ほぼ同時に四号機で水素爆発が起きた。

私は最悪の場合、事故がどこまで拡大するか、「最悪のシナリオ」を自ら考え始めた。

事故発生後、米国は原発の五〇マイル（八〇キロ）の範囲からの退避を米国民に指示していた。多くのヨーロッパ諸国は東京の大使館を閉め、関西への移転を始めていた。

すべての原発の制御が不可能になれば、数週間から数カ月の間に全原発と使用済み核燃料プールがメルトダウンし、膨大な放射性物質が放出される。そうなれば、東京を含む広範囲の地域からの避難は避けられない。そうなった時に整然と避難するにはどうしたらよいか。

一般の人々の避難とともに、皇居を含む国家機関の移転も考えなくてはならない。

私は事故発生から数日間、夜ひとりになると頭の中で避難のシミュレーションを繰り返していたが、三月十五日未明、東電撤退問題が起きるまでは、誰とも相談はしていない。あまりにも事が重大であるため、言葉にするのも慎重でなくてはならないと考えたからである。

●原子力委員長の最悪のシナリオ

私自身が「最悪のシナリオ」を頭の中で考えていた頃から一週間ほど後、現地の作業員、自衛隊、消防などの命懸けの注水作業のおかげで最悪の危機を脱しつつあると思われた二十二日頃だったと思うが、細野豪志《ごうし》補佐官を通して、原子力委員会の委員長、近藤駿介《しゅんすけ》氏に、事故が拡大した場合の科学的検討として、最悪の事態が重なった場合に、どの程度の範囲が避難区域になるかを計算して欲しいと依頼した。

これが「官邸が作っていた『最悪のシナリオ』」とマスコミが呼んでいるもので、三月二十五日に近藤氏から届いた「福島第一原子力発電所の不測事態シナリオの素描」という文書のことだ。

これは最悪の仮説を置いての極めて技術的な予測であり、「水素爆発で一号機の原子炉格納容器が壊れ、放射線量が上昇して作業員全員が撤退したとの想定で、注水による冷却ができなくなった二号機、三号機の原子炉や、一号機から四号機の使用済み核燃料プールから放射性物質が放出されると、強制移転区域は半径一七〇キロ以上、希望者の移転を認める区域が東京都を含む半径二五〇キロに及ぶ可能性がある」と書かれていた。

私が個人的に考えていたことが、専門家によって科学的に裏付けられたことになり、やはりそうであったかと、背筋が凍りつく思いだった。

誤解のないように記すと、この「最悪のシナリオ」の数字、半径二五〇キロまでの避難とは、すぐに避難しなければならなかった区域という意味ではない。たとえ、最悪の事態となったとしても、東京からの避難が必要となるまでには、数週間は余裕があるという予測でもある。

●『日本沈没』が現実に

それにしても、半径二五〇キロとなると、青森県を除く東北地方のほぼすべてと、新潟県のほぼすべて、長野県の一部、そして首都圏を含む関東の大部分となり、約五千万人が居住している。つまり、五千万人の避難が必要ということになる。近藤氏の「最悪のシナリオ」では放射線の年間線量が人間が暮らせるようになるまでの避難期間は、自然減衰にのみ任せた場合で、数十年を要するとも予測された。

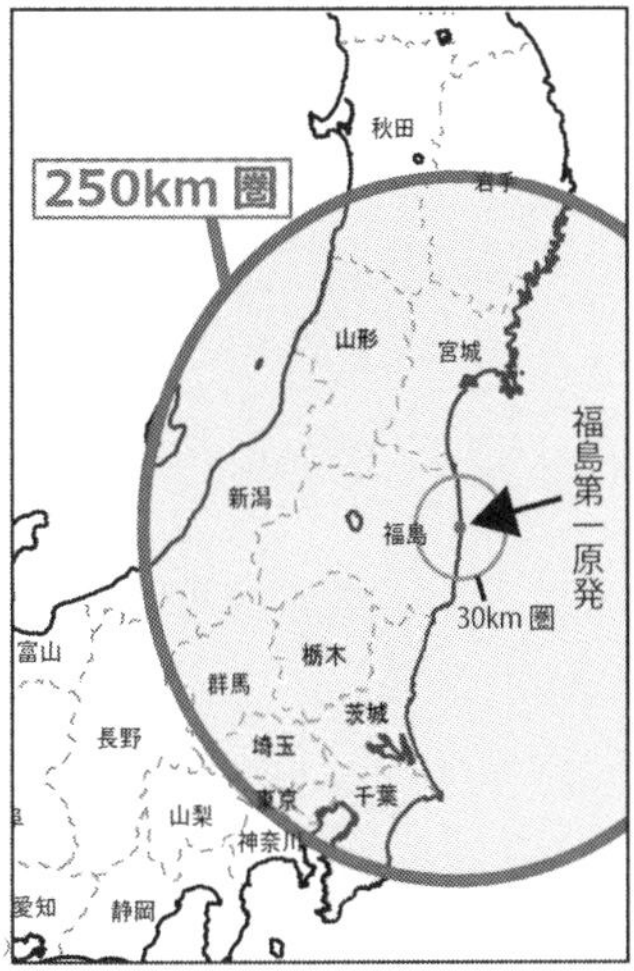

「最悪のシナリオ」の半径250km圏

「五千万人の数十年にわたる避難」となると、SF小説でも小松左京氏の『日本沈没』くらいしかないであろう想定だ。過去に参考になる事例など外国にもないだろう。

この「最悪のシナリオ」は、たしかに非公式に作成されたが、政治家にも官僚にも、この想定に基づいた避難計画の立案は指示していない。どのように避難するかというシナリオまでは作っていなかった。

つまり、「五千万人の避難計画」というシナリオは、私の頭の中のみのシミュレーションだった。

私の頭の中の「避難シミュレーション」は大きく二つあった。一つは、数週間以内に五千万人を避難させるためのオペレーションだ。「避難してくれ」との指示を出すと同時に計画を提示し、これに従ってくれと言わない限り、大パニックは必至だ。

現在の日本には戒厳令は存在しないが、戒厳令に近い強権を発動する以外、整然とした避難は無理であろう。

だが、そのような大規模な避難計画を準備しようとすれば、準備段階で情報が漏れるのも確実だ。メディアが発達し、マスコミだけでなくインターネットもある今日、情報管理は非常に難しい。これは隠すのが難しいという意味ではなく、パニックを引き起こさないように正確に伝えることが難しくなっているという意味である。そういう状況下、首都圏からの避難をどう進めたらいいのか。想像を絶するオペレーションだ。

鉄道と道路、空港は政府の完全管理下に置く必要があるだろう。そうしなければ計画的な移動は不可能だ。自分では動けない、入院している人や介護施設にいる高齢者にはどこへどのように移動してもらうか。妊婦や子どもたちだけでも先に疎開させたほうがいいのか。考えなければならない問題は数限りなくある。

どの段階で皇室に避難していただくかも慎重に判断しなければならない。

国民の避難と並行して、政府としては、国の機関の避難のことも考えなければならない。これは事実上の遷都となる。中央省庁、国会、最高裁の移転が必要だ。その他多くの行政機関も二五〇キロ圏内から外へ出なければならない。平時であれば、計画を作成するだけで二年、いや、もっとかかるかもしれない。それを数週間で計画から実施までやり遂げなければならない。

大震災における日本人の冷静な行動は国際的に評価されたが、数週間で五千万人の避難となれば、それこそ地獄絵だ。五千万人の人生が破壊されてしまうのだ。『日本沈没』が現実のものとなるのだ。

どうか想像して欲しい。自分が避難するよう指示された際にどうしたか。

引越しではないので、家財道具はそのままにして逃げることになる。何を持って行けるのか。家族は一緒に行動できるのか。どこへ避難するのか。西日本に親戚のある方は一時的にそこへ身を寄せられるかもしれない。しかし、どうにか避難したとして、仕事はどうする。家はどうする。子どもの学校はどうなる。

実際、福島第一原発の近くに住んでいた人々は、今、この過酷な現実に直面している。避難した約一六万人の人々は不安な思いで一日一日をおくっている。仕事、子どもの学校など将来の見通しが立たず、時間とともに不安が大きくなっていると思う。福島の人には、大変な苦労をおかけしている。もし五千万人の人々の避難ということになった時には、想像を絶する困難と混乱が待ち受けていたであろう。そしてこれは空想の話ではない。紙一重で現実となった話なのだ。

●さらに続く最悪のシナリオ

仮に、どうにか五千万人が避難できたとしても、「最悪のシナリオ」は終わらない。二五〇キロ圏内に数十年にわたり、人が住めなくなるという事態を想像して欲しい。

その地域で農業、牧畜、漁業に従事していた人々は、住むところだけでなく職も失う。工場で働いていた人々も、大企業の工場であれば、国外を含めた他の工場へ配置転換されるかもしれないが、町工場はそのまま倒産、失業だろう。個人商店も同様だ。デパート、スーパーなどの流通業も全国規模の会社であれば倒産は免れるかもしれないが、人員整理は必至だ。鉄道、電力、ガス、通信といった地域サービスを提供する会社も東日本では仕事がなくなる。

安定している職のはずの公務員はどうだろう。国家公務員は国家再建という大仕事があるので、忙しくなるだろう。失業対策の意味からも、公務員の雇用を増やせということになるかもしれない。だが、二五〇キロ圏内にあった地方自治体の職員はどうなるのか。概念として、○○県とか○○村は存続しても、住民も散り散りとなってしまえば、もはや自治体としての機能は失う。圏外の役所に間借りして、帰れる日のために最低限の職員が残ることになるのか。

避難した人たちの住宅の手当も必要だ。一千万戸以上の仮設住宅など、不可能である。ホテル、旅館、空き家、空き室を国が借りて提供するとしても限度がある。

そして、一千万人以上になるであろう失業者をどうするか。地震、津波被害の復旧という仕事も、その地域そのものが避難区域になるわけだから、もはや存在しない。

学校はどうなるのだろう。避難区域内にあった私立の学校は経営が成り立たなくなる。大学も同じだ。学生や教授は避難できても、実験施設などはそのまま残していくしかない。病人や高齢者を受け入れられるだけの病院や施設はあるのか。

避難区域外の企業としても、取引先が東京であれば、売掛金の回収が不可能になるし、今後の得意先を失うことになる。直接・間接を問わず、全業種・全企業に影響が出る。

経済の混乱は必至である。そうなれば、株の取引も停止するしかない。円も大きく下落するだろう。日本経済全体が奈落の底に落ちていくことになる。

東京の地価は暴落どころではないかもしれない。一方で大阪や名古屋は地価が高騰するかもしれない。土地の売買の停止も必要になる。こうなると、資本主義、私有財産という概念も否定せざるを得ない。

海外に移住する人も出てくるだろう。まさに、『日本沈没』に描かれている状況だ。

いったい、国はいくら支出しなければならないのか。その財源はどこにあるのだ。

さらに、二五〇キロ圏内が避難という事態とは、同時に大気と海によって世界中に放射能をまき散らしている状況になっていることも意味する。そのことへの国際的非難と賠償を求める声に、日本は国としてどう対応できるのか。東電という民間企業に責任をなすりつけることは許されないだろうし、だいたい東電が対応できる次元のことではなくなっている。

とても、ひとりでは考えられない規模のシミュレーションだった。

私の頭の中には、危機的状況が何度も浮かび上がった。

原発の重大事故は起きない。その前提に立って日本の社会はできていた。原発を五十四基も作ったのもその前提があったからだ。法律も制度も、政治も経済も、あるいは文化すら、原発事故は起きないという前提で動いていた。何も備えがなかったと言っていい。だから、現実に事故が起きた際に対応できなかった。

政治家も電力会社も監督官庁も「想定していなかった」と言うのは、ある意味では事実なのだ。自戒を込めて、そう断言する。

だが、私は事故が起きてからは、想定外だろうがなんだろうが、すでに起きてしまった現実からは逃れられないと覚悟を決めた。

●最高責任者としての悩み

二〇一一年三月十一日からの数週間、東日本は放射能という見えない敵によって占領されようとしていた。その敵は、外国からの侵略者ではない。多くの人にとって、そのような意識はないだろうが、日本が自分自身で生み出した敵なのだ。であればこそ、日本が自分の力で収束させなければならなかった。そのためには、犠牲者が出るのも覚悟しなければならない。そこまで事態は深刻化していった。

ソ連ではチェルノブイリ原発事故を収束させるために、軍が出動してヘリコプターから総計五千トンの砂や鉛《なまり》を投下して消火し、さらに半年ほどかけて「石棺《せっかん》」を作った。

最初の十日ほどの消火作業だけで兵士を中心とした作業員二百名以上が入院し、約三十名が急性被曝が原因で死亡したと伝えられるが、その後も含めて相当数の兵士が死亡したと言われている。何人の犠牲者が出たかは、ソ連という国柄もあり、よく分からない。決死の作業であったことは間違いない。しかし、日本においてソ連と同じような対応ができるのか。また、やっていいのか。

日本では、あの太平洋戦争までは「国のために死ぬ」のは当然のこととされ、戦争指導者は、沖縄戦などでは軍人だけでなく民間人に対してもそれを強制してきた。戦後は、その反省から日本は「国のために死ぬ」ことを国民に求めない国として生まれ変わった。そして「人の命は地球より重い」とされてきた。

しかし実際に起きた福島原発事故を前にして、果たしてその考えだけで対応できるのか。原発事故の収束に失敗し、大量の放射性物質が東日本全体に、さらには世界中に放出されることになった時、日本はそして世界はどうなるのか。多くの日本人が命を失い、社会は大混乱し、日本は国家としての存亡の危機に陥ることは間違いない。命が危ないからといって、逃げ出すことが許されるのか。

私は政治信条として「最小不幸社会」の実現と言ってきた。不幸の原因の最大のものは戦争であり、そして重大原発事故も多くの人を不幸にする。これを阻止するのは政治の責任である。そして実行するためには国民はそれぞれの立場で責任を果たすことが重要である。もちろん、政治家や公務員にはより大きな責任がある。そして原発事故においては、当事者である東電社員にもそれぞれの立場で責任を果たしてもらわなくてはならない。

内閣総理大臣である私は、最悪の場合死ぬ恐れがあると知りながら、「行ってくれ」と命令しなければならない立場にあった。

しかし「行ってくれ」と命令された人にとってはどうか。妻や子どもといった家族もあり、仕事としての責任と、夫として、親としての責任を果たすため危ない所に行きたくないという思いの板ばさみになるだろう。

三月十一日からの数日間は、次々と制御できなくなっていく原子炉、放射能という目に見えない敵と、どう戦ったらいいのか、どこまで戦えるのかを自問自答する日々であった。このような切羽詰まった問題が、現実として目の前に存在していた。

●東電撤退と統合本部

原発事故発生から数日間、事故の収束が見通せず、原子炉の制御不能状態が拡大する中で、私は、この原発事故を収束させるためには、自分自身を含め、たとえ命の危険があっても、逃げ出すわけにはいかないという覚悟を決めていた。しかし、原発事故対応の要となるべき行政組織、原子力安全・保安院からは何の提案も上がってこず、院長は二日目以降、ほとんど姿を見せなくなった。そうした時に東電撤退問題が起きた。

三月十五日午前三時、私が官邸で仮眠をとっていた時に秘書官から「経産大臣が相談したいことがあると言って来ています」と起こされた。そして海江田万里経産大臣がやって来て、東電の清水正孝《まさたか》社長から撤退したいという申し出があったと告げられた。

私は「撤退すれば日本は崩壊する。撤退はあり得ない」と思っていた。それは東電だけでなく、自衛隊や消防、警察についても同じ気持ちだった。民間企業である東電職員にそこまで要求するのは通常であれば行き過ぎであろう。しかし、東電は事故を起こした当事者であり、事故を起こした東電福島原発の原子炉を操作できるのは東電の技術者以外にはいない。事故を収束させることは、東電関係者抜きでは不可能だ。それだけに、たとえ生命の危険があろうとも、東電に撤退してもらうわけにはいかないのだ。

私は同時に、政府と東電の統合対策本部を東電本店内に設けることが必要と判断し、細野豪志総理補佐官を私の代わりに事務局長として常駐させることを決断した。事故発生後、この原発事故収束には、東電と政府が一体であたらなくてはならないのに、撤退問題といった重要問題でさえ意思疎通が十分でなかった。これは事故の収束作戦を進める上で、致命傷になりかねないと考えたのだ。そして、清水社長を官邸に呼び、「撤退はない」と言い渡し、また「統合対策本部を東電本店内に置く」ことを提案し、了解を取り付けた。

私は、統合対策本部を立ち上げるため、三月十五日午前五時三十五分、東電本店に乗り込んだ。「撤退」は清水社長だけの考えではなく、会長など他の幹部の判断も当然入っていたと考えたので、私は、会長、社長など東電幹部を前に、撤退を思いとどまるように説得するつもりで、渾身の力を気持ちに込めて次のように話した。

「今回の事故の重大性は皆さんが一番分かっていると思う。政府と東電がリアルタイムで対策を打つ必要がある。私が本部長、海江田大臣と清水社長が副本部長ということになった。これは二号機だけの話ではない。二号機を放棄すれば、一号機、三号機、四号機から六号機、さらには福島第二のサイト、これらはどうなってしまうのか。これらを放棄した場合、何カ月後かには、すべての原発、核廃棄物が崩壊して放射能を発することになる。チェルノブイリの二倍から三倍のものが十基、二十基と合わさる。日本の国が成立しなくなる。

何としても、命懸けで、この状況を抑え込まなければならない。撤退して黙って見過ごすことはできない。そんなことをすれば、外国が『自分たちがやる』と言い出しかねない。皆さんは当事者です。命を懸けてください。逃げても逃げ切れない。情報伝達は遅いし、不正確だ。しかも間違っている。皆さん、萎縮しないでくれ。必要な情報を上げてくれ。目の前のこととともに、十時間先、一日先、一週間先を読み、行動することが大切だ。

金がいくらかかっても構わない。東電がやるしかない。日本がつぶれるかもしれない時に撤退はあり得ない。会長、社長も覚悟を決めてくれ。六十歳以上が現地へ行けばいい。自分はその覚悟でやる。

撤退はあり得ない。撤退したら、東電は必ずつぶれる。」

これは同行した官邸の若いスタッフの聞き取りのメモを起こしたものである。

●反転攻勢

私が東電本店に滞在していた三月十五日六時頃、二号機原子炉の圧力抑制室（サプレッションチャンバー）付近で大きな衝撃音が発生したとの報告を受けた。過大な圧力のため、サプレッションチャンバーの一部に穴が開いたものとみられる。格納容器全体が破壊されていれば、最悪の展開になっていた。

東電の対応はすべて後手に回っていた。特に東電本店は、ロジスティックの面で機能せず、バッテリーなど必要な機材さえ、事故発生から数日経っても現場に届いていなかったことが、テレビ会議の検証から分かってきた。統合対策本部ができてからは自衛隊や警察の協力が得やすくなり、大きく改善された。

放射能に一方的に攻め込まれた原発事故に対して、反転攻勢の動きが始まったのは、統合対策本部が立ち上がった翌日、自衛隊が注水のためにヘリを飛ばした三月十六日からだ。十六日は上空の線量が高かったため、注水を見送ったが、十七日は決死の覚悟で注水を実施した。これを契機に、自衛隊をはじめ消防、警察など、日本を救うため命懸けで頑張ろうと士気が高まった。米国、特に米軍の中に自衛隊が先頭を切ってやるなら全面的に支援しようという機運も高まった。

さらにベント（排気）によるのかそれとも穴が開いたことによるのか、まだはっきりしない点もあるが、原子炉内の圧力が低下したことで、注水が可能となった。その結果、原子炉の冷却ができるようになり、温度が徐々に下がり、原発の安定化に向かった。

●神のご加護

もし、ベントが遅れた格納容器がゴム風船が割れるように全体が崩壊する爆発を起こしていたら、最悪のシナリオは避けられなかった。

しかし格納容器は全体としては崩壊せず、二号炉ではサプレッションチャンバーに穴が開いたと推定されている。原子炉が、いわば紙風船にガスを入れた時に、弱い継ぎ目に穴が開いて内部のガスが漏れるような状態になったと思われるのだ。その結果、一挙に致死量の放射性物質が出ることにはならず、また圧力が低下したので外部からの注水が可能となった。

破壊を免れることができたのは、現場の努力も大きかったが、最後は幸運な偶然が重なった結果だと思う。

四号機の使用済み核燃料プールに水があったこともその一つだ。工事の遅れで事故当時、四号機の原子炉が水で満たされており、衝撃など何かの理由でその水が核燃料プールに流れ込んだとされている。もしプールの水が沸騰してなくなっていれば、最悪のシナリオは避けられなかった。まさに神の御加護があったのだ。

こうして「最悪のシナリオ」は遠ざかり、具体的な避難計画の立案を指示するという事態にまでは至らず、「五千万人避難のシミュレーション」は私の頭の中に留まった。

しかし、その後現在に至るまで、私の脳裏には常に五千万人の避難という「最悪のシナリオ」は居坐り続けている。

●日本崩壊の深淵をのぞく

総理退任後、「よりによって自分が総理の時にこんな大事故が起きるなんて運が悪いと思いましたか」と訊かれたことが何度かある。

私は運がいいとか悪いという感覚はなかった。嘆きもしなければ、これで名を上げてやるというような気負いもなかった。ただ、「これは運命だ」と思っていたのである。

運命だから逃げることはできない。そう自分に言い聞かせていた。

事故発生時から、常にチェルノブイリのことが頭にあったので、本書を執筆するにあたり、私と同じように地獄絵を見たはずの政治家、ソ連のゴルバチョフ氏の『回想録』を手に取ってみた。そこに書かれていることは、私が体験したことと酷似していた。

何カ所か引用したい（『ゴルバチョフ回想録』上巻、工藤精一郎・鈴木康雄訳、新潮社）。

「最初の数日われわれにはまだ十分な情報がなかったが、この問題は劇的な性格の問題となり、結果は非常に重大なものになるかもしれない、と直感的に感じとった。」

「私が知らされていることから判断して、人々の運命に対して誰かが無責任な態度をとったのではないかと疑うつもりはない。もし適切になされなかったことがあるとすれば、それは知らなかったためである。それが最大の理由である。政治家ばかりか、学者や専門家たちまでも事故への適切な対応の準備ができていなかったのだ。」

「極度に否定的な形をとって現れたのが、所轄官庁の縄張り主義と科学の独占主義にしめつけられた原子力部門の閉鎖性と秘密性だった。私はこのことについて一九八六年七月三日の政治局会議で言った。『われわれは三十年間あなたたち、つまり学者、専門家、大臣から原発はすべて安全だと聞かされてきた。あなたたちも神のごとく見てほしいというわけだ。ところがこの惨事です。所轄省と多くの科学センターは監督外におかれていたのです。全システムを支配していたのは、ごますり、へつらい、セクト主義と異分子への圧迫、見せびらかしと、指導者を取巻く個人的、派閥的関係の精神です』」

ほとんど日本の現状と同じである。この事故から五年後に、ソ連は崩壊した。私とゴルバチョフ氏は同じように重大な原発事故の深淵をのぞいたにもかかわらず、原発の将来については、まったく異なる結論に達した。

ゴルバチョフ氏が原発は不可欠とする判断に立ったのとは反対に、私は脱原発を決意した。

●原発問題は哲学である

三・一一の福島原発事故を体験して、多くの人が原発に対する考えを述べている。

原発をめぐる議論で思い出すのは、昨年（二〇一一年）の第一回の復興構想会議冒頭に、哲学者の梅原猛さんが、今回の原発事故は「文明災だ」と看破されたことだ。

原発問題は単なる技術論でも、経済論でもなく、人間の生き方、まさに文明が問われている。原発事故は間違った文明の選択により引き起こされた災害と言える。であれば、なおさら、脱原発は技術的な問題というよりも、最終的には国民の意思だ。哲学の問題とも言える。

私自身も、三・一一原発事故を体験し、人間が核反応を利用するのは根本的に無理があり、核エネルギーは人間の存在を脅かすものだと考えるようになった。

ギリシャ神話に「プロメテウスの火」という有名な話がある。私は小学生の頃から父親から何度もこの話を聞いて育った。火を知らない人類に、プロメテウスが火を教えてやった。すると、ゼウスが「人類に火を与えると、大きな禍《わざわい》を生む原因になる」と怒り、プロメテウスはゼウスによって岩山にくくりつけられ、ワシに体をついばまれ、一生苦しみを味わった――そういう話だ。私の父親は、技術系のサラリーマンであったが、若い頃は文学青年だったようだ。この話を何度か聞く中で、私はこの「プロメテウスの火」をコントロールするのが政治の役割だと考えるようになった。

そして、私が政治家になるきっかけの一つは核兵器というものの存在だった。一九五七年、世界中の科学者や哲学者が集まったパグウォッシュ会議が創設された。その会議で、核開発を反省したアインシュタイン、ラッセル、湯川秀樹らが結束して、核廃絶に動いた。この会議のことを学生時代に知り、科学技術は人間の幸せを予定調和的にもたらすものではないことを改めて認識した。

科学技術の進歩は蓄積されるが、人間一人ひとりの能力はそんなに進化しない。そこに生じるギャップゆえに、科学技術は制御不能になることがある。核兵器の開発などは、ネズミがネズミ獲りを作ってしまったような自己矛盾だ。そこが個性による作品である芸術と違うところだ。科学技術を取捨選択する英知を人間が発揮できるか――これが、私にとって若い時からの課題だった。

私が政治に携わる原点がここにある。東工大という理系の大学でありながらも政治に関心を抱き学生運動をしたのも、卒業後市民運動を始めたのも、政治家になったのも、科学技術が持つ矛盾をどうにかしたいとの思いがベースにあった。

●人間との共存

人間など地球上の生物は太陽の恵みを受けて存在している。人間が利用してきたエネルギーは地熱を除き、元は太陽エネルギー由来だ。太陽のエネルギーも、もともとは核融合という核エネルギーだという意見もあろう。しかし太陽は地球から約一億五千万キロ離れており、この距離が放射能を弱め、太陽の核反応による放射能は地球上の人間にはほとんど影響がない。見方を変えれば、人間を含む地球上の生物は、太陽からの距離によって弱まった放射能と共存できるもののみが生まれ、そして存続していると考えるべきだ。

自然に存在する太陽と異なり、この数十年の間に人工的に地球上に作り出された核エネルギー発生装置、核兵器と原発は、人間と共存できるものなのか、深刻な矛盾を人間世界に突き付けている。私は人類が滅亡するとしたら、核が原因となると考えている。科学技術の発達が人間の存在を危うくしている矛盾がここにある。

私としては、何としても脱原発だけは実現させたい。それが、福島原発事故を総理として経験した政治家としての義務であると考えている。

●「菅おろし」

東電福島第一原発の事故が最悪の事態をどうにか脱したとホッとしていたら、今度は「菅おろし」が始まった。二〇一一年四月二十九日の予算委員会で、この事故での「東電の免責はない」と答弁し、五月六日に中部電力に浜岡《はまおか》原発の停止要請をすると、私を辞めさせようという動きが活発になった。

五月二十日には安倍晋三氏が自身のメールマガジンで「三月十二日の海水注入を菅総理が止めたの

で、メルトダウンした」という趣旨のことを書き、翌朝の読売新聞と産経新聞も同じことを報じた。これはまったくのデマだった。

そのデマ情報をもとに自民党は国会で私を責め立てた。五月下旬のフランスでのサミットから帰国すると、自民党が内閣不信任決議案を出し、それに小沢一郎氏のグループが賛成する動きが出ていた。不信任案が通れば解散か内閣総辞職だ。解散も考えないではなかったが、自民党に政権を戻してはいけないと考え、鳩山氏と会い、「一定のめどがついたら若い人に譲る」ということで理解してもらった。造反して不信任案に賛成したのは二人で、小沢氏ほか数名が欠席しただけだった。

「一定のめどがついたら」の「一定」がいつまでなのかも問題にされたが、私としては何月何日までと区切ることには意味がなく、何がどこまで進むかが大事だと考えていた。脱原発の道筋を作るのが最大の課題で、具体的には再生可能な自然エネルギーで発電した電力の固定価格買取制度の実現を目指した。この法案は偶然にも三月十一日に閣議決定して国会に提出していたものだった。

●八月六日・広島での挨拶

八月は核と戦争と平和を考える月だ。この年は史上最悪の原発事故を経験した直後だったので、六日の広島での原爆死没者慰霊式並びに平和祈念式では、事故に触れないわけにはいかなかった。総理大臣の式辞として次のように述べた。

六十六年前、ここ広島を襲った核兵器の惨禍を、人類は決して忘れてはならず、二度と繰り返してはなりません。私は、日本国政府を代表し、唯一の戦争被爆国として、究極的な核兵器廃絶と世界恒

久平和の実現に向け、日本国憲法を遵守し、非核三原則を堅持することを誓います。（略）
　核兵器の悲惨な実態を将来の世代に語り継いでいくことは、我が国が世界に果たすべき歴史的な役割です。昨年、この式典で、私は「非核特使」の派遣を提唱しました。本日までに、広島で被爆された延べ十七名の方々が、地球一周証言の航海に参加されるなど、世界各地で、核兵器の悲惨さや平和の大切さを発信していただきました。非核特使の皆様の献身的なご協力に感謝申し上げます。また、被爆者の方々の協力を得て、被爆証言を外国語に翻訳し、世界各国に紹介する取組も始めました。核軍縮の機運を高めていく上で、市民の皆様の熱意と関心は欠かすことができません。皆様と共に、核軍縮・不拡散教育に関する活動を世界に広げてまいります。（略）
　本年三月十一日に発生した東日本大震災は、東京電力福島原子力発電所に極めて深刻な打撃を与えました。これにより発生した大規模かつ長期にわたる原発事故は、放射性物質の放出を引き起こし、我が国はもとより世界各国に大きな不安を与えました。
　政府は、この未曾有の事態を重く受け止め、事故の早期収束と健康被害の防止に向け、あらゆる方策を講じてまいりました。ここ広島からも、広島県や広島市、広島大学の関係者による放射線の測定や被ばく医療チームの派遣などの支援をいただきました。そうした結果、事態は着実に安定してきています。しかし、今なお多くの課題が残されており、今後とも全力をあげて取り組んでまいります。
　そして、我が国のエネルギー政策についても、白紙からの見直しを進めています。私は、原子力については、これまでの「安全神話」を深く反省し、事故原因の徹底的な検証と安全性確保のための抜本対策を講じるとともに、原発への依存度を引き下げ、「原発に依存しない社会」を目指していきます。

今回の事故を、人類にとっての新たな教訓と受け止め、そこから学んだことを世界の人々や将来の世代に伝えていくこと、それが我々の責務であると考えています。

結びに、原子爆弾の犠牲となられた方々のご冥福と、被爆された方々並びにご遺族の皆様の今後のご多幸を心からお祈りし、併せて参列者並びに広島市民の皆様のご健勝を祈念申し上げます。核兵器による惨禍が二度と繰り返されることのないよう、核兵器廃絶と世界恒久平和の実現に、全力で取り組んでいくことを改めてお誓い申し上げ、私のあいさつといたします。

そして八月二十六日に民主党の両院議員総会で、私の代表辞任が承認され、翌二十七日に代表選挙が公示された。前原誠司、馬淵澄夫《まぶちすみお》、海江田万里、野田佳彦、鹿野道彦の五氏が立候補し、二十九日の両院議員総会で野田佳彦氏が代表に選出され、三十日に内閣総理大臣に指名された。野田内閣の発足は九月二日でこの日をもって私の内閣は終わった。

九月三十日まで臨時国会が開かれ、その翌日、私は二年間行けなかったお遍路を再開した。

第九章　未完の日本改革　2011-2013

●民主党、政権を失う

野田内閣になってからも、民主党政権への批判はさまざまな局面で強まった。最大の政治課題は消費税増税で、民主党・自民党・公明党との三党合意は実現したものの、民主党内で小沢グループを中心に反対の声が高まっていた。小沢氏は二〇一二年七月、五十人の議員を引き連れて離党した。

二〇一二年九月に民主党は代表選となり、野田首相の他、赤松広隆、原口一博《はらぐちかずひろ》、鹿野道彦の四氏が立候補し、野田首相が大差で再選された。一方、自民党も総裁選となり、安倍晋三氏が勝った。

衆議院の任期は二〇一三年夏までだったが、十一月十六日に野田首相は衆議院を解散し、総選挙は十二月十六日投票となった。

私は久しぶりに地元選挙区にはりついて闘った。民主党全体への逆風に加え、私個人にとっても逆風は強く、厳しい選挙となり小選挙区では負けてしまい、比例で復活当選となった。二〇〇九年は一六万票だったが、今回は半分以下の七万三九四二票だった。

しかし、勝った自民党の土屋正忠氏も落選した前回よりも四〇〇〇票近く減っていた。もちろん民主党と総理大臣だった私への批判から、この得票になった現実は認めなければならない。だが、この結果の一因は野党が乱立したからでもある。東京十八区では、私と土屋氏の他に、前回、民主党の神奈川県の選挙区から出て比例復活していた横粂勝仁《よこくめかつひと》氏が離党して無所属で出て四・四万票、日本維新の会の候補が二・九万票、小沢一郎氏が作った日本未来の党の候補が一・五万票、共産党の候補が一・三万票を取った。もし横粂氏と未来の党が出ていなかったら、結果は変わっていただろう。

この後、自民党一強・安倍一強時代が続くが、私の選挙区の例で分かるように最初から自民党が絶対的に強かったわけではない。しかし民主党は五十七議席と惨敗した。野田首相は代表を辞任し、代表選では海江田万里氏が選ばれた。自民党は二九四議席と圧勝し、安倍晋三氏が総理大臣に復帰した。

一九九三年に初めて与党になったときも三年で野党に戻ったが、今回もまた三年で野党になった。

●お遍路結願

二〇一二年は通常国会が九月上旬まであり、その後もいつ総選挙になるか分からない状況だったので、お遍路には行けなかった。一三年になり、七月の参院選が終わってから出かけることにした。この参院選も民主党は四四議席から一七議席に減らした。

私は九月二十二日に最後のお遍路の旅に出て、二十九日に八十八番の大窪寺《おおくぼじ》に着いて、結願した。達成感というか満足感があった。

二〇一五年に出版した『総理とお遍路』にこう書いた。

「七転び八起き」という言葉がある。私も何度となく挫折し、また起き上がってきた。何度目かの挫折の時に出会ったのが「歩きお遍路」であった。

四国の歩きお遍路は、政治一色に染まっていた私の人生に心を豊かにしてくれる恵みを与えてくれた。
お遍路を思い立つ最初のきっかけは、東大阪市の司馬遼太郎記念館を訪れ、『空海の風景』を手にしたことから始まる。それまで空海について何も知らなかった私は、司馬さんの描く空海に強く魅かれた。

二〇〇四年春、私は社会保険庁の手違いによる「年金未納」で民主党代表を辞任に追い込まれ、その直後、年金変更の手続きをした妻・伸子が、年金未納問題のストレスでくも膜下出血を起こし倒れた。この二つの出来事がお遍路を決意する直接のきっかけとなった。

私は二十代半ばから市民運動にかかわり、一九七四年の市川房枝さんの選挙応援をしたのが政治に本格的にかかわる契機となり、その後三十年あまり家庭をほとんど顧みることもなく、政治活動一色の生活を送ってきた。そうした時に、不本意な代表辞任と妻の病気が重なった。幸い妻が後遺症もなく快復したこともあり、一度人生を見つめ直したいと考えて、お遍路に出る決心をした。

お遍路では徳島県、高知県、愛媛県、香川県と四国の四県をほぼ海岸に沿って一周する。途中には厳しい山道もあり、歩くのが大変なところもあるが、それも修行と考えると気持ちが引き締まる。海や山の美しい景色の中を歩くのは楽しい。

そして何よりも楽しく、うれしいのは、いろいろな人に出会うこと。私に道が間違っていることを伝えるためにわざわざ自転車で追いかけてきてくれたご婦人、遠くから声をかけ、自宅でおいしいスイカを「お接待」してくださった人、うわ

2013年9月29日、お遍路結願。

さを聞いて追いかけてきた元全共闘の活動家、会社を辞めた後に故郷に戻ってお遍路宿を始めた人、温かく迎えてくれたご住職……数え上げればきりがないくらい多くの人に出会った。

さらには全国からたくさんの手紙も受け取った。なかには亡くなったご主人が大切にしていた『空海全集』を送ってくださった方もいた。みんな歩きお遍路をしていなければ縁のなかった人ばかりだ。一生に残る思い出となった。

二〇〇四年七月、妻が退院し、参院選が終わった直後に最初の歩きお遍路の旅に出たが結願するまで、結局足掛け十年の旅となった。

政権交代までは毎年のようにお遍路に出かけたが、二〇〇九年の政権交代の前後三年間はとてもお遍路に出かける時間的余裕はなかった。総理を退任した二〇一一年十月から再開し、二〇一三年九月の七回目の旅で八十八カ寺を周る結願を果たした。

お遍路を続けたこの十年間は、日本にとっても私の政治生活にとっても激動の十年であった。お遍路を始めて五年目の二〇〇九年に民主党による政権交代が実現し、七年目の私が総理在任中の二〇一一年に東日本大震災と福島原発事故が発生した。

もともと政治家の家系に生まれたわけでもなく、小さな市民運動からスタートした私が総理大臣になったこと自体が奇跡であった。そして世界史上最も過酷な福島原発事故が起きた時に、私が総理であったことはいまでは天命であったように感じている。大学で原子力を含む応用物理を学び、チェルノブイリやスリーマイル島事故の報告書を読んでいた私が総理として福島原発事故対応に直接あたったことは、偶然とはいえ、お遍路を続けていた私に対するお大師さんによる「天の配剤」であったように思う。

激動の政治活動とお遍路という、まったく異質な空間と時間を同時並行で旅できたことは、私にとってかけがえのない経験であったことは言うまでもない。

●市民運動、再び

最後のお遍路となった二〇一三年の旅は、愛媛県での伊方《いかた》原発反対運動の集会に出た後に、始めたものだった。福島の事故後、私は脱原発へと政策転換させた。原発反対運動は、毎週金曜日に官邸前抗議行動をするまでになっていた。

市民運動と議員との役割分担という、初当選の頃にやっていたことが、今度は市民運動と総理経験者という関係で、再構築されることになった。

このことについては、社会学者の小熊英二《おぐまえいじ》・慶應義塾大学教授から長時間にわたるインタビューを受け、『現代思想』二〇一三年三月号（特集　大震災七〇〇日　漁師・サーファー・総理大臣…それぞれの現在）に掲載された「官邸から見た三・一一後の社会の変容」の一部を抜粋したい。小熊氏の取材を受けたのは民主党が政権を失った直後の、二〇一三年一月二十五日である。

小熊教授のことは『民主と愛国』という本の著者として知っていたが、総理退任後に共通の知人がいて紹介された。このインタビューでも触れられているが、二〇一二年春から、脱原発運動は盛り上がりを見せ、官邸前での抗議活動が続いていた。小熊教授はその運動に近く、野田首相と会えないだろうかとの打診があり、私が仲介役となって、首相官邸に脱原発運動をしている人を招いての面会を実現させた。

こういう形で、小熊教授とは信頼関係を構築していたので、この長時間インタビューに応じ、浜岡原発への運転停止要請、脱原発宣言、再生可能エネルギーの固定価格買取制度など、総理在任中にやれたこと、退任後の、脱原発運動をどう見ていたかなどを語った。

小熊教授は学者だが、運動の現場にも出ていくタイプだ。民主党結党後の私は、市民運動の現場へ行く機会も少なくなっていたので、市民運動サイドの人と、こんなにも長く深く対話をしたのは、若い頃を思い出させてくれた。

官邸から見た三・一一後の社会の変容

（『現代思想』二〇一三年三月号）

●エネルギー政策の全面的見直しについて

最悪の事態がありうることを考えれば、安全な原発の使い方とは、やはり「使わない」ということしかない。これは割と早い時期に、事故の大きさを鑑みて判断したことです。どうすれば大丈夫なのかといった技術的な側面から考えるのではなく、国一つが存亡の危機に陥るような、あまりにも巨大なリスクをカバーできる安全性などあり得ないという判断から、原発を使わない道を進むべきだと思い至りました。それで順次、具体的な実現作業へと入っていったわけです。

再生可能エネルギーには従来から関心をもっていました。CO_2による地球温暖化問題に関しても、日本の場合は化石燃料からのエネルギー転換が原発促進に繋がってしまいましたが、風力や太陽光発電に移るという選択肢もあるわけで、そういった再生可能エネルギーを促進すべきだと、政権交代以前から考えていました。事故前の一時期は、原発も過渡的には利用すべきだと考え、原発推進のエネルギー基本計画を認めていましたが、とくに固定価格買取り制度については、その前段階となるRPS法から一〇年間取り組んできましたが、その効果は上がらず、再生可能エネルギーのウェイトは増えませんでした。なぜ増えないのかということは、かなり議論もしてきました。政権交代前に経団連とCO_2をめぐって議論をしたとき、当時の経団連副会長であり、東電社長・電気事業連合会長でもあった勝俣恒久氏から、風力や太陽光のような不安定な電力はとても使えないと、非常に否定的に言われたことを覚えています。

そういった意味での下地は私の中にあったということです。原発という選択肢をなくすためのもっとも重要な代替策は再生可能エネルギーであり、それを支える制度的仕組みとして固定価格買取り制度があることは認識していました。しかし三月十一日に閣議決定していたのはいわば偶然で、あとから思い出したというところです。

固定価格買取り制度については三月十一日の午前中の閣議決定を経て、法案を出しました。当然ながらそれまでの手続きに則って法案提出まで至ったわけで、私が独断で行ったものではありません。

エネルギー基本計画の白紙検証については、議論するまでもなく明白であろうと認識しておりました。基本計画には二〇三〇年に総電力の五二パーセントを原発で賄《まかな》うと書かれています。そのためには原子炉を十数基新設することを含め、原発を更に増やすことが必要でしたが、それを計画通りに行うことは誰の目からみても不可能だった。ですから、基本計画を白紙から再検討することについては、議論して至ったというよりは、私が当然のことだという思いのもとで発言したことです。

閣議や審議会を経て結論に至ったわけではありませんが、少なくとも私と官房長官や副長官とは、エネルギー基本計画を従来通り進めることは無理だという話をしていました。これは微妙な言い方に聞こえるかもしれませんが、雰囲気としては、もはや誰もが同じ計画は無理だと思っている、という感じでした。そして、私はそのような認識のもとに動いたわけです。ですから厳密な手続きは取っていませんが、少なくとも主要閣僚の間には共通認識があったと思います。

●七月十三日の「脱原発依存」発言について

これはこれまでの政治のルールから若干はみ出していたかもしれませんが、私は大きな方向性を示すことも総理の仕事の一つだと考えていました。会見では「脱原発依存」という言葉を使って、今後は原発への依存度を従来よりも下げていく方向に進むべきであるという提起をしたのです。これは手続きや調整を経て、具体的な年限や数値目標を掲げたわけではない。いわば問題提起であり、それを示すのも総理の役目だと思っていました。

ですからこの提起については、どこかで決めたのかといった手続き的な視点から問われれば、閣議決定などはしていません。そのために、十五日の閣議では、総理としての考えを述べたという意味で、「個人」という限定的な表現を認めたわけです。

しかしそれは、十三日の私の発言の否定ではないのです。それから一週間ほど経って、国家戦略室のなかに新設された「エネルギー・環境会議」で、私の宣言とほぼ同じ文面が了解されました。「脱原発依存」という言葉はありませんが、「原発の依存度を縮減する」というほぼ同一の意味の表現が使われました。このエネルギー・環境会議も閣僚会議ですから、最終的には私が出した方向性が、事実上の閣僚の合意として了解されたわけです。

先ほどから述べているように、私にとってはエネルギー基本計画の見直しは当然のことだったし、脱原発依存の提起についても、総理としてのリーダーシップだと思ってやりました。それを政策につなげていく作業はまた別ですが、方向性を示すリーダーシップは必要だと思います。しかしそれが、「独走」という批判に繋がることもあったのでしょう。

●「海水注入を止めた」報道について

（五月二十一日に産経新聞と読売新聞が、菅首相が福島第一原発一号機への海水注入ストップの命令を出し、それが事故を深刻にしたと報じた）

その報道を目にしたときは、訳がわかりませんでした。自分自身にはまったく心当たりがないものですから、いったいどうしてこのような記事が出るのかと思いました。

後になって調べ直したところ、話の出所は東電でした。東電のマスコミ担当が各社に流したわけです。ある大手新聞は、検証のための取材をしたところ事実と違っていることがわかり報道しなかったそうです。一方で、東電の言い分をそのまま記事にしたのが産経と読売だったのです。

この報道は三つの点でまったく事実と異なります。まず、私が「止めろ」と言ったことですが、海水注入が始まっていることを知らない人間が「止めろ」と言うはずがありません。次に、事実として注入は止まっていない。吉田所長は本店とのテレビ会議では、フェローの指示に従って止めると言いましたが、現場では彼独自の判断で注水を続行させていたのです。最後に、注入を止めたためにメルトダウンが起きたという非難がありましたが、一号機のメルトダウンが起きたのは、その件があった前日の十一日です。この報道がされた時点では、そうした前後関係は明らかになっていたはずです。

いずれにしても、この報道は明らかに私を狙っていました。東電はマスコミと同時に自民党の政治家に流しました。安倍晋三氏は自身のブログで私を批判しましたが、彼もこれは複数のところから入手した情報だと言っています。

●再生可能エネルギー促進法案

目処がついたら退陣すると宣言した際には、実は言葉にはしませんでしたが、「社会保障制度と税の一体改革」のことも念頭にありました。不信任案によって民主党に多数の造反が出て内閣機能が事実上停止し、そうした難しい案件の議論が進まなくなることを危惧していたので、一定の目処がついたら若い人に譲ると言ったわけです。

この発言によって私の退陣への流れが決まりましたが、他方では時間を稼ぐこともできるようになりました。その時間で、できたことはいくつかあります。わかりやすく目立ったのは固定価格買取制度の導入を明示した再生可能エネルギー促進法案なのですが、「社会保障制度と税の一体改革」の成案をまとめることもできたわけです。

再生可能エネルギー促進法案は、さまざまな力学の中で決議までこぎつけました。自民党の中にも法案推進派がいましたからね。ただ、当時は自民党から退陣の時期を明確にしろという声がひっきりなしに出ていましたから、この法案を退陣の三条件の一つとして挙げて、法案成立にいたるまで乗り切ったことは事実です。

六月十二日のエネルギーシフトジャパン主催の「総理・有識者オープン懇談会」で「菅の顔をこれ以上見たくなければ再生可能エネルギー法案を通せ」と発言しましたが、前段があります。場所は失念しましたが、孫正義さんも参加されたエネルギーシフトに関する集会がありました。そこに私も参加したのですが、会の最後にもう一回挨拶をしろと言われて、盛り上がっていた雰囲気に煽られて

「もう最近私の顔を見たくないという人がいるんでね……」と言ってしまった（笑）。そのことを十二日の懇談会でも繰り返したのでしょうね。

●反原発運動の高まりについて

意識したのは、六月のエネルギーシフトジャパンの懇談会からですね。あの集会には、そういった外の動きがあることを意識して出席しました。総理という立場で集会に出ることは、一般的に難しいことです。そのことは感じていましたから、その会に出たことは非常に大きな決断でした。それ以外にどういった動きが起こっているか細かくは知りませんでしたが、田坂広志さんの企画で二度にわたって行われた懇談会は、官邸主導でこちらから発信するかたちをとったわけですから、その時期には外を意識していました。

私はそれ以前から、原発反対の運動や国民世論が相当に高まっていることは意識していました。二〇一一年夏には、私が「原発解散」に踏み切るという噂が流れましたが、噂が出ること自体、原発反対にむかう国民的な流れが広く認識され、その流れに私が乗るのではないかという警戒心が高まっていたことの表れでしょう。私からすれば、そうやって警戒をしてくれることは、ある意味で政権が生きている証拠です。警

2015年、川内原発再稼働阻止のゲート前行動に参加。

戒されなくなれば、もうすぐ終わると考えられているということですから。

一つには、震災によって延期されていた東北地方の選挙が八～九月頃にはできるようになったので、マスコミは解散が近いのではないかと喧伝《けんでん》したとも考えられます。実際に、原発反対の高まりを踏まえ、場合によっては「原発解散」をしたらどうかと私にアドバイスをくれたスタッフや議員がいたことも確かです。

七月十三日の宣言でも、「脱原発依存」という表現について、脱原発の世論の高まりを意識しながら、相当考えました。世論の高まりを考えると、もっと激しい言葉もありえたのですが、その後の各界の調整を考えるとあまり先走りできない。いろいろな人に相談しながら、ぎりぎりのところを「脱原発依存」という言葉で表現しました。これは今考えてもぎりぎりの表現ですね。例えば「原発からの撤退」と言うと言いすぎですが、あまり柔らかく言うとインパクトがない。「脱」と「依存」を組み合わせて、依存から脱するとした。時間をかけた脱出もありうるという幅を持たせた表現にして、半ば国民世論の支えに乗るかたちで発言をしたということです。

安倍さんも、自民党総裁選でその言葉（「脱原発依存」）を使っていますからね。

●官邸前抗議行動について

それは意識していました。総理を辞めてからのほうが気持ちも自由になりましたので、いろいろな動きがどうなっているか意識していました。

ただ、大飯《おおい》原発の再稼働問題に関心が集まったことには複雑な思いでした。抗議自体がよいか悪いかというよりも、私が考えていた脱原発のあるべき姿とは、違ったかたちの展開だったのです。

私が「ロードマップの会」を作ることにしたのも、あるべき脱原発の姿を実現させたいという思いからでした。どういうことかといえば、たとえばドイツでは、三・一一後の半年ほどでいろいろな検討や手続きを行い、二〇二二年までに国内の原発をすべて止めるというロードマップを発表しました。私もまた、いつまでに原発をすべて停止するのか、またどういった段階を経て停止するのかというロードマップを作り、それを政策的に実現していくことが、脱原発の本来の姿だと考えていたのです。

そう考えていたので、一つの原発をいま再稼働するかどうかというのは、長期的な展望のなかに位置づけられるべきことであって、それほど重要な問題とは思えなかった。わかりやすい争点なのでしょうが、そればかりが注目された展開には戸惑いがありました。

その戸惑いは今でも若干残っています。選挙によって政権が代わりましたが、再稼働を絶対に認めないことは、全原発を即時廃炉にすることと、実質的には同じです。原発を即時ゼロにすることの是非は議論されてしかるべきですが、個別の原発の再稼働が悪いということと、原発を即時ゼロにすることの間には、若干の議論のギャップが存在します。多くの人は原発ゼロを望んでいる。しかしながら、即時ゼロが電力会社の経営問題その他で難しいならば、ある程度の段取りを踏まえてそれを実現しなくてはならない。世論の多数は、政治にはそのためのロードマップを作り、着実にそれを実現してほしいという考えであると私は認識しています。しかし再稼働に絶対に反対となれば、結果的にそれは即時ゼロとイコールであって、ロードマップは必要なくなってしまう。

違和感と言いましたが、それは活動に対しての違和感ではないのです。繰り返しますが、再稼働のほうが焦点になりすぎて、本来の意味での脱原発へのロードマップが、後景化していたことに引っかかっていたのです。四月から「脱原発ロードマップを考える会」を組織し動き出したのも、そのためでしたからね。

●野田総理との会談について

（小熊氏の質問「民主党の「脱原発ロードマップを考える会」と超党派議員の「原発ゼロの会」、そして官邸前抗議の主催者代表の間での対話会が、七月三十一日に議員会館内で開かれることになった。二〇一一年六月の懇談会でも、そういう対話の試みをしたが、運動側とのコミュニケーションを取ることを考えられていたのですか」）

そうですね。いろいろな声をしっかりと聞きたいと考えていました。平素からいろいろな所へ話を聞きに行くのが嫌いではありませんし、総理を辞めた後でも一定の影響力は及ぼすことができますからね。良い機会だと思って小熊さんからの打診に応じさせていただいたのです。「原発ゼロの会」を加えたのは、超党派の方が主催者側も来やすいだろうし、こちら側も話を聞きやすいと思ってのことでした。

（小熊氏「その対話会の席上、ぜひ総理に意見を言いたいという代表たちの要望があり、八月二十二日に、菅さんの仲介で首相官邸での代表と野田総理との面会が実現したことについて」）

野田総理に関しては、彼が民主党の代表選に出た段階から、次の総理になる人間として支えていこうという姿勢でいました。しかし前総理が現総理に対して表だって口を挟む姿は、あまり美しくありません。ですから何か助言があれば、周りに伝わらないようにダイレクトに通していたのです。もちろん反映されなかったこともありますが、いくつかの方法を通して意見自体は必ず伝わっていました。そうしたかたちで、月に数回はアドバイスをし、場合によってはその返事も聞いていました。その一つとして、原発をめぐる社会的な動きに対して、何らかの前向きな対応をしたほうがいいという意見を伝えたところ、比較的すんなりと了解を得ることができたわけです。

私にとっては八月末、民主党内に設けられたエネルギー環境調査会が大きなウェイトを占めていました。実はそれ以前から、当時の輿石東《こしいしあずま》幹事長との間で、私がエネルギー問題に取り組む上での運動本部を作りたいという話を何度かしていました。さらに遡れば、輿石幹事長から、鳩山由紀夫最高顧問に外交、北澤俊美副代表に安全保障、私にはエネルギー問題についてかかわってもらうことで、全党一致して事にあたりたいと言われたことがありました。そうした経緯から、「脱原発ロードマップを考える会」をやりながらも、原発とエネルギー問題について、党内の運動本部的な場を作れないかと思っていたわけです。

前原さんは当初、それは政策に関わる問題であるから政調および政府の問題であるとして、党内で運動化することには抵抗されていた。しかし最終的には、政調会長である前原さん自身が調査会を作り、私にも入ってほしいという依頼を受け、エネルギー環境調査会に入りました。また調査会の役員会にも参加することになり、短い期間ではありますが、そこで非常に激しく濃密な議論を重ねました。その結果として、「二〇三〇年代に原発稼働ゼロを可能とするよう、あらゆる政策資源を投入する」という提言が生まれたのです。そのプロセスが、当時の私自身の活動の最も大きな部分を占めていました。

その過程で、官邸前の盛り上がりがありました。しかし他方では、党内で強烈なブレーキがかけられたのです。ブレーキをかけたのは電力業界に近い労働組合に支えられた議員たちでした。これは外からは見えないことですが、党内議論では彼らはものすごく頑張るのです。しかし外に対しては黙っている。

●人々と政治の距離

少し話題がずれますが、最近のポジティブな話として、年間自殺者が三万人を切ったというニュースがありました。その過程ではNPO「ライフリンク」の清水康之《やすゆき》さんのような方に、内閣参与として、市民運動やNPOの動きを行政につなげていただいたのです。

このような、大きくは組織化されないけれども大きな力を持つ動きは、原発問題以外にも根強く存在します。そういった市民的な力は、昔とはちがう現在的な意味を持ちながら、再び大きくなっていると感じています。同じく参与をされていた湯浅誠さんの活動もその一部でしょう。

そうした市民的な力が、政策決定の土俵に足を踏み入れつつある。しかし他方では橋下徹《はしもととおる》大阪市長の人気に見られるように、弱い人同士が対立しあうことを煽る構造もある。

そういった状況のなかで、民主党という政党が、運動のかたちをとった脱原発の声も、NPO的な運動も、受け止められるような政治集団として次の段階に行けるのか。また、世代的に三〇〜四〇代の若手議員たちが、それを受け止められるのか。それがこの先の数年の期待でもあり、不安でもあります。

一般的に見れば、国会や政党はいまだ距離がある存在でしょう。昔の党は「この考え方で集まれ」という集団であったし、党とは本来的にそうした性格を有するものかもしれません。しかし、社会的公共財としての政党を考えると、「国民にとってこういう機能を果たす党が必要だ」という目的によって集まる党もあるべきだと思います。そして、その意味での党こそ現在必要とされていると思います。さまざまな立場の人たちにとって、どういう機能を党は果たせるのか。そういうことを感じ取りながら、市民の運動をビルトインしつつ、つなげていけるような党をどうやって作れるのか。それが、私が「政治の側」の当事者として、現在の政党に期待することです。

そして、政党と市民の間のキャッチボールに、できるだけいろいろな人が、濃淡は別として参加してくれることを願っています。民主党に限らず、現在の政党というのは、特殊な経歴の人間だけが集まる場所ではなくなりつつあります。ある意味では普通の人の集団なのです。「普通の人たち」が作っている政党のあり方について、政党の外にいる「普通の人たち」から「それは違うのではないか」と意見が出る。そして実際に自分たちで動いていく。これが参加のかたちだと思います。一六万五〇〇〇の署名が五〇〇〇の組織票に負けるのはおかしい。その一六万五〇〇〇人に、既存の組織の人の一〇分の一でも参加してほしい。ボランティアの活動などでは進みつつある市民参加が、政治・政党・選挙のなかに一歩でも半歩でもつながってくれれば、政治の性格も変わっていくはずです。

●原発ゼロの決意

野党に戻ってからは、政治テーマを「脱原発」にしぼり、日本のみならず、世界各地へ出かけ、福島の事故について語ってきた。脱原発の運動をしている市民運動の人たちとの交流も深まった。

二〇一二年十一月十日には、新宿歌舞伎町の「ロフト」というライブハウスでのトークイベントに出て、原発について語った。これは『菅直人「原発ゼロ」の決意』（七つ森書館）に収録されている。この本には二〇一三年十一月の「現代を聞く会」での講演、国会の原発事故調査委員会での議事録も収録した。同世代の歴史作家・岳真也《がくしんや》氏とも『脱原発党宣言』（みやび出版）という対談集を出した。

チェルノブイリやフィンランドのオンカロの視察もしたし、海外にもかなり出かけた。『東電福島原発事故　総理大臣として考えたこと』のドイツ語版が出版され、二〇一五年十月にはドイツのフランクフルトで開催された国際ブックフェアに呼ばれ、講演もした。

友人である橘民義《たみよし》氏が製作した映画『太陽の蓋《ふた》』は、総理官邸の視点から原発事故を描いたものだが、世界各地で上映会が開催され、私もフランスなどに出かけて、事故について語った。

すべての原発を廃炉にするには国有化したほうがいいと考え、そのスキームを考えたが、残念ながら、法案提出にはいたっていない。

原発と火力発電に替わる自然再生エネルギーとしては、営農型太陽光発電（ソーラーシェアリング）

2015年、ウクライナへチェルノブイリ原発の視察。

2017年、匝瑳メガソーラーシェアリング第一発電所落成式に、小泉元首相、細川元首相と。

に注目し、その普及を訴えている。農地の上に屋根のように太陽光パネルを設置し、農業を営みながら発電するものだ。農地の上に直接、太陽光パネルを敷き詰めるのではなく、柱を立てて地上数メートルのところに設置する。日光は真上からのみ当たるわけではないので、太陽光パネルがあっても地面に届き、これまでと同じように、コメや野菜を育てることができる。すでに実用化が進んでいる。

日本のすべての農地の上に太陽光発電設備を設置すると、理論上は、年間消費電力の二倍の発電が可能だ。原発も火力発電所も不要になる。石油も原発の燃料のウランも輸入に頼っているが、太陽光は「国産」だし、原料コストはゼロだ。経済的にも、原発よりもはるかに安く発電できる。

●立憲民主党の結党

二〇一四年の総選挙でも自民党が勝ち、民主党は海江田代表が落選してしまった。私もこの時も小選挙区では落選し、比例復活で午前三時頃に当選が決まるという結果だった。

民主党は二〇一六年三月に民進党となって同年の参院選に挑んだが、改選議席四三が三二議席になってしまった。岡田克也代表は九月に辞任した。蓮舫《れんほう》氏が代表となったが、一七年九月に辞任し、前原誠司氏が後任となった。

そして一七年の総選挙の直前に、前原代表が小池百合子都知事の希望の党と合流する方針を発表した。しかし小池氏は「民進党の候補者全員を希望の党に入れることはない、安全保障政策や憲法観の違う者は排除する」と発言し、リベラル派を入れないことを示唆した。その小池氏が排除する議員のリストが出回り、そこには私の名もあり、枝野幸男氏の名もあった。

枝野氏は立憲民主党を立ち上げ、私も参加した。この二〇一七年の総選挙では私は小選挙区で勝つことができた。

その後も野党の合従連衡《がっしょうれんこう》は続いた。野党が分裂している間は自民党政権は安泰だった。だが、二〇二〇年になるとコロナ禍が世界を襲い、日本も例外ではなかった。安倍政権の対応は迷走としか言いようのないもので、ついに安倍氏は健康問題を理由にして退陣した。

総裁選では安倍政権で官房長官だった菅義偉《すがよしひで》氏が勝ち、総理大臣になったが、一年後の二〇二一年秋の総裁選挙に出ることができず退陣、岸田文雄氏が次の総裁となり、衆議院を解散し総選挙で勝利した。

二〇二一年の選挙でも私は小選挙区で勝利し、これで十四回連続当選となった。自民党の候補は、民主党にいた長島昭久氏だった。いろいろ事情はあるのだろうが、長島氏は自民党に移り、党の指示でこの選挙区に移ってきた。これには負けるわけにはいかない。私は市民選挙の原点に戻り、多くのボランティアスタッフとともに、選挙戦を闘った。その結果での勝利だったので、嬉しかった。私個人にとって、この選挙のテーマは「集大成」でもあった。

●未完の日本改革

二〇二一年は東日本大震災と原発事故から十周年だったので、私は『原発事故10年目の真実』（幻冬舎）という本を二月に出し、八月には民主党政権を私なりに検証した『民主党政権　未完の日本改革』（ちくま新書）を出した。安倍晋三氏は「悪夢の民主党政権」と言っていたが、それは安倍氏にとってての悪夢であり、国民にとってはどうだったか。

マニフェストに書いたことが守れなかったとのイメージが強いが、守れたことのほうが多いことを記した。『民主党政権　未完の日本改革』の「はじめに」にはこう書いた。

民主党は二〇〇九年の総選挙で、子ども手当、高校無償化、農家への戸別所得補償などをマニフェストに掲げ、実現してきた。そのほかにも、介護保険制度の充実をはじめ、福祉、教育、子育て、雇用などの分野では多くの政策を実現できていた。

予算編成の透明化、外務省の密約の解明など情報公開も進めた。公文書を隠蔽し、改竄《かいざん》させてきた安倍政権とは大違いである。

また、政治主導を掲げ、各府省での政務三役がチームとなって行政にあたり、国家戦略室・行政刷新会議といった新組織では民間人も登用した。一方、官僚を使いこなせなかったと批判され、そういう面もあったかもしれない。だが、人事権をちらつかせて、恫喝まがいの態度で官僚を意のままにし、忖度《そんたく》させ、隠蔽にまで加担させてきた安倍晋三・菅義偉政権の官僚の使い方がいいとは誰も思わないだろう。

一方で消費税増税をめぐり党内が分裂し大量の離党者を出すなど、党内ガバナンスに未熟だったのも否定できない。そういう「政局」になると、マスメディアも競って大きく扱うので、党内でもめてばかりいたとの印象を持つ方も多いだろう。

こちらのPR不足もあったが、多くの政策が実現し、何よりも従来の政官業の癒着構造による政権運営とはまったく異なる手法で多くの改革が実現したことを伝えられなかった。

●原発ゼロへ

原発ゼロに向けて、二〇一八年三月に、立憲民主党・自由党・日本共産党・社会民主党は「原発廃止・エネルギー転換を実現するための改革基本法案」を提出したが、自民党は審議にすら応じようとしていない。

岸田政権は、老朽原発の再稼働を認めるなど、完全に原発へ回帰した。私はこれはまさに犯罪的だと考えている。二〇二三年四月二十六日、衆議院経産委員会では政府提出の「GX脱炭素電源法（脱炭素社会の実現に向けた電力供給体制の確立を図るための電気事業法等の一部を改正する法律案）」の採決が行なわれたが、それに先立って、私は立憲民主党を代表して反対討論に立ち、次のように述べた。

> 亡くなられた安倍晋三元総理の祖父である岸信介元総理は、東条英機内閣の商工大臣だったとき、太平洋戦争開戦の詔勅に署名し、戦後、A級戦犯容疑で逮捕、収監されました。
>
> いま、原発を推進していこうという趣旨の法律を成立させることは、約八十年前にアメリカと戦争をすることに賛成したのと同じぐらい、後になって犯罪だと批判される政治判断であると言わざるを得ません。
>
> 二〇一一年三月の東京電力福島第一原発事故のとき、私は内閣総理大臣として、この国に暮らす人の命と財産を守る責務を持つ立場の人間でした。刻一刻と変化していく事故の状況の報告を受け、東日本壊滅、つまりは日本壊滅を覚悟いたしました。
>
> これは私だけではありません。現場の責任者である吉田所長も、国の原子力行政を担う原子力委員会の近藤委員長も、東日本壊滅を覚悟したのであります。

どんなに安全基準を厳しくしても、どんなに事故を起こさないように努力しても、地震国である日本で、この先何十年にもわたり、原発が地震や津波の被害に遭わない保証はありません。むしろ、地震に遭う確率の方が高いのです。

飛行機事故、鉄道事故、高層ビルの大火災、石油コンビナート火災などの大災害と、原発事故とは根本的に異なります。それは、ひとたび大事故が起きたら、誰にも制御できなくなるということです。私は、原発事故の恐怖を身をもって感じました。日本壊滅のイメージが頭から離れず、眠れない夜を過ごしました。

だから、私は脱原発に舵《かじ》を切ったのです。私の内閣のこの決断を、多くの国民は支持をしてくれました。当時は自民党も、脱原発には反対しなかったではないですか。

約二年間にわたって原発による発電がゼロだった期間もありましたが、日本のどこにも大停電は起きませんでした。原発ゼロでもやっていけることは、すでに実証がされています。

東京電力福島第一原発事故を教訓に定められた原子力規制の柱である、重大事故対策の強化、バックフィット制度、四十年運転規制、そして規制と利用の厳格な分離について、これに変更を迫る立法事実は存在しません。これを堅持しなければなりません。

ウクライナ戦争を受けてエネルギー事情は大きく変化しており、世界は再生可能エネルギーへのシフトを加速化しています。

武力攻撃の目標となる原発は、その存在自体が国家安全保障上のリスクであるとの認識も広がっています。

それなのに、今回の原子力基本法改正は、原子力産業への支援が「国の責務」として詳細に規定され、原発依存を固定化するものとなっています。

たしかに、地球温暖化も深刻な問題で、火力発電にいつまでも頼れないことも事実です。だからこそ、再生可能エネルギーを推進すべきなのに、自民党・公明党の政権は、それを怠ってきた。そのツケを、原発を再び推進することで払おうとしている。それが、この法案の本質ではないでしょうか。子どもや孫に借金を残してはいけないのと同じように、子どもや孫に原発を残してはいけないのです。

くしくも、三十七年前（一九八六年）の今日、四月二十六日は、チェルノブイリ原発事故が発生した日です。今後十年、二十年の間に、天変地異や有事で、老朽原発の事故が起きたときに、子や孫から、このような法律を成立させたために、あなたがたに責任があると批判されても、反論できません。大臣として太平洋戦争開戦に賛成した岸信介氏が、戦犯容疑で逮捕されたように、この法律に賛成する人は、未来に対する罪を犯したことになる、このように私は考えます。

私は、未来への責任を持ちたい。だからこそ、この法律には反対です。

●不出馬宣言

二〇二二年は参院選があった。二一年の衆院選で立憲民主党は大阪で全滅した。よく見ると、自民党も全滅していた。大阪は維新が強いとは知っていたが、これほどとは思わず、私は改めてこの政党がどんなものかを調べて、「インチキ政党」と名付けた。カジノも万博もそれ自体が間違っている。さらに核を保有すると言い出すし、国民全員に七万円を配り年金や生活保護は廃止するなど、財源のあてもないことまで言って惑わしている。コロナ禍で大阪府は全国最多の死者を出しながら平然としている。所属議員の不祥事も多い。「身を切る改革」で議員定数を削減しているが、減らしていくと議会が民意を反映できなくなる。

こんな政党に国政を任せることはできない。維新が議席を増やしても、自民党の補完勢力に過ぎない。なんとしても、勢いを止めなければならないと思い、『維新を斬る』と題した小冊子も作り、配布した。そして党執行部に申し出て、参院選の大阪特命担当になった。残念ながら、大阪選挙区では立憲民主党は議席を得ることはできなかった。

二〇二三年秋の臨時国会が開会すると、一部の新聞が、私が次期衆院選には立候補しないと報じ、私はそれを認めた。不出馬を決めたのは、私自身の体力的な問題もあるが、昨今の国会を見て、少子化、エネルギー、AIといった今後の課題に取り組むには、政界全体の世代交代の促進が必要だと考えたのも、大きな理由だった。

最大の支援者であり同時に「家庭内野党」でもある菅伸子も、「もうこの辺りでいいんじゃないの」と言っており、これは「総理大臣までやって、ご苦労さまでした」という意味だと解釈している。原発ゼロなど、実現できていない課題もあるが、議員ではなくなっても、政治活動は続けられる。次の世代にバトンタッチしたいと考えたのだ。

まだ解散になってもいないのに発表したのは、選挙区である東京十八区の事情もある。区割りが変更となり、これまでの府中市が外れ、西東京市が加わった。自民党はすでに元官僚の若い女性を擁立し運動を始めており、たとえ私自身が立候補したとしてもかなり厳しい選挙になると予想された。この選挙区で立憲民主党の「戦うリベラル」の旗を若い世代に引き継いでもらうためには、次の候補者を早く明確にすべきで、そのためにも私自身が立候補しないことを伝えたほうがいいと判断したのだ。

「老兵は死なず、ただ消えゆくのみ」という言葉がある。私もたしかに喜寿を迎え老兵である。だが、まだ死なないし、消えるつもりもない。国会議員ではなくなっても、最後の瞬間まで市民政治家であるつもりだ。

あとがき

二十代に、市川房枝さんの選挙を手伝って以来、半世紀が過ぎました。振り返ってみて、「長かった」とか「短かった」というよりは、いろいろあった、という思いを抱いていています。大きなことでは、新しい政党を作り、政権交代を実現し、私自身が総理大臣を経験しました。土地問題、薬害エイズ、原発ゼロ、再生可能エネルギーの普及など、常にテーマを掲げながら活動してきました。

多くの方からいただいた、ご支援・ご協力に心から感謝申し上げます。

二〇二四年一月

菅直人

「書く人」としての菅直人――編集にあたって

中川右介

「集大成をしたい」と菅さんの秘書・菅源太郎さんから相談を受けた私は、即座に「本を作りましょう」と言いました。「思い出は美化され、自慢になりがちだし、記憶が曖昧になっていることもあるだろうから、いっそのこと、これまでに書いたものを集めてみてはどうか」とも提案しました。

私は出版の世界にいるので、菅さんの「書く人」としての面をよく知っていますが、一般の人はそうでもない。おそらく、「朝日ジャーナル」「世界」「文藝春秋」「中央公論」という、日本を代表する四つの雑誌すべてに書いた政治家はほかにいません。さらに、単著だけでも十冊を超え、何冊かはベストセラーになっています。そんな政治家は、石原慎太郎氏を除けば、ほかにいません。菅直人は隠れたベストセラー作家でもあるのです。

菅直人は「行動の人」であると同時に、「書く人」でもありました。だからその「書く政治家」としての足跡もまとめておくべきだと考えたのです。

何か思いついたら、その人がやる――それが「菅直人の市民選挙」でした。四十数年前、学生だった私が参加した菅さんの選挙では、学生たちも選対会議に参加し、思いついたことを自由に言っていました。そして「それはいい。中川君、やってみて」となる。その結果、私は毎晩、選挙実務の仕事のあとに、「なんだ　菅だ」という選対内広報紙を作っていたのです。

私と菅さんとの関係は、四十年が過ぎたいまも同じです。提案したからには自分でやらなければならない。幸いにも、菅事務所には菅さんがこれまでに発表した論文はもちろん、インタビューや取材された記事が全て保管・整理され、そのリストもありました。そこから厳選したのが、この本に収めた論文です。ここにあるのは、氷山の一角でしかないのです。当初は、選んだ論文をまとめるだけでいいかなとも思ったのですが、筑摩書房の松田健氏とも話し合い、回顧録のなかに論文を入れていくことになり、こういう形になりました。

論文を読み返し、五十年が過ぎても自民党の金権体質が変わっていないことにも驚きましたが、菅直人の見通しの確かさも驚きでした。自民党に替わる野党を作らなければだめだと言い続け、そういう野党を作ってしまったのも、また驚きです。そして本当に政権交代を実現し、総理大臣になってしまった！

現代の政治は、暴力でも金の力でもなく、言葉が武器のはずです。菅直人は言葉の力で闘ってきた。この本はその闘いの記録でもあります。

厚い本にはしたくなかったので、肝心の論文は巻末に小さな文字で収めることになりましたが、ぜひ、じっくりと読んでください。

編集作業をしながら、いまの若い政治家で、これだけの質と量の文章を書ける人はいるのだろうか、こういう論文を書ける人にこそ政治家になってほしいと、思いました。

以上、思っただけでは伝わらないので（これも、菅さんから教わったこと）、蛇足と分かりながら、この一文を記します。

A　否定理論からは何も生まれない（37ページの続き）

では、私たちの変革のための政策とは何か。

その第一は、企業による「政治の買い占め」を禁ずることである。

許せぬ「政治の買い占め」

企業にとって政治権力はきわめて魅力的存在である。巨額の財政支出、法人税の特別措置、各種許認可事項など政策決定の内容は企業の経営に大きな影響を及ぼす。企業目的の達成という点から見れば、こうした政策決定に企業の意思を反映させようと経営者が努力するのは当然とさえいえる。

しかし、もし企業のこのような行動を野放しに許したらどうなるか。その結果がロッキード事件で一部明らかになった「構造汚職」である。大企業はその経済力にものをいわせて企業目的に沿った政策決定を促すため政治権力を日常的に買い占めてきた。企業の政治献金はまさに自民党および一部野党を介しての政治権力買い占めの対価なのである。

企業の政治献金を法人の営業活動の自由の観点から肯定する議論がある。しかし、これは法人の営業活動と政治活動を混同した議論であり、個人の政治意思を代表しない企業の政治活動が民主主義の原則に反していることは明らかである。

民主主義の原則は国民一人一人の政治的意思に基づいて政治的選択を行うことにある。だから選挙権、被選挙権といった狭義の「参政権」が個人（自然人）に限定されることはもちろん、政治的選択に影響するあらゆる政治活動（政治献金を含む）を行いうる広義の「参政権」も本来個人に還元され得るものでなくてはならない。

団体であっても個人の政治意思を集団化し代表する機能が保障されている団体（例えば、任意参加の政治団体）は、その集団化された政治意思の範囲で個人に代わって政治活動を行うことは容認されるべきである。

しかし、営利を目的とする企業に個人の政治的意思を代表させる機能は予定されておらず、全く保障されていない。現在、企業の政治献金は企業経営者によって決定され、企業の必要経費（無税扱い）として支払われている。本来企業は株主によって所有され、株主が経営者に経営を委託するという制度である。しかし、日本の大半の大企業には所有者的個人株主は存在せず、企業側での株の持ち合い比率が高く、加えて小量の株を所有する大株主が存在する形になっている。そのため企業経営者は大株主たる他の企業の経営者の了解さえあれば、多数の小株主の意思は無視することができる。経営陣の人事も実質上経営者自身が決定し、株主総会では形式的に決議されるだけである。この形式を踏むための株主総会さえも総会屋に取り仕切られ、一般株主は発言すらできないというのが現実である。

このように株主による経営者の選任および経営権の委託は形式的であり、しかも限定された経済目的について委託するだけで、株主個人の政治意思を経営者に代表させるものでないことは明らかである。

また従業員との関係においても、経営者は経営権の一環としての人事権、命令権を持つが、決して従業員の政治意思を代表するものではない。

このように企業経営者は個々の株主や従業員の政治意思を代表する機能は全く備えておらず、経営者によって決定される企業の政治献金は企業目的のみを体現する政治活動である。こうした企業の政治活動は相対的に個人の政治活動の効果を弱め、結果として個人の参政権を制限することを意味し、民主主義の原則に全く反する行為である。

企業の政治活動を野放しにすれば、企業はその巨大な経済力、情報収集力、人材によりすべての人間をその支配下におきかねない。

この意味で企業の政治献金は単に政治家のモラルの問題ではなく、民主主義の根幹にかかわる問題である。企業による政治支配を防ぐため、米国でも企業の政治献金は厳しく禁止されている。日本でも企業の政治献金は禁止すべきであるし、また禁止することにより、初めて現在の政党の金権腐敗体質を一掃することが可能になると考える。

利益誘導の根を絶て

その第二は、地方分権を推進することである。

黒色、灰色議員の立候補に対する地元の反応として「地元利益に貢献してくれた人」ということがよく出てくる。現在の政治制度のごとく、橋一つ、学校一つつくるにしても中央での決定を必要とする中央集権化した制度のもとでは、地元利益を代議士を通して主張しようとするのは、ある意味で当然である。こうした地元利益還元型議員に対する地元の支持に関し、有権者の意識の低さを問題とする多くの主張が見られる。確かに地元利益の還元が後援会などと結びつき、利権屋集団を形成している現状に対し、地元民の批判を望む点では全く同感である。しかし、地元利益還元型政治そのものに対する批判を地元民に要求するのはいささか酷である。逆に代議士が地元利益還元型になる原因に目を向けるべきであろう。その原因はまさに中央集権化した日本の行政制度のあり方にある。

わが国では明治以来の中央集権官治型制度により地方自治体の権限は低くおさえられている。そのなかでは、学校、県道の建設といった本来地方自治体の権限に属するとされている事柄についても、補助金という形で財源を通して実質上中央に支配されている。

もし、各自治体が財政的に中央から独立し、その範囲内で具体的事業の内容や優先順位の決定がそれぞれの自治体にまかされていればどうなるであろう。代議士が個々の事業に関与できる割合は小さく、また地元民にとっても個々の事業について代議士に工作を依頼する必要もなくなる。

このように地域住民の生活に関係深い事柄は、財源を含め、できるだけ自治体にまかせ、国政では自治体相互間の格差などを「ナショナル・ミニマム」という観点から判断し、是正してゆく方向がとられるべきである。

こうした地方分権の推進は、単に地元利益還元型政治体質を払拭するためだけでなく、地域の実情と要求に即して社会資本、社会的サービスの充実を行うためにも、ぜひ必要である。

これまで中央政府の自治体支配を許してきた原因の一つに、「中央官僚信仰」がある。確かに理論研修と権限を与えられて、実践トレーニングを繰り返す中央官僚の職業的優秀性は否定できない。しかし、地方自治体においても財源を含む大幅な権限移譲が行われれば、自治体職員の仕事は一層魅力を増し、中央官僚に劣らない優秀なスタッフが育つ条件はある。こうしたスタッフの協力のもと市民自治が実現すれば、地方都市は経済的にも文化的にも魅力的な存在となり、巨大都市からの人口の分散も自然に進行するはずである。

市民が動き出さねば……

変革のための、私たちの第三の政策は、行政の公開である。今回のロッキード事件の中でも、トライスターの導入やＰＸＬ国産化の白紙還元という政策決定が、どの時点で、誰によって、どういう理由に基づいてなされたのかが大きな問題となっている。こうした行政の政策決定過程を必要に応じて明らかにできるよう、行政に対する議員や委員会の監査権を強化させることが必要である。

また、多くの市民運動がつき当たる問題に、行政に対する要求や提案が無視されるということがある。積極的な提案も議会への陳情や行政に対する一方的申し入れに終わることが多い。こうした陳情や申し入れに対し、行政が判断を示すことはきわめてまれであり、市民を国政から遠ざける一因ともなっている。

市民からの積極的政策提案を生かしてゆくためには、国会議員に認められた国政調査権、質問権の活用をはかることが重要である。政府は国会議員から提出された文書による質問（質問主意書）に対し一週間以内に文書で返事することが法律で義務づけられている。この質問主意書で、市民運動などからの積極的提案を含む質問を行うことにより、行政（政府）への直接的提言が可能となり、またそれに対する政府の公式見解を引き出すことができる。

具体的提案を通して行政の意見を聞くことにより、積極的な形での行政の公開、いわゆるオープン・ガバメントが可能となる。これらの制度を十分活用するためには、一人一人の議員がしっかりした政策スタッフを持ち、政策立案のトレーニングをつむことが必要となる。このことは、政府の提案する法案を審議するだけの現在の国会を、議員提案＝市民提案による真の立法機関としてつくり直してゆくことにもなる。

私たちのグループ自体の力は既成政党や労組に比べて圧倒的に弱い。また今日表面に現れている市民政治勢力はまだ小さい。しかし、その背後には六〇年代以降の市民運動を通して直接間接にトレーニングされた幅広い市民層の存在がある。こうした幅広い市民が動き出す時にはじめてロッキード事件を生んだ現在の政治体質を変えうる政治的転換が可能となるであろう。

（37ページに戻る）

B　いまこそ宅地解放を訴える（80ページの続き）

二、抜本的土地政策

■都心、郊外、農地

それでは、こうした大都市の土地問題を解決するにはどうしたらよいか。まず、土地を考えるにあたって、それぞれ性格の異なる都心のビル用地、郊外の住宅地、純農地の三つに明確に区別し、大都市の外の純農地は大都市の土地問題とは直接には無関係といえるから、ここでは考慮の対象からはずしておく。

その上で大都市の土地問題の抜本的解決のために、私は三大都市圏についてつぎの五つの政策を同時並行的に実施することを提案したい。

(1)地価の自己申告制の導入
(2)土地増価税の導入
(3)土地保有税の適正化
(4)起債の自由化による公有地の拡大
(5)土地行政の一元化

■地価の自己申告制

第一は「地価の自己申告制」の導入である。それは三大都市圏の市街化区域内の土地（農地を含む）所有者に、自分の所有する土地の価格を自己申告してもらい、その価格を固定資産税の課税基準とし、さらに売却時の値上り益（譲渡益）にかける土地増価税の基準ともするというものである。これによって土地所有者は、地価を実勢価格より低く申告して固定資産税を低く抑え、売却時に高率の土地増価税を納めるか、あるいは予め地価を実勢近くに申告し、実勢価格に応じた固定資産税を納め、売却時の土地増価税を低く抑えるかのどちらかを選ぶことになる。

この制度の下で農業を続けたい人は、それが可能となるような低い価格で申告すればよいことになる。だがその場合、売却時の高額の増価税は覚悟しなければならない。

また、これまでに比べて極端な過小申告を防止するため宅地については、申告価格に一定の選択ゾーンを設けることは考慮されてよい。

なお、制度導入後購入した土地については購入価格を申告価格とみなし、申告価格は物価上昇率の範囲内で三年程度の間隔で変更を認めることとする。

■土地増価税

第二に、「土地増価税」を新設する。「土地増価税」は、土地の売却時に、売却価格と申告価格の差益を値上り益とみなし、累進的に課税しようというもので、従来の譲渡所得税と同様の性格をもつが、課税の仕方が大きく異なる。つまり、売却価格が申告価格以下ならゼロ、一〜二倍なら差益の七〇パーセント、二〜三倍なら八〇パーセント、三倍以上なら九〇パーセントといったように累進的に課税する。本来、都市の土地の値上りは所有者の努力とは無関係な社会的理由によるもので、値上り益を土地所有者に還元することはかえって「不当利得」を許すことになるからである。土地増価税によって自然増価分は大半社会還元されることになり、値上りを目的とした土地所有は無意味となる。

■土地保有税の適正化

第三に、土地保有税の適正化が考えられねばならない。土地保有税（固定資産税、都市計画税、特別土地保有税）は、農地や宅地といった地目とは無関係に申告価格を基準として課税する。ただし土地所有者自身の居住する宅地三〇〇平方メートル程度までは、例えば年三〇〇円／平方メートル程度の定額に軽減する。そうすれば、都心に長年居住している人が、高額の固定資産税のために立ち退きを余儀なくされる事態は避けられる。

保有税適正化について最大の反対論は都市において農業ができなくなってしまうという主張であるが、この主張は本格的営農を前提とする場合と、農地を環境保全のための緑地や空閑地と見る二つに分けられる。後者の環境保全については公有地の拡大による公園等の拡充が本筋で、それは後に述べるように十分可能である。

実際の営農については、職業の自由は当然認められるべきである。しかし、そのため農業収益に見合った水準に保有税を大幅に減免し、他方売却時は宅地価格で莫大なキャピタルゲインを得ることを認めている現行の制度は、土地を持たない人や小規模の自宅用地のみしか持っていない人に比べて余りにも大土地所有者を優遇しており、不公平となっている。

本制度導入後も長期に本格的営農を継続する意志のある人は、低い地価申告をするか、あるいは資産価値に応じた税負担をした上で園芸的農業を営むことのいずれかを選択することになるであろう。また、農地を公有地として買い取り、市民菜園といった形の教育、レジャー型農業を拡げることも可能である。

なお自己申告によって申告価格が実勢に近づけば、固定資産税の現行の税率一・四パーセントは相当程度下げるべきであろう。

■公有地の拡大

第四は、公有地拡大の推進である。地価の自己申告と税制の組合せにより、現行の「営農の意志」による農地の宅地並課税の骨抜きは大幅に改善され、宅地や公共用地の供給が促進されよう。その場合、自治体が行う行政区域内の土地購入の資金に充てるための起債については、国の許可を不要とし、積極的に公有地を拡大して公園などの充実を図るようにしていくことが重要である。公有地の拡大に関しては、現在でも起債の特別枠が認められ、都市計画区域内の先買い権も認められている。しかし、自治省は自治体が単年度会計で赤字を出さないことばかりに目をとられ、長期的な観点での先行取得を認めておらず、この点の改革は早急になされなければならない。ヨーロッパの主要都市では百年単位で公有地を拡大し、良好な都市環境を維持することに成功している。

■土地行政の一本化

第五に、日本の土地政策を進める上で、国民の目には見えにくいが実際には大きなネックになっているのが土地行政の不統一である。地価一つにしても、実際の取引価格の他に、国土庁による「公示価格」、大蔵省（国税庁）の相続税評価につかう「路線価」、自治省（自治体）の固定資産税評価額と三種類の地価評価が存在し、一物四価の状況が現出している。三月三十日の予算委員会での私の質問に対し、各省庁は「行政目的が異なるからバラバラの地価評価でもしかたがない」という趣旨の答弁を繰り返したが、これこそ「お役所的縄張り意識」を正当化するための詭弁以外のなにものでもない。

土地問題を解決するためには、税による誘導政策が最も効果的であるが、その場合、保有税と譲渡益課税は同じ地価を基準として行われなければ、現在の「農地の宅地並課税」のように骨抜きになることは明らかである。

現在、土地行政は国土庁が一応主管官庁となっているが、土地税制については大蔵省と自治省が「財源」としてガッチリ握っており、土地政策のために税制を使うのは心外だという態度を見せている。また市街化区域の線引きなど土地の利用規制は建設省の所管となっているなど、その政策はバラバラである。

土地政策の推進という目的に沿って土地行政を一元化することがぜひとも必要である。

三、土地政策の効果

■土地神話の崩壊

こうしたポリシーミックスの活用によって、大都市の土地問題は確実に解決に向かうであろう。

それは、第一に「土地は売らない方が得」という土地神話を崩壊させるからである。つまり、使わない土地を持っていて、それが将来値上りしたとしても、その値上り益の大半は土地増価税で持っていかれるであろうし、また、土地を持っていれば、申告価格に見合った固定資産税を毎年納めなければならない。その結果、「使わない土地は持っていても損」という原則が確立しよう。そして、都心では高い地価と固定資産税負担に見合うため、高度利用が促進される。地価は投機がなくなるためにその土地を最高に利用した時の資本収益率によって適正な水準に落ちつくはずである。

■宅地解放

また、郊外の土地はどうなるであろうか。現在、東京圏の市街化区域内農地三万四八〇〇haのうち実際に宅地並課税が行われているのはわずかに一二パーセントの四四〇〇haにしかすぎない。残り八八パーセントは十年間の営農の意志、あるいは地価が三万円／三・三平方メートル以下であるとして宅地並課税を免除されている。こうした農地についても、地価の自己申告によりかなりの部分が実勢地価の近くで申告されると考えられる。その結果、実質上の宅地並課税が実現し、大量の農地が順次宅地や公有地に転換され、地価上昇は抑制され一部では下落も生じるであろう。

そして、このように市場に出た土地を自治体は起債によって公有地として積極的に確保し、公園や道路、都市再開発の代替地として、都市環境を守りながら社会資本の充実のために利用することが可能となる。

土地問題の最大の被害者である土地を所有しない人々も、欧米諸国並に年収の二〜三倍で現在より広い住居を手に入れることができるようになる。もちろん同時並行的に良質の集合住宅の建設や住宅取得を容易にする税制を組合せることが重要である。こうして「うさぎ小屋」が解消されれば、住宅や家具など耐久消費財を中心に個人消費は飛躍的に伸び、貿易摩擦も緩和されるであろう。

四、台湾の土地制度

私がここで提案した一連の土地政策は台湾の土地制度を参考にし、それをわが国の実情に合せて修正したものである。台湾の土地制度は三民主義を唱えた孫文の「平均地権」という考え方に基づいており、わが国の土地改革に大変参考になると思われるので紹介したい。

「平均地権」は、都市における土地所有の平均化と地価上昇による自然増価分の社会公共への還元（漲価帰公）を骨子とするもので、いわば都市における「農地改革」のための基本理念に他ならない。一九四七年に制定された憲法では、その第一四三条に次のような規定が行われている。

一　中華民国の領土内の土地は、本来的に全国民に帰属する。
二　正当に取得した土地所有権は、これを保障する。
三　土地の私所有者は、その土地のもつ価値に従い納税の義務を負う。政府は、この価格で土地を購入することができる。

四　投資の結果生じる土地の増価分に対しては、政府は国民全体の福祉のため、土地増価税を課することができる。

台湾では具体的制度として土地保有税と土地増価税による社会還元を二本の柱とし、これらの課税の基礎となる地価評価を土地所有者の申告によって定め、不当に低く申告したものに対しては政府が申告価格で土地を買いとることができることになっている。そして土地保有税（土地税）は同一土地所有者の所有する全ての土地の総地価額により最低一・五パーセントから最高七パーセントの累進課税が行われている。また土地増価税も、増価の割合に応じて四〇パーセントから八〇パーセントまでの累進課税となっている。

台湾ではさらに、中央政府と地方政府に土地に関する一切の手続きを統一的に所管する「地政機関」が置かれ、税務機関と密接に連携した制度の運用が行われている点も見逃せない。

私の今回の提言には申告価格での政府の買い取り制度と、土地保有税の累進課税は含めなかった。それは当面、市街化区域内の農地所有者に、営農継続が可能な低い水準での申告の選択権を認める必要があると考えたからである。しかし「農地」以外については買い取り制度を導入することが考えられてもよいであろう。また、保有税の累進課税は余りにもドラマチックであり、当面は課税基準となる申告価格が実勢価格に近づくことで十分政策効果が発揮できると考える。しかし将来、固定資産税の基本税率を下げて累進性を取り入れることも十分検討に値しよう。

五、多方面からの意見

■憲法上の制約

私はこの提言を国会で取り上げるに先立って何人かの官庁や民間の専門家に意見を求めた。

その中で最も重要と思われた指摘は、地価の自己申告とその申告価格を基準とする土地増価税及び保有税の制度化がわが国の現行憲法下で果して可能かという点である。

憲法第二九条は「財産権は、これを侵してはならない」と規定し、私有財産を積極的に認めている。この憲法の規定から土地所有権もひとつの財産権として保護されることは言うまでもない。

しかし同時に土地は動かすことのできない国土の一部であって、所有者に治外法権を認めるものではなく、利用形態において社会的制約を受けるのは当然であろう。つまり「土地」について所有者の既得の財産権は侵してはならないが、本提言の如く「公共の意志」に基づき、利用の形態を税制や法律によって誘導することは現行憲法下でも当然許されると考える。

また逆に、土地問題の解決には土地に対する私権を制限するしかないという意見も多く聞かれる。しかしこれこそ憲法上の制約を受けるであろう。また土地収用なども強引に進めれば成田空港の例を待つまでもなく大きな問題をひきおこすことは明らかである。さらに土地の利用規制も、税による誘導政策とあいまってはじめて効果を挙げるもので、それだけでは土地供給にはつながらず十分な効果は期待できない。

■人口の分散

もうひとつ、大都市、特に東京の土地を含む都市問題の解決には人口分散が不可欠だとする意見も有力である。私も全く賛成である。

しかし、居住の自由が保障されている憲法下で、人口分散を法的に強制することはできない。

逆に近年の国際化と情報化は東京のビジネス空間としての価値をますます高め、人口の分散を図るには「首都移転」といった荒療治が必要である。しかしそれが近い将来実現する可能性は薄く、土地問題の解決をそれまで待つわけにはいかない。また首都移転を進めるにしても今のままの土地政策では、高い地価も一緒に連れていくことになりかねない。筑波研究学園都市周辺の地価高騰がそれを示唆している。

六、建設的論争を

私はこの土地政策の提言の骨子を三月三十日の予算委員会で全閣僚に提示して質疑を行った。中曾根総理には土地問題の重要性の認識を、宮澤大蔵大臣には「資産倍増」より「住宅面積倍増」が目標とされるべきではないかとし、その見解を求めた。そして国土庁長官にはこれまでの土地政策を、税制については大蔵、自治両省に問い質した。そして質疑の最後に、地価対策関係閣僚会議の座長、後藤田官房長官に土地行政の一元化を含む私の提言について見解を求めたところ、建設的意見としてぜひ参考にしたいという答弁があった。

大都市の土地問題解決は、昭和三十年代からの難問であり、同時に内需拡大のための今日の緊急な課題である。戦後、わが国は私企業を中心に内外の自由競争に勝ち抜くことで経済的に発展し、今や一人当りのGNPが欧米水準を超す「豊かな国」になった。しかし自由競争の強いことが必ずしも個人生活の真の豊かさにむすびついていないことは、「うさぎ小屋」と揶揄される狭い住宅や、欧米をはるかに超える労働時間からもわかる。逆に今やわが国は自由競争に強いことで円高などあらゆる面で自縄自縛の状況に追い込まれている。

土地についても、本来「公共」的なものを私的自由にまかせた結果が、国民の大多数が困る状況を生んでいる。この自縄自縛を解き放ち、人間が人間らしく生きられる社会に日本の針路を切り換えるため、自由競争に代る市民的な「公共」概念の再構築が今こそ是非とも必要であろう。

（80ページに戻る）

C　市民感覚こそ再生の活力だ！（90ページの続き）

地域社会と結びついた行動を

どの政党も選挙で直接支援を受ける組織化された団体の主張には耳を傾けてきた。つまり農協、医師会などの職種、業種団体、労働組合などの団体としての要求は政党によって吸い上げられてきた。しかし職場では労働組合として組織化されているサラリーマンも地域では全く組織化されていない。そのため、生活点におけるサラリーマンの要求は重要であっても団体の要求という形にならないので無視されてきた。つまり野党も「団体」にのみ顔を向け、サラリーマンの生活点での利益に反する政策を平気でかかげてきた。その典型が宅地供給を阻害し、住宅取得に異常に重い負担を強いる原因となっている都市の農地保護政策であり、また不公平な税制や国際的に見て異常に高い食料価格などである。

新生社会党はこのサラリーマンと家族そしてサラリーマンのOBを代表することを明確にし、その立場から全ての政策を再検討するべきである。

社会党の弱点として地域活動不足がいつもあげられてきた。地域活動はＰＴＡ、青少協、商店会、消防団、農協、生協などの常設のグループ、テーマごとに集まる市民運動やボランティアのグループ、さらにスポーツや趣味のグループなど多種多様である。従来から保守系政治家は商店会、消防団などに加えてスポーツ団体に浸透している。公明、共産両党の場合は都市部を中心に生活にかかわる諸問題の面倒を見ることで地域に根を張っている。これに対し社会党が活動する姿は、地域の中ではほとんど見かけない。

地域の問題を議会や行政につなぐ窓口は各級地方議員である。地域の出来事は知ろうと思えば市議、区議には自然に伝わってくる。困っている人の公営住宅の入居、福祉施設の入所、生活保護の手続きなど、内容によって市町村の議員と、県・国など各級の議員が協力して対応することによって公明、共産両党は東京都など都市部で大きな力をつけてきた。

なぜ、社会党が活動する姿は地域で見かけないのか？

その理由は、社会党の地方議員は選挙でも労組の縦割り票、つまり総評加盟の各単組から地域在住者をピックアップし、それに組合組織をつかって浸透してゆくやり方をとるため、当選した議員は地域の人との直接的つながりが薄い。その上選挙も労組支持があれば安泰であるから地域の問題に積極的に取り組む必要性もなく意欲も湧いてこないことになる。

新生社会党は地域活動と結びついた地方議員を大事にし、地域のテーマを各級議員が連携して議会や行政へ伝えてゆくチームを形成する必要がある。私自身、東京の三多摩地域で各級議員を含む勉強会を続けており、連携プレーによって大きな効果を挙げつつある。

政党が再生するには運動エネルギーがなくてはならない。今日、地域の中には巨大な政治的運動エネルギーが存在している。米軍住宅により緑が破壊され生活環境が悪化するのを防ぎたいとする主婦の運動が中心となった逗子市のリコール運動などは、まさに地域の政治的エネルギーが顕在化したものである。さらにサラリーマン新党や税金党に見られるように比例代表区でテーマごとに全国的にも当選者を出すに足るだけの支持が集まるという状況がある。

労働組合と政党の新しい連携

このような地域運動やテーマごとの運動エネルギーは圧力団体化されていないため自民党とはほとんど結びついていない。また社会党の一部や共産党には大衆運動を政治運動より一段低いものと見る習性があり、大衆運動を政党の指導下に系列化しようとして自発的な市民運動の反発を買っている。この習性は、「前衛政党論」から来るもので、今日の市民社会とは全く相容れないものである。正しい方針を持つ前衛政党が大衆（後衛）を指導するという前衛政党論は、市民の自発性に基づく運動とは調和しない。私は市民運動と議員や政党の関係は役割分担であるべきだと考えている。つまり当事者として直接行動に参加する市民と、そのテーマを議会や行政につなぐパイプ役としての議員や、必要に応じて立法化を進める政党という形での役割分担である。このように共通のテーマについて役割分担ができれば、運動参加者と議員や政党の間には自然と信頼関係が生まれ、選挙においても支持協力関係ができるものである。新生社会党もこうした形でテーマごとの運動との連携を深めるべきだろう。

社会党を語る時、常にその労組依存体質が問題とされる。労組は組合員、つまりサラリーマンの団体であり、社会党がサラリーマンの要求を正しく反映しているのならば何も労組依存をとやかく言うことはないはずである。実際にはこれまでの社会党は労働組合という団体の利益代表、特に政府を相手に労使交渉をする官公労の代理をつとめていたもので、サラリーマンの個人生活全般には目が向いていない。

今日、労働運動自体が労使交渉による賃金闘争だけではやってゆけない曲がり角にきている。つまり組合員であるサラリーマン個人にとって「相場」によって横並び的に決められる賃金以上に、住宅、子どもの教育、老後といった個人生活を豊かで安心できるものにすることの方がより大きな関心事となっているからである。

こうした観点から労組と政党の新しい連携が必要となってきている。つまり賃金を含む職場条件向上は労組自体、直接取り組む課題であり、組合員であるサラリーマンの生活全体を考える政策実現を政党の課題とする役割分担に立った連携である。

社会党はこれまで「議員政党」と「組織政党」の間でゆれ動いてきた。確かに多くの党員に支えられた組織政党は一つの理想に思える。しかし社会党が現実から全く遊離した党内イデオロギー闘争を続けてきた原因は、議員以外の教条的活動家集団が発言力を持つ組織政党であったためである。私は一〇万に満たない党員しかない社会党にとって党員である活動家の意見も重要だが、選挙を通して支持獲得のために否応なく多くの国民の意見に触れる議員の主張を重視する方が、一千万支持者の声を本当に政党の方針に反映させる上でより民主的であると考える。そうした意味で、私は新生社会党は党員は多い方が良いが、しかし、活動家主導の「組織政党」でなく有権者の声を反映する「議員政党」をめざすべきだと考える。

戦後の混乱期、みかん箱の上で訴える食うや食わずの候補者に多くの人が立ち止まって耳を傾けたそうである。しかし今日、国民総中流化の中で、食うや食わずの政治活動を望むことはもはや時代錯誤と言える。そうしてみるとき、毎年何千億円という政治資金を集める自民党に比べ、毎年の政治資金が十分の一以下という現状では、有能な候補者発掘や、政策スタッフの募集、さらに選挙活動の面で社会党は圧倒的に不利だ。

私は本来、政党政治に必要な費用は支持者個人の自発的カンパが理想だと考える。しかし、完全な自発的カンパでは食うや食わずの運動になってしまう現実の日本の政治風土の中では他の方法を考えざるを得ない。その一つは西独の政党法やアメリカの大統領選費用のように、支持者の数に比例して税金の一部を政党に政治資金として配分する方法である。こうして税から適正な政治資金が配分されるなら、他の献金は個人献金以外は完全に禁止すべきだろう。

こうした税からの公平な政治資金の配分を新生社会党は堂々と主張して良いのではなかろうか。もしそれができなければ、社会党も個々に陰でこそこそ企業から金をもらうのではなく、いっそ労組も企業も同列にみなして健全で活力ある新党建設のために、企業にもオープンな形で政治献金を要請してみたらどうだろうか。

先の衆参同日選挙の結果、いずれの野党も政権構想をこなごなに打ちくだかれてしまった。しかし私はこの全く絶望的と言える今日の状況こそ新しい政治勢力結集の最大のチャンスだと思う。それは今なら野党再生を願う誰もがほっておけない気持ちになっているからである。このチャンスを生かせるかどうかは、私にも他人ごとではない。

（90ページに戻る）

D　なぜ私は「奇兵隊」をめざすか（145ページの続き）

その「行革新党」構想にふれるまえに、私が入閣後、何を考え、何を感じ、どう行動し、そういう考え方にいたったかを、ご報告したい。

薬害エイズ問題への取り組みの中で

厚生大臣に就任して八カ月が経ったが、この間、薬害エイズ、公的介護保険、産業廃棄物処理、O―157と、次々にでてくる重要な課題への取り組みで忙殺されてきた。

なかでもやはり印象深いのは、薬害エイズ問題である。その後、さまざまな機会に「霞が関の壁を突き崩せたのはなぜか」とよく聞かれたが、私としては基本的には、「国民の代表としての大臣」として、当たり前のことをやっただけと思っている。とはいえ、薬害エイズ問題の解決を前進させるには、かなり考え抜いた対応をしなければならなかったことも事実だ。

これまであまり指摘されなかった点だが、薬害エイズ問題の解決にあたっては、私の大臣就任以前にきわめて大きな転換点があった。

今年一月はじめ橋本政権が誕生する直前、私は三党の政策合意づくりに新党さきがけの政調会長として臨んでいた。「薬害エイズ問題の早期解決」を政策合意に入れることは、さきがけの最重点項目のうちの一つだった。議論の中、「和解による早期救済」という文言はすんなりと決まった。次いで「薬害問題を教訓にして再発防止に努める」という文案が自民党から出てきた。私は「教訓と言ったらもう終わってしまったことのようではないか」と反発した。

当時、一部マスコミが川田龍平君らの活動を取り上げてはいたものの、薬害エイズ問題に関しての与党の認識にはかなりのばらつきがあった。とくに厚生族を抱える自民党は、あまり触れたくないという姿勢がありありとみえた。

その時点ですでに、血友病患者のうち約千八百人が非加熱製剤によるエイズウイルスに感染しており、約六百人が発症、四百人を超える人が亡くなっていた。現在なお、毎週のように亡くなっていく人がいるのだ。過去の話だとは、決して言えない。

私はここが正念場だと、三日半粘った。結局、合意文は「薬事行政の中での責任問題を含めて、事実関係を究明し、再発防止に努める」とまとまり、主張がほぼ全面的に受け入れられることになった。

この政策合意は橋本首相の施政方針演説でも盛り込まれ、「連立政権の憲法」となった。さらに合意の実行部隊として、三党からなる与党エイズ問題検討ワーキングチームが組まれ、橋本内閣として薬害エイズ問題に取り組む基本的な流れができた。

その後、予想もしなかったことだが、私自身が厚生大臣に就任することになる。

大臣就任後の記者会見で、私は「厚生大臣は厚生省の責任者であると同時に、厚生省を国民の立場から監督するよう送り込まれた、国民の代表という二つの立場がある」と述べた。また厚生省での就任挨拶の際にも、職員に対して、「国民を行政の対象としてみるのではなく、国民こそ行政をコントロールする主権者であることを念頭に置いて、仕事をすすめてほしい」と訴え、省内に薬害エイズ問題の調査プロジェクトを設置するよう指示した。

結果的には、このプロジェクトを設置したことが、郡司ファイルなど、それまで見つからないとされてきた多数の資料の発見につながり、事態を急展開させることになった。

くりかえしになるが、私の大臣就任以前に、すでに流れはできていたのだ。だからこそ、私が少々暴れても船はひっくりかえらなかった。そして、その流れの源泉は「三党の政策合意」だったといえるのだ。

実は、単独政権では「公約」は守られにくい。その時々の党内の力関係で簡単に反故になってしまうからだ。しかし連立政権のもとでの「政策合意」は、互いのチェック・アンド・バランスがきびしく働く。もともとの理念が違っているものどうしが唯一政策合意で結びついているわけだから、その政策合意を反故にすると、政権の存立基盤が失われてしまう。つまり内閣がこわれてしまうのだ。逆にいえば、橋本政権が自社さきがけの「連立政権」だったからこそ、薬害エイズ問題を前進させることができたというのが、私の実感である。

さらにいえば、ほかの諸問題においても「政権内部に緊張関係を生み出す連立政権下でなければ、行政の質は変えられない」というのが、目下の私の確信である。あとで詳しく述べるが、それが私のリベラル結集による「行革新党」構想の基盤になっている。

三つの呪縛

これまで私は、行政に対し当初は市民運動の立場で、その後十三年間は野党議員として、そしてこの三年間は与党議員として関わってきた。今年、厚生大臣となってはじめて、行政の内側から関与することになった。

大臣という行政職を経験して、私はこれまで以上に、行政が「時代錯誤」に陥っていることを痛感している。明治以降、日本の役所は「優秀な大学を出た優秀な者たちが集まって、何もかもわかって国を動かしているのだから、国民は黙ってついてくればいいのだ」というやり方を続けてきた。今日でさえ日本の行政は、成熟した市民社会を認めず、相も変わらずこの「発展途上国型の行政スタイル」を踏襲しているのだ。

官僚たちの「主観的な善意」を疑っているわけではないが、トータルに見れば、彼らが今、大きくうねる時代の波を見失っていることも否定できない。はっきりいえば、自己革新能力を失った彼らは、これまでの流儀を頑迷に墨守して、日本全体を立ち往生させようとしている。ではいったい、彼らはなぜ自己革新能力を失ってしまったのか。

それは三つの呪縛――「無誤謬」「継続」「公正」という名の三つの呪縛が、官僚の発想を縛ってきたからではないか、と私は考えている。

第一に、官僚の辞書には「間違い」という文字がない、ことを指摘しておきたい。なぜか。「行政＝国は間違ってはならない」からだ。もし間違っていたら、彼らはどうするか。真っ黒に塗りつぶして、わからなくしてしまうのだ。もともと官僚は情報を独占し公開しないから、塗りつぶしてしまえば間違いがあったこと自体が、国民からは分からなくなってしまう。おそろしいことだが、これが現実だ。

次に、行政は、いったん方針を決めたことは、変更しない

――これがいわゆる「行政の継続性」である。この継続性の原則もまた、日本をおかしくしている。官僚は前任者のしたことを間違いだと気づいても、絶対に否定しない。前任者の実績を前提として、その路線を引き継いでいく。次の人も、その次もまた同じだ。計画を立てたときと時代状況が変わってしまっても、その計画を変えようとしない。何やかや口実をもうけて「継続」する。これは長良川河口堰やもんじゅの例をみても明らかだ。

そして、「公正・公平」も、官僚たちの絶対的ルールだといってもいい。戦後の高度成長期に、急速な経済成長にもかかわらず貧富の差が他の国に比べてそれほど拡がらなかったのは、公正・公平主義が徹底していたからだと評価してもいいだろう。だが、事態を正しく把握しないまま、規則を盾に杓子定規に「公正・公平」を貫くことが、逆に一人ひとりの国民にとって耐え難い状況を生むことにもなりかねない。阪神大震災後の復旧に際しての一連の行政の対応が、その悪しき一例だ。平等に「悲惨」を分け与えるのであれば、いったい誰のための行政か、と言いたい。

いうまでもなく、市民社会における行政は、主権者である国民がコントロールできるものでなくてはならない。しかしながら現在の日本の行政は、この三原則を頑迷に守りつづける「統帥権独立型の行政」になってしまっている。

戦前、日本の軍部は政府や国会の決定があっても、「軍は天皇陛下の軍隊である。統帥権は天皇に属し、国会や政府にはない。したがって国会や政府に指示される必要はない」と主張して大暴走し、無謀な太平洋戦争に国民を巻き込んでいった。

戦後の官僚は「天皇の官僚」ではなく、「日本国の官僚」となった。しかし、戦後五十年を経て、いまだに「国民の官僚」にはなりきれていない。日本国憲法では、《主権が国民に存する》こと、そして《国政は、国民の厳粛な信託によるものであつて、その権威は国民に由来》していることを述べている。したがって《国会は、国権の最高機関であつて、国の唯一の立法機関》なのだ。だが、官僚は憲法第六十五条にある《行政権は、内閣に属する》という項目を持ち出し、「三権分立で行政権は内閣にある、つまり行政は官僚が握っているのだから、国会議員といえども立ち入ってもらっては困る」と主張する。しかも、「通達」や「行政指導」といった、法律に基づかない権力をさえ行使している。

しかし官僚が言うように、もし国会が行政を指導、監督できないとしたら、「主権者たる国民」はどうやって行政をコントロールするのか。憲法第十五条に《公務員を選定し、及びこれを罷免することは、国民固有の権利である》とあっても、国民は大蔵省の事務次官も厚生省の事務局長も選んでいないし、直接クビにすることもできない。国民が選ぶのは国会議員である。その国会議員が首相を選び、首相が大臣を選んで、人事権を含めて行政をコントロールする、というのが、この国の根本の仕組みだ。この仕組みがまったくといっていいほど機能していないために、霞が関の行政は独立した権力装置になってしまっているのだ。

シーリング方式の落し穴

では、「政治」は何をすべきなのか。

今、時代は激しく動いている。大きな歴史の変わり目において「新しいビジョン」、そしてそのビジョンを実現するための

「新しい政治や行政の仕組み」をつくらねばならない。私たちは今、明治維新や戦後の諸改革に匹敵する大改革に、勇気をもって取り組まねばならない。

行政改革では、「省庁の統廃合」や「国家公務員数の削減」といった「量の行革」は、むろん重要だ。だがそれ以上に、「質の行革」の重要性を、私は指摘したい。

数年前、ある国立大学の学長から「国公立大学の施設整備費や研究費が長い間抑制され続けており、研究環境が極度に悪くなって優秀な人材が大学に残らない。このままではわが国の科学技術の基礎研究はダメになる」という陳情を受けた。調べたところ、国立大学の人件費と研究・施設費を合わせた伸び率は二十年前からほぼゼロとなっていた。しかも、人件費は自動的に上昇するため、研究・施設費がその分減額されているのだ。国会でなぜこの問題が今まで取り上げられなかったのか。実は、与党の自民党文教族は私大出身者が多くて「私学助成」に熱心であり、一方で野党社会党の文教族はほとんどの出身母体が日教組であることから「小・中学校」の方にばかり目が向いていたのだ。技術立国を唱える日本で、国公立大学の理工学部にはまったくといっていいほど何の手も打たれてこなかったわけだ。

つまり「量的行政改革」の手法である予算のシーリング方式だけでは、「質」の視点が欠落してしまい、時代の変化に応じた「行政の方向性」を変えることができないのだ。

私のいう「質的行政改革」とは、社会変化や国民ニーズの変化に応じて、行政を不断に革新していくことである。そのために増やすべきものは工夫して増やし、減らしてもいいところは大胆に減らさなければならない。

たとえば、新薬の許可申請は、厚生省の事務局審査課がわずか四十人ほどで受け持っている。一方アメリカでは、食品医薬品庁（ＦＤＡ）という薬と薬品のすべてを審査する行政組織があり、千四百人の職員がいる。薬害の根絶、ガラス張りの新薬審査などを考慮すれば、わが国でももっと職員を増やしてもいい部門である。Ｏ―１５７などの感染症についても、アメリカの国立防疫センター（ＣＤＣ）のような組織があれば、もっと早い感染経路の究明が進んだと思う。

一方、厚生省の職員七万七千人のうち、五万人余りは国立病院の職員だ。国立病院はかつては結核療養所など大きな役割を果たしてきたが、今日では大半の国立病院は民間病院や公立病院と変わらない存在になっている。税金を使う国立病院は、ガン、心臓、脳などの高度医療や、エイズなど民間では対応が難しい病気の治療・研究に特化するのが望ましい。十年前からこうした方針に沿って国立病院の統廃合が進められてきたが、内外の関係者の抵抗もあって、計画は遅々として進んでいない。国立病院の職員は逆に増えてさえいる。

他の省庁においても同様に、国民のニーズが減少しているにもかかわらず、関係者の抵抗の強い部門は温存される傾向が強い。民間企業は時代に対応して大胆なスクラップを行い、新たな分野への進出を可能としている。この当たり前の原理を行政組織にどう採り入れ根づかせるか、今それが政治の大きな責任だと思う。

さて、行政改革については、第一次臨調以来、何度となく提案が繰り返されてきた。しかし残念ながら、満足な改革が行われたことはない。私自身も、細川政権、村山政権のもとで、さきがけや連立与党の行革案のとりまとめを行ってきたが、正直にいって、官僚のしたたかな抵抗の前に事態は思うように進まず、挫折を繰り返してきた。

一例をあげると、九四年八月、新党さきがけは九十二の特殊法人すべてについての改革案を発表したが、この全面突破の手法は関係者の猛烈な反発と陳情合戦を招き、残念ながら最終的には十三の特殊法人の整理統合をまとめたにとどまった。

この反省に立って、さきがけでは行革について「全面突破」の方針を「一点突破」の方針に軌道修正した。まず昨年秋、自民、社民両党に連立政権継続の条件として、細川政権以来の懸案だった「総理大臣補佐官の法制化」と「審議会の公開」を提案した。その結果、先の国会で総理大臣補佐官が法制化された。また、「審議会の公開」も閣議決定し、経済企画庁の経済審議会の完全公開をはじめ順次公開が進みつつある。まだとても十全のものとはいいがたいが、官僚に「外圧」をかけ自己革新を促す装置は、若干ながら整いつつある。

いうまでもないことだが、行革は政治家どうしが合意し、文章をつくるだけでは実現しない。また、政党がいくら大きくても、内部の意見がまとまらなければまったく力になりえない。何万、何十万というプロ集団である官僚、業界の抵抗をはねのけて行革を実現するためには、しっかりとした推進体制(制度とルール)を構築しておくことが肝要である。総理大臣補佐官制度はその第一歩であり、それに加えて、「情報公開の徹底」「行政評価調査機関の国会設置」「与党・大臣・官邸の連携プレー」が、ぜひ必要である。

とくに重要なのは、「情報公開の徹底」だ。情報の公開によって、国民は決定への参加、選択の権限を得る。このことはまた、国民が主権者として、より強い責任を負うことをも意味している。

情報公開といえば、堺市のO―157による食中毒の疫学的調査の中間報告の仕方は、たいへんに難しいものだった。市場に出回っているかいわれ大根全体を問題にしたわけではなかったが、印象として「悪者」にしてしまったことは否めない。先日昼食に食べた三パックのかいわれ大根は、私にとっておいしくもあり、また苦いものでもあった。

重ねて言うが、行革を大胆に進めるには、官僚たちとの息の長いせめぎ合いを覚悟しなければならない。選挙を抱える議員中心の取り組みだけでは、「持久戦」に持ち込まれると息切れしてしまう。そしてまた、行政は時代的要請の反映であるべきであり、その意味からも行革は「永久運動」といえる。そのためには、行政の実施した政策の効果を評価し、チェックする常設の行政評価調査機関を、ぜひとも国会内に設置すべきである。

アメリカは会計検査院(GAO)が議会内に置かれており、議員の求めに応じて行政機関に立ち入り調査を行い、予算の使われ方が適切かどうかを評価している。さらにGAOは、政策判断の材料となる情報を議員に提供し、必要に応じて是正措置をも議会に勧告している。オーストラリアの議会にも同様の機能を果たす機関がある。わが国でも、このような諸外国の例を参考にしながら、国会と行政との間に健全な緊張関係を保てるような形に、国会の改革を急がなければならない。

少なくとも、総務庁にある行政監察局と会計検査院を併せた機能をもつ組織を国会内に設置する必要があり、そのための法案要綱を、私はすでに用意している。

そして、薬害エイズ問題でもわかるように、行革には「与党と大臣と官邸の連携プレー」が重要であり、このうち一つでも欠けると、官僚の抵抗を押さえられなくなる。

要約すれば、「質的行政改革」を永続的に進めるためには、国民の代表である国会の力を強化することが不可欠だと、私は考えている。「官僚の統帥権」を打ち破り、《国会は、国権の最高機関であつて、国の唯一の立法機関である》という、日本国憲法の原点に立ち戻らなくてはならない。

その意味でこれからは、「国会改革」とともに、「政治家の質」がさらに厳しく問われることになる。そして、この国において良質な政治家と政党をどう育てていくのかは、主権者たる国民の問題ともいえる。有権者と政治家、そして政党との「新しい関係づくり」もまた、新選挙制度のもとで模索されねばならない。

私の「行革新党」構想

この三年、五五年体制と呼ばれた政党の枠組みはかなり大きく崩れてきた。政治改革を旗印に日本新党や新党さきがけが生まれ、連立政権時代の幕が開いた。しかしその一方で、「発展途上国型行政」はなお強固に存在し続けている。

五五年体制下では、与党・自民党と行政は密接不可分の関係だった。与党は改革をめざすどころか、「発展途上国型行政」の強力な護衛者として機能しており、その親衛隊ともいうべきものが、いわゆる族議員だったのである。各省の大臣ですら、五五年体制下では与党と行政の連絡役にすぎず、国民を代表して行政を指導、監督するという大臣像は、残念ながら育ってこなかった。

繰り返すが、「霞が関の解体と再生――質的行政改革の断行」は急務であり、「政治」の最重要課題である。過去のしがらみや既得権益にとらわれない「改革への不退転の志」をもった政治家が結集する、新しいリベラルな政治勢力――「質的行政改革の断行を旗印とした新党」が、今ほど求められているときはない。また、そのことを、新たな結集軸にしなければ国民の期待に応えられないと、私は思う。

私の考える「リベラル」とは、「自立した市民の自由な政治参加」を基本とする政治のスタイルである。全体主義や権威主義とは正反対の考え方であり、利益集団を代表する政治ともまったくの対極にある。具体的には、「市民的自由、人権・環境の尊重」といったアメリカ民主党の政策と、「社会的公平、公正さ」を重視するヨーロッパの社民政党の考え方を合わせたものをイメージしている。

政党の構造としては、党員よりも、広く有権者に選ばれた議員集団が基本政策を決定する仕組みを持ち、選挙立候補者の決定は各地域ごとにおこなう。議員間の闊達な議論・切磋琢磨を促し、政党を有権者により身近なものにしていくためにも、政党内での過剰な集権化を防いでいく。また、「市民の側からの政策への関与を促す仕組みづくり」なども、ぜひ意欲的に取り組んでいきたいと思う。

私は「質的行政改革の具体的な方向性」を以下の三点に集約して、提案したい。

第一は「小さな中央政府と充実した地域福祉」、第二は「新しい時代を展望した活力ある産業社会の構築」、そして第三は「歴史認識をアジア諸国と共有した上で推進する非軍事面での国際貢献」である。

第一の「小さな中央政府と充実した地域福祉」は、「質的行政改革」の終着点ともいうべきものだ。私は、「大きな政府か、小さな政府か」と言った乱暴な議論の中で、福祉切り捨てを合理化してしまいそうな最近の風潮を警戒している。急ピッチで進行している少子化・高齢化を前に、確かに従来の社会保障、福祉システムは破綻寸前である。この秋の臨時国会に提出する準備をすすめている「公的介護保険法案」は、高齢者介護を社会全体の問題としてとらえ、新しい社会システムづくりをめざしたものである。福祉の充実を図ることは、福祉分野での新たな産業と雇用の創出をも期待でき、経済の活性化にもつながるものと考えている。

第二点の「新しい時代を展望した活力ある産業社会の構築」をすすめる上で最も重要なことは、大胆な「規制緩和」である。グローバリゼーションとネットワーク型社会の到来を見据えた新しい産業の育成にも戦略的に取り組んでいきたい。「技術立国」こそ、資源小国・日本の生きる道であり、世界に貢献できる道である。オープン・マインド、ボランティア・マインド、ベンチャー・マインドといった時代をリードする活力をもち、高い技術力や社会的問題解決能力に秀でた、元気な企業やNPO・NGOの支援を図りたい。

第三の「歴史認識をアジア諸国と共有した上で推進する非軍事面での国際貢献」は、外交上の基本精神として位置づけたい。自民党や新進党の一部に存在する、あまりにも的外れな歴史認識をもった政治家が、アジア諸国の国民感情を逆なでするような発言を繰り返してきたが、これはアジア諸国との間に友好関係を築こうとしてきた多くの人々の努力を、政治家自らが無に帰すようなものだ。日米関係はもちろん外交の主軸ではあるが、歴史的にも深いつながりのあるアジア諸国との間に強い信頼関係を築くことは、経済、文化の交流はもちろん、安全保障の面でも急務といえる。そして、軍縮、環境、人権、福祉、高度医療など、非軍事面で日本がイニシアティブを期待されている地球的問題群は数多くある。これらのテーマこそ、十全な力を注ぐべきだと思う。また、国連は現在、国際紛争や地球的問題を討議できる最も重要な場ではあるが、国際機関として多くの課題を抱えていることも事実だ。まず国連改革へ向けて日本は何ができるのかを見極めることが、国連安保理の常任理事国をめざす前に必要だと考えている。

さて、昨年の参院選後、私は次期衆院選で自民党、新進党に対抗しうる第三極づくりをめざして「リベラル東京会議」を結成し、比例選を含めた準備を進めてきた。私としては、最終的には全国的な「新党」が必要であると考えながらも、「小選挙区比例代表並立制」という新しい選挙制度のもとで戦うには、中央の動きを待つだけではなく、各地域ブロックごとにできるところから第三極の枠組みを形成し、選挙に備えておくことが、戦術的にも有効だと考えてきたからである。

今後、鳩山氏離党という新局面のなかで、新たな結集を求めるなかでは、あくまで政策を軸にし、「質的行政改革の断行」というかなり高いハードルを、自らの「志」で越える決意をした一人ひとりの政治家が結集しなければならないと思う。「質的行政改革」を真に志している政治家であれば、たとえ自民党からであれ新進党や社民党からであれ、ぜひとも行動を共にしたい。むろん鳩山由紀夫氏ともまた会わなければならないと考えている。

ふりかえると、かつて右肩上がりの時代に、「政治は力、力は数」と公言してはばからなかった政治家がいた。しかし今や「政治は質、質は議員の能力」の時代を迎えている。「国会に予算案を伴う独自の法案提出が可能」な五十名程度の志と能力のある議員が集まって一丸となれば、「霞が関の解体と再生——質的行政改革」へ向けての戦闘集団として、「改革」の大きな力となりうる、と信じている。

（145ページに戻る）

E　この内閣は私が倒す （157ページの続き）

政官業癒着構造を壊せ

過去の「自民党政治」を根底から覆し、政官業の癒着を断って、予算が本当に国民生活に必要な分野に振り向けられるようにするには、何が必要なのか。

まず、改革の志を同じくする有能で勇気のある国会議員の集団、すなわち「改革をめざす国会議員のチーム」の存在が不可欠である。そのうえで、そのチームを指導して国民に改革の道筋を訴えられる実行力のあるリーダーが必要であり、さらに、選挙によって本格的な改革政権を誕生させようという国民の決意が何よりも必要である。その三つが揃った時に、民主党を基盤とする「非自民救国政権」による大改革の歯車が動き出す。

政治任用（ポリティカル・アポイントメント）の少ない日本の官僚制度の下で、政権を担い、すべての官庁を新しい改革のコンセプトに従って一斉に動かすということは、首相個人のリーダーシップと少人数のブレーンだけでは不可能なのである。国会議員の中に、首相と志を同じくする少なくとも百人以上の改革チームがなければ、改革を妨害する「族議員や族官僚の複合体」の厚い壁を突破して、霞ヶ関を解体・再生するといった、いわば明治維新に匹敵するような国政の大改革はできない。

私自身、第一次橋本内閣の厚生大臣当時に薬害エイズの問題で、この壁にぶちあたった。加害者企業ミドリ十字の事件当時の社長も、自民党厚生部会所属の代議士も、みんな厚生省薬務局長ＯＢだった。官僚は組織防衛のために、自分たちのＯＢの間違いを自ら認めることは絶対にしない。そのうえ多くの厚生族議員は製薬企業から多額の政治献金を受けており、薬害追及には不熱心であった。この壁を突き破って訴訟を和解に導けたのは、マスコミ世論の圧倒的な応援に加えて、当時の与党社会党と新党さきがけの中に、この問題で体を張ってくれた議員が何人もいたからである。いくら大臣が謝罪して和解すべきと考えても、与党が反対すれば、和解金の予算が組めない。まして、官僚まかせにしていたのでは、肝心の薬害エイズの資料など、闇から闇へ葬られていたことだろう。

遠回りのように見えるかもしれないが、私は、まず政権をめざすことができる野党第一党を作り、さらに、そこに改革を志す優れた人材を集めることに執念を燃やしてきた。族議員集団の自民党に対抗できる「改革をめざす国会議員のチーム」を作らなければ、日本を本当の意味で改革することはできないと考えたからである。

民主党は、生まれて丸四年が過ぎた。この間の三度の国政選挙で新たに当選してきた生え抜きの民主党議員は六十八人。この十年で当選してきた五五年体制を知らない議員は百二十一人で、民主党全体（衆参国会議員総数百八十二人）の三分の二がこうした「政策新人類」世代になっている。いずれも官僚には負けない政策能力を持つ若い政治家たちで、「族」には染まっていない改革派ばかりである。次期総選挙に向けても、公募などで優秀な新人候補が目白押しの状況になってきた。この段階に来てやっと、本格的に政権を担える「改革をめざす国会議員チーム」の編成準備が整ったといえる。

民主党政権で変わる政治の仕組み

なぜ小泉総理のもとで、日本が生まれ変わるような改革ができないのか。

私自身の経験から話をさせていただきたい。一九九六年一月、第一次橋本内閣で、私は厚生大臣として入閣した。実は、厚生省の役人たちとの「闘いの帰趨」はその任命初日に決まったのである。

橋本首相に官邸執務室に呼ばれ厚生大臣を拝命して部屋を出ると、すぐに役所の官房長が私を待ち受けていた。私の秘書官になる役人を紹介され、大臣就任会見用のメモを渡される。もちろんメモは官僚（厚生省）の望む方針に沿って作られており、当時、厚生官僚たちが恐れていた薬害エイズ問題の真相究明などはまったく入っていない。私はメモを見ずに会見したが、初入閣の多くの大臣にとってはこの官僚のメモが頼みの綱なのである。こうして就任直後から、官僚のお膳立てしたレールの上を走らされることになる。

実際、大臣の公約発言は「就任の挨拶」から「辞任の挨拶」まで、すべて官僚がメモを用意してくれる。難しい漢字には、きちんとフリガナまで振ってある。極端にいえば、平仮名さえ読めれば、誰でも大臣が務まるよう、役人たちが大臣の振り付けをしてくれるのである。

役所に初登庁すると、まず花束を渡され「おめでとうございます」と声をかけられる。それから三日間にわたる「レクチャー」という名の洗脳教育が始まる。テーマごとに官僚が入れ替わりでレクチャー（私の場合は大議論になったが……）をしてくれ、その洪水のような情報に埋没させることで、新大臣は専門的なことは官僚たちに任せる他ないと思い込まされる。一事が万事、この有り様で、終始官僚ペースで物事が決められていく。

もっとも驚いたのは「閣議」の場であった。言うまでもなく「閣議」は行政の最高決定を行う会議である。ところがその実情は、前日に行われる「事務次官会議」（全省庁の事務次官が出席し、事務担当の内閣官房副長官が主宰する）で全会一致で決められた決定事項を追認する場に過ぎないのである。格別に重要な国事であっても、「閣議」で大臣同士が議論することは稀である。もし議論の必要があるケースならば、閣議後に「閣僚懇談会」という場が設けられ、ここで話し合うことになる。

私が閣僚として目の当たりにしたのは、日本の国家権力の中枢が空洞だという驚くべき現実だった。官邸や閣僚が大きな権力をもつように見えてその実、真ん中はカラッポであり、内閣は無責任体制そのものなのである。そして「閣議」という行政の最高決定会議は、官邸の閣議室の丸いテーブルに座って、各大臣が「花押」を嬉々として認《したた》めるサイン会に等しい。「これが民間企業なら絶対に倒産するな」と私は実感したものだ。権限のないはずの役人が事実上すべてを取り仕切っている。これで国家が危うくならないほうがおかしい。

この点、小泉内閣もまったく従来どおりの「自民党政権」であり、これでは「族議員・官僚複合体」に対抗できるはずもない。自民党総裁である小泉首相がいくら「改革」を唱えても、仕組み自体が何もできない構造なのであり、その根本に手を付けられない以上、改革の失敗は必然なのである。

組閣後三日が勝負どころ

ならば来たるべき新政権（民主党中心の内閣）は、何が違うのか。我々が総選挙で勝利し、政権を握ったら、いかにして改革を進めていくかを示そう。

まず初めの三日間がひとつの勝負どころである。組閣後の初閣議で「事務次官会議」の即時廃止など新たな行政の枠組みを電撃的に決定することから、新政権をスタートさせる。組閣に際しても画期的なアプローチを試みたい。首班指名で総理が決まっても、すぐに閣僚を任命するようなことはしない。まず、第一に総理として国政に係わる重要問題についての指針を明確にする。その後に、その大方針に沿った人物を大臣にする。たとえば、総理に就任したらすぐに「諫早湾の国営干拓を中止し、干潟を再生させる」ことを表明する。その方針を忠実に実行できる農水大臣を任命し、新大臣は就任したら即座に長崎に飛んで、潮受け堤防の水門を上げるスイッチを押す。少なくとも農水省には農水大臣を止めることができる権限をもった人間はいない。だから改革は間をおかず実行に移すことができる。また「川辺川《かわべがわ》ダム（熊本県球磨《くま》川）建設計画の凍結・全面見直し」を宣言し、新国土交通大臣には就任記者会見の場でそれを明らかにしてもらう。なぜなら、そうした覚悟とリーダーシップを兼ね備えた人物しか、大臣に起用しないからである。

さらに、すべての大規模公共工事を詳細に点検し、国民にとって無駄と判断されれば、事業を中止することを躊躇《ためら》わない。

こうした間髪を入れずの改革は、むろん総理の独断で行うわけではない。組閣が終わったら、全閣僚と副大臣、政務官、各政策スタッフには、少なくとも三日間は毎日、一堂に会して、内閣を運営する基本方針を徹底的に議論してもらう。

大臣たちは、新たに出来た官邸に、常駐させる。全閣僚が執務できる部屋をつくり、各大臣は役人から引き離される。いままでのように役所で多くの役人に囲まれていたのでは、国務大臣の独立は保てないからだ。内閣を国民全体に責任を持つ「国務大臣のチーム」として機能させるには、こうした物理的な体制づくりが何より重要なのだ。総理大臣が閣僚を掌握していないことが、これまでの内閣の最大の弱点であった。

与党からは、大臣、副大臣、政務官など百名程度の国会議員を内閣と各省庁に送り込み、さらに民間人専門家を起用する。こうして政治家と政治任用の政策スタッフによる政策立案能力を高め、内閣の政治的指導力を強化し、内閣と与党を一元化させる。こうすることで族議員が発生する余地もなくなる。

新たな政権が文字通りの「政治主導」の政権をめざせば、役人たちが抵抗してサボタージュする可能性がある。一般の有権者の中に野党への信頼感が育ちにくいのも、民主党を中心とする政権では、官僚機能が停止してしまうのではないかという危惧があるからだろう。官僚から政治の主導権を奪うと何が起きるか。それは家庭（国家）で電気・水道・ガスが止まるのと同じだ。そのとき、我々は自前で発電機を持ち、井戸を掘っていなければならない。いざとなれば、大臣を中心に政治任用メンバーと与党で法案をつくり、国会を通して立法化し、官僚に依存しないで国家を運営するだけの力を持っていなければ、新たな改革などできるはずがない。

ここに来てようやく、民主党の議員たちにその実力が備わってきた、と実感できるようになってきた。昨年一年間だけでも民主党は六、七十本の法案をつくっている。この数年間のトレーニングで、百人ぐらいの国会議員はそうした国家を運営できるだけの能力を身につけつつある。官僚チームに物申せて、役人が何と言おうと正しいと思える選択を実行できる、そうした政治家のチームを持つことが、これまでの政権と大きく異なる点である。

誤解を恐れずにいえば、官僚たちは役所を含めて自分のことしか考えていない。外務官僚は、外交官として在外公館にいる間に何百万円という高額な手当てをもらい、本給は貯金に回して、帰国したら家を建てるためにその組織を使っている。他の役所も同じ有り様である。だから役人たちは、自民党政権を維持しようとし、既得権を後生大事にし、OBも含めて誰も責任を取らなくても済むような無責任体制の温存に血道を上げてきたのだ。

細川政権時代は残念ながら、この国会議員チームがなかった。将来の清原や松井のような優秀な一年生はいても、高校生のチームがプロ野球（官僚システム）に勝てるはずがない。しかし、いま確実に人材は育ってきている。

この新政権の政策遂行チームが機能すれば、官僚たちのなかにも協力者が出てくるはずである。役人は決して馬鹿ではないから、サボタージュして潰せる相手か、サボれば怖い相手か、一瞬にして見分ける力がある。政権発足から一週間が、まさに正念場なのだ。

この「内閣と官僚のあり方」を大転換する重要なポイントの一つは、事務の内閣官房副長官の存在である。国民の目にはわかりにくいが、事務の官房副長官は、各省庁間の総合調整を行い、官僚の人事に大きな影響力を持つ「官僚の最高ポスト」である。官房機密費など、内閣の中枢に関わることをすべて知り尽くし、政権の引継ぎでも重要な役回りを果たして来た。このポストは歴代、旧内務省出身者が務めるのが慣例になっている。

事務の副長官は、全省庁の事務次官が出席する「事務次官会議」を主宰するとともに、閣議にも同席し、「事務次官会議」の決定を閣議に上げて、実質上、閣議を取り仕切っている。このことが、閣議が「事務次官会議」の追認会議になる原因でもある。歴代の事務の副長官は、内閣が替わっても五〜七年は在職する。現在の古川貞二郎副長官も、九五年の村山内閣から今日まで、橋本、小渕、森、小泉と五代にわたって仕え、その前の石原信雄氏も八七年の竹下内閣から村山内閣まで実に七代の内閣で副長官を務め、「影の総理」と呼ばれた。

このように、事務の官房副長官は、内閣が官僚組織全体の意向に従うようにお膳立てするキーマンなのである。官僚組織と内閣のつなぎ役は必要だろうが、その人選こそ、内閣が官僚を使うか、逆に官僚組織に内閣が使われるかの分岐点である。従ってこのポストには、政権が代われば真っ先に、首相の意思によって動く腹心を政治任命しなければならない。「事務次官会議」は廃止し、官房長官もしくは政務担当の官房副長官を責任者とする閣議案件の事前の調整会議に代えなくてはならない。

国民に見えにくい、こうした内閣の人事や運用を変革することで初めて、総理を中心とした政治家が判断する本物の「議院内閣」が生まれ、いわゆる「族議員と族官僚の複合体」を解体する準備が整う。そうなれば、閣僚は「国民主権」にふさわしく、内閣を支える行政の専門家集団として位置付けられるようになる。当然、役所は政党に対して中立であって、鈴木宗男問題のようなことは許されなくなるのである。

日本経済停滞の原因

バブル崩壊後の日本は十年以上も経済が停滞し、国際的に地盤沈下を続けてきた。

「失われた十年」といわれた九〇年代には、内需拡大のために大型公共事業を中心とした予算を幾度となく編成したが、常に効果は一時的で、本格的な景気回復にはつながらず、財政は急速に悪化の一途を辿っている。不良債権処理のために、九六年の住専（住宅金融専門会社）処理以来、何度も公的資金を投入したが、今なお不良債権は増え続けている。財政規律を考えて緊縮予算を組めば、景気は一層低迷し、地価と株価の下落で金融不安が生じるというデフレの悪循環に陥っている。この十年余の失政の連続で、自民党を中心とする政権に、我が国の経済危機に対応する政策能力がないことが明確になったのである。

私は、政治家ばかりでなく官僚や学者など大半の専門家が経済の原理的、根本的なところで考え方を間違ってきたように思う。例えば、「減税か公共事業か」というような二者択一の景気対策論議がそれだ。

われわれは九八年の参院選挙で大型所得減税の実施を橋本内閣に迫り、橋本内閣退陣後の小渕内閣で大型減税が実施された。所得税減税をすればサラリーマンの可処分所得が増えて消費が増大すると考えたからだが、実際には減税をしても減税分の多くは貯蓄に回ってしまった。現在の日本人は予定外のお金が手に入ったら「モノ」を買うよりも貯金してお金のまま残しておく方が安心でリッチな気持ちになれるようだ。しかも、不良債権を抱えた銀行は、その預金を中小ベンチャー企業への融資には回さずに国債を買い、政府はそのお金を無駄な公共事業にばら撒いた。しかし、減税をやっても、公共事業で予算を大盤振る舞いしても、果たして私たちの生活は豊かになったのだろうか。


個人の金融資産は一千四百兆円ある。しかし、お金があっても、それが消費や投資に向かわない。将来に不安があるとか、買いたいモノがないために、金利がゼロでも貯金ばかりが増えて、潜在需要が顕在化しない。「需要の潜在化」――これこそがデフレや長引く不況の最大の原因なのである。「貯蓄大国」とは、お金の使い方が下手な国という意味でしかない。

この間の経済政策は、従来の「経済常識」に振り回されて実は最も重要なことが抜け落ちていた。それは、経済は国民の人間的生活実現の手段であり、経済成長そのものが目的ではないということである。今日の日本人が望む「人間的生活」は高度成長期とは大きく様変わりしており、その内容の変化を抜きにして経済政策は成り立たないことだ。

私がまだ子供だった今から四十年前は、多くの人にとってお金があれば買いたい「モノ」がたくさんあった。「3C」と言われたカラーテレビ、クーラー、車に象徴される誰もが欲しがる「モノ」があった。しかし今の時代その多くは満たされ、お金で買える「モノ」でぜひ欲しいと思うのは「ゆとりのある住宅」以外にはあまり見当たらない。

しかし逆に、個人のお金では買えないもので欲しいものはたくさんある。例えば、小さい頃遊んだ砂浜の海岸、釣りをした清流の川、伝統を残す美しい町並み、誰もがスポーツに興じられる芝生のある公園。いまや日本中の海岸はテトラポッドで埋め尽くされ、川はダムでずたずたにされている。町並みも京都のような「古都」でさえビルの谷間に沈んでしまった。それだけではない。旅行やコンサート、質の良い保育や高齢者の介護サービス、子どもの教育、さらには犯罪のない安全な社会等々。これこそが「本当に必要な生活需要」であり、その多くは政策の光があてられていないために、いまだに顕在化せず、潜在需要として眠っている。

道路特定財源などがんじがらめの予算の呪縛を解いて、こうした潜在需要を目覚めさせることが、日本経済再生への唯一の道である。将来の国民生活をどう変え、そのためにどういう政策を実施していくかという明確なビジョンと方針を政府が提示すれば、経営者はそれに応じて先行投資をし、民間主導の経済再生のサイクルが動き出すのである。

小泉構造改革論の過ち

小泉首相のいう「構造改革」は、供給サイドの効率化によって産業や企業の競争力を強め、景気を回復させるというシナリオに基づいている。確かに、日産は、カルロス・ゴーン流の大リストラと下請けの整理によって再生した。しかし、一企業にとっては有効なこうした手法が、果たして国にとっても有効なのだろうか。

効率の悪い産業が整理され、より付加価値の高い未来型の産業に労働力が移るのなら、国全体としても経済再生につながるだろう。しかし、現実には失業者は過去最高の水準まで増え続けている。リストラされた失業者が他の職場に移れずに失業状態が続く場合には、国全体としては効率が上がったことにはならず、労働市場での賃金水準低下などの影響もあって、むしろ景気には逆効果だ。企業は従業員をリストラできるが、国は国民をリストラすることはできない。結局のところ、万全の雇用対策を尽くさない限り、供給サイドの構造改革だけでは、デフレスパイラルからは脱出できないのである。

ところが、小泉首相は国民に「痛みに耐えろ」と叫ぶばかりだ。過去の自民党の首相と同様に、失業者やリストラの不安を抱える中高年サラリーマンの痛みには、まったく無頓着のようにしか見えない。

小泉首相の経済政策で致命的なことは、日本の将来像のビジョンをなんら示していないことだ。構造改革とは、一言で言えば「スクラップ・アンド・ビルド」である。国際競争力を失った産業をスクラップする一方で、未来のリーディング産業になるような新企業を育成する「ビルド」の部分がなければいけない。ところが、小泉首相の口からは、この国の未来のビジョンが全く聞こえてこない。だめな企業や産業はつぶせ、というだけの「スクラップ・オンリー」では、経営者は何に投資すればよいのかわからず、とりあえず借金を減らすことに専念して、ますますデフレを悪化させるだけなのである。

新しい需要が新しい産業を創る

では、民主党の新政権は、日本の将来についてどういうビジョンを提示するのか?

①「循環型社会の創造」――新政権では、環境と調和した「循環型社会の創造」が重要な社会目標となる。環境にやさしい新エネルギーシステムである燃料電池には、二十一世紀のリーディング産業として、総合的な推進策をとっていく。燃料電池車が全国どこでも走れるように、ガソリンスタンドを水素スタンドに転換する事業者を支援し、燃料電池車の車検期間をガソリン車より延長するなど、規制緩和と投資減税で普及促進を図る。公用車は燃料電池車に切り替える。

家庭で燃料電池を使った自家発電を導入した場合、電力料金が従来の電力会社に払う料金よりも安くなるように助成する。

そのためのコストは、石油など環境への負荷の高いエネルギー源に環境税として課税し、クリーンエネルギーへの転換を促進する。石油を発電に使う場合に比べて、燃料電池発電に切り替えた方が、二酸化炭素発生量を三分の一に抑えられるからだ。

　燃料電池の原料となる水素はバイオマス技術などを用いて植物から作り出す農業的手法を推進する。輸入に頼る石油などではなく、国内の自然を活用して燃料電池の自給システムを作ることは、エネルギー安全保障の観点からも重要である。

②「大環境省」と「食料安全庁」の発足――新政権は、国土交通省の河川局と林野庁を環境省に統合した「大環境省」を中心に、山と川と海という水の流れに着目して、一貫した環境政策を推進する。

　川をコンクリートで固める代わりに、花粉症の原因である針葉樹林を保水力の高い広葉樹林に植え替える「緑のダム」事業、あるいは公園や校庭に芝生を植える事業などに、これまで年間一兆円を使ってきた河川局の予算を振り向ける。田中角栄以後の自民党政権が破壊してきた山や川を、緑豊かな自然に回復させることに、民主党政権は公共事業費を優先的に使っていく。それが、私流の「緑の列島再生論」だ。

　日本の農業再建のためには、所得補償（デカップリング）を導入しつつ、減反などの不合理な規制は撤廃し、生産者の自由な競争を導入することが不可欠である。ＢＳＥ問題などで不備が明らかになった食の安全を統一的に担当する「食料安全庁」を内閣府に設置し、不当表示などを厳格に取り締まって、食の安全を確かなものにしていかなければならない。

　行政改革で付け加えれば、小泉首相が民営化にこだわる「道路公団」も、いっそ廃止して高速道路を無料化するというのはどうだろう。その場合、ガソリン税や、電子入札による入札制度改革などで無駄をなくして借金返済に振り向ければよい。そうすれば、料金所がいらなくなる。高速道への出入りは今よりずっとスムーズで渋滞も減り、眠っていた需要が呼び覚まされ、地方に観光などの新しい産業が芽吹いていくはずだ。

③年金・医療制度改革――社会保障についても、小泉首相のように医療費の自己負担を引き上げて将来不安をあおるのではなく、医療保険特別会計や厚生年金特別会計に積み立てられた百兆円を超す資金を活用しながら、年金を税金による賦課方式に段階的に転換し、介護の施設整備を進めて、高齢化社会を迎える不安をより少なくすることが求められる。お年寄りや障害者にも暮らしやすいバリアフリーの街づくりは、都市計画の必須条件とすべきである。

④「雇用年齢制限禁止法」の制定――深刻な中高年失業者の求職難を打開するために、民主党は、求人・採用時の年齢制限を禁じた「雇用年齢制限禁止法」を制定し、再雇用の門戸があらゆる人に平等に開かれるようにすることを提案する。米国が不況からの立ち直りが早いのは、中高年で失業しても、いつでも職を探して人生の再スタートを切れるという安心感があるからである。日本でも、終身雇用を前提にした雇用慣行や労働法制を見直し、会社が潰れようが、労働者は何度でもやり直しがきくという「再挑戦のチャンスがある社会」を作っていく必要がある。

⑤貯蓄優遇から投資促進へ――より重要なことは、景気の足を引っ張るだけの貯蓄優遇政策をやめて、投資促進にあらゆる政策体系を転換することである。その一つとして、株や社債などは他の資産に比べて相続税を軽減すべきだ。そうすれば、新し

い産業を担う中小ベンチャー企業にも、必要なリスクマネーが資本市場を通じて潤沢に供給されるようになる。「貯蓄」から「投資」へ、お金の流れを変えることで、株式会社の活性化が、経済を動かす導火線となるのである。

「廃県置州」で平成維新を断行

こうした本物の構造改革を実行していくために、民主党は「国のかたち」を根本から作り変える政治・行政の改革を断行する。国の役割を徹底的にスリム化し、現在の都道府県を道州制に移行して、地方が主権を発揮できるように、権限と財源を思い切って地方に移す。中央集権を進めた明治の廃藩置県とは逆に、分権連邦国家を作る「廃県置州」が、平成維新の改革の柱となる。市町村も三百ぐらいに集約すればいい。基礎自治体が江戸時代の「藩」の役割を担うのである。

国と地方で別々に集めている税金も、地方で一括して集めて、国が必要な分だけ、地方の財政力に応じて上納する制度に変えれば、国から地方への補助金や、それをめぐる国会議員のあっせん口利きもなくなるだろう。

私は日本の将来像のモデルとして、江戸時代に注目してきた。江戸時代の日本は三百諸侯の分権連邦国家であった。故司馬遼太郎氏は、日本の歴史の中では、明治以降の中央集権国家は異質な存在であり、江戸以前の分権型で自給自足の経済社会こそが日本人にとっての伝統的な文化だという説を唱えられた。まさに私も同感である。

江戸時代までの日本では、国内で得られた食料やエネルギーで自給自足の生活をしていた。そのためには糞尿も田畑に戻し、エネルギー源である山の木も再生できるように手入れする「循環型リサイクル社会」であった。幕府は中央政府として外交・防衛や大規模な反乱の防止は専権としていたが、財政、教育、治安といった内政に関することは、ほぼ全て各藩の自治に任せていた。しかも、文化的に見ても武士階級だけでなく国民の多くは読み書きができ、浮世絵や水墨画など優れた芸術を生み出すなど同時代のヨーロッパ諸国に引けを取らない世界に冠たる文化・教養国家であった。

ところが、産業革命後の欧米列強諸国による植民地化の危機に直面して、近代化を急ぐために緊急避難的に創り上げたのが、天皇陛下の権威を利用した明治以降の中央集権国家である。戦後も経済官僚主導の体制として生き続けたこの中央集権体制は、今日あらゆる面で行き詰まりに直面している。

「宇宙船地球号」を強く意識しなければならなくなった今、江戸時代の循環型リサイクル社会、分権連邦国家の考え方は、二十一世紀型国家像のモデルになり得る。「新しい国のかたち」は、小さいが強力な中央政府と、市民自治による地方政府の組み合わせが望ましい。それが、私が「江戸時代ルネッサンス」を提唱するゆえんである。

自民党を追い詰める政権交代戦略

最後に、政権交代を実現するための戦略を述べておきたい。

今日、小泉政権に対する国民の信頼は急激に低下してきた。しかし、それに代わる政権の姿が見えないことに国民はいらだちを募らせている。本来なら政権が行き詰まれば野党第一党に政権交代の期待が集まるはずだが、残念ながら現在の民主党はそうなっていない。その一因は、民主党政権がめざす「日本の将来像」が不明確であり、民主党の実際の姿が十分に国民の皆さんに見えていないことにある。そこで私なりに「日本の将来像」の青写真をここに提示し、若くて優秀な議員が活躍している民主党の姿を紹介した。しかし、したたかな自民党を野党に追いやるには、若くて優秀な議員だけでは不十分なのである。私が毎月一回のペースで自由党の小沢党首と話し合いを始めたのは、政権を維持しようとする自民党のありとあらゆる悪知恵や手練手管に騙されないため、自由党と政権獲得に向けて協力することが効果的と判断したからである。

小沢さんはいうまでもなく一九九三年夏、自民党に対抗し野党をまとめて細川連立政権を生みだした中心人物だ。私は新党さきがけに参加し、与党の一角で政権を支えた。口利きこそが政治家の仕事と信じて疑わなかった自民党政治家は、野党に転落して茫然自失の状態であった。地元からの陳情も役人の説明も激減し、まさに「失業状態」に陥った。細川政権が三年も続いていれば、鈴木宗男氏に代表される政官業癒着の口利き政治は解体し、自民党そのものも解党的出直しとなっていたはずである。

しかし残念なことに、細川政権はわずか八カ月で崩壊した。自民党からの激しいスキャンダル攻撃もあったが、それ以上に小沢一郎氏と武村正義氏の軋轢《あつれき》や社会党の離反など連立政権に参加した当時の与党内の争いが細川政権崩壊の最大の原因だった。政権を支える人々が政権運営に不慣れで、準備不足だったのである。

現在の民主、自由、社民各党の指導層など九三年以前の当選組は、全員が当時与党として細川政権を支えた経験がある。そうした人に共通なのは「細川政権を誕生させたことは成功だったが、短期間で潰してしまったことはかえすがえす惜しいことで大失敗だった」という反省の思いだ。私が敢えてめざすべき次期政権を「第二の細川政権」と呼ぶのは、こうした思いを共有するメンバーであれば、政権交代のために「小異を残して大同につく」ことができると考えるからである。

解散風を感じてか、マスコミでは「石原新党」とか、「小泉新党」まで取り沙汰される迷走状況である。しかし、仮に亀井静香さんや野中広務さんが裏で動いて石原新党ができたとしても、自民党と連立を組むような政党では、改革を語る資格も、実行力もないと断言できる。日本の危機の元凶である自民党をきちんと排除し、民主党を中心とした「救国連立政権」をつくる以外に、本格的な構造改革を進められる可能性はない。

ぜひとも有権者の皆さんにお考えいただきたい。これまで通りのやり方ですでに十年やってうまくいかない自民党中心の政治を、これからまた十年、二十年と続けていくのか。森政権から小泉政権へ、さらにその亜流政権を選択していくのか。それとも未知数かもしれないが、リスクをある程度承知していただいて、日本の政治構造（国家のエンジン部分）を根本的に変えていくわれわれの「改革」「革命」を選ぶのか。

我が民主党は、いつでも政権を担う覚悟と能力がある。細川政権の轍を踏まないための準備期間はすでに終わっているのである。

（157ページに戻る）

菅直人著作一覧

新・都市土地論　飛鳥新社、一九八八年一二月刊
土地問題に絞った政策論。

国会論争『土地政策』　新評論、一九九二年一一月
一九八二年の中曽根内閣から九二年の宮澤内閣までの国会での、土地問題に関する質疑の議事録をまとめた。

日本　大転換
――21世紀へ希望を手渡すために　光文社、一九九六年一〇月
民主党結党直後に書いた。自伝的部分と政権構想の解説。

大臣　岩波新書、一九九八年五月
厚生大臣の体験に基づいて憲法・法律と現実の乖離を述べた行政論。官僚主権から国民主権へというテーマを提示した。

改革政権　準備完了　光文社、二〇〇二年九月
小泉内閣に対する挑戦状のような形で、二〇〇二年に『文藝春秋』『月刊現代』に書いた論文やブログなどをまとめたもの。

総理大臣の器
――「菅」対「小泉」マニフェスト対決　幻冬舎、二〇〇三年一〇月
二〇〇三年の総選挙に向けて書いた政権シナリオ。

大臣　増補版　岩波新書、二〇〇九年一二月
政権交代直後に、九八年版に加筆したもの。新政権始動時の記録にもなった。

東電福島原発事故
総理大臣として考えたこと　幻冬舎新書、二〇一二年一〇月
事故から一年半後、記憶もなまなましい時に書いた回顧録。ドイツ、アメリカ、韓国、台湾でも発行された。

総理とお遍路　角川新書、二〇一五年一〇月
二〇〇四年から一〇年かけてまわったお遍路の記録。その一〇年の政治の動きも語った。

原発事故10年目の真実
――始動した再エネ水素社会　幻冬舎、二〇二一年二月
チェルノブイリ、オンカロ視察のレポートなど一〇年の活動記録と、営農型太陽光発電の可能性、真の電力改革の提言などをまとめた。

民主党政権　未完の日本改革　ちくま新書、二〇二一年八月
民主党政権で何が実現し、何ができなかったかを検証し、決して「何もできない政権」ではなかったことを示した。

共著、対談本

無から有への挑戦
——「支持政党なし」時代の選挙
参加民主主義をめざす市民の会編
読売新聞社、一九七七年六月
七六年の選挙の記録。

激論 社民連vs革自連
——80年代に政治の変革と復権は可能か
ばばこういちと共著
ちはら書房、一九七九年九月
革新自由連合代表のばばこういち氏との対談。

菅直人・市民ゲリラ国会に挑む
——衆院選をかちとった若者たちの論理と行動
篠原一、正村公宏と共著
読売新聞社、一九八〇年八月
八〇年の初当選直後に出した、選挙のドキュメント。

市民の復権
篠原一監修、練馬市民大学編
中央法規出版、一九八三年五月
練馬市民大学での講演集。「市民と政治」をテーマに語った。

創発の座標——菅直人対談集
現代の理論社、一九八三年一一月
宇都宮徳馬、長洲一二、正村公宏、丸山千里、筑紫哲也、本宮ひろ志、残間里江子氏との対談。

民益論——われら官僚主導を排す
鳩山由紀夫と共著
PHP研究所、一九九七年七月
民主党結党後の、鳩山由紀夫氏との対談。「霞が関への宣戦布告」と帯にある。

政権交代のシナリオ
——「新しい日本」をつくるために
小沢一郎と共著
PHP研究所、二〇〇三年一一月
自由党と合併し、二〇〇三年の総選挙に向けて、小沢氏と語った。

菅直人——市民運動から政治闘争へ
五百旗頭真、伊藤元重、薬師寺克行編
朝日新聞出版、二〇〇八年六月
五百旗頭真氏の質問に答える形の自伝的な本。《90年代の証言》シリーズの一冊。

菅直人「原発ゼロ」の決意
——元総理が語る福島原発事故の真実
七つ森書館、二〇一四年二月
総理退任後の講演、トークイベントの記録。

脱原発党宣言
——カンカンガクガク対談
岳真也と共著
みやび出版、二〇一八年一〇月
作家・岳真也氏との対談。原発、再生可能エネルギー、運動論など多岐にわたり語り合った。

その他

あなたが総理になって、いったい日本の何が変わるの
菅伸子著
幻冬舎新書、二〇一〇年七月
総理就任直後に菅伸子が出した本。

菅 直人（かん・なおと）
一九四六年山口県生まれ。東京工業大学理学部卒業。一九九六年民主党を結党し、共同代表に。一九九八年新たに結成された民主党の代表、政調会長、幹事長などを歴任。二〇〇九年に鳩山内閣の副総理、二〇一〇年に第九四代内閣総理大臣となる。現在衆議院議員、弁理士。著書『民主党政権 未完の日本改革』（ちくま新書）、『東電福島原発事故 総理大臣として考えたこと』（幻冬舎新書）、『大臣』（岩波新書）、『総理とお遍路』（角川新書）、『原発事故 10年目の真実』（幻冬舎）など。

市《し》民《みん》政《せい》治《じ》50年《ねん》
菅直人《かんなおと》回顧録《かいころく》

二〇二四年二月二五日　初版第一刷発行

著者　菅《かん》 直人《なおと》
発行者　喜入冬子
発行所　株式会社筑摩書房
東京都台東区蔵前二-五-三　郵便番号 一一一-八七五五
電話番号　〇三-五六八七-二六〇一（代表）
装幀者　神田昇和
印刷 製本　中央精版印刷株式会社

ISBN978-4-480-88533-3 C0031

〈ちくま新書〉

民主党政権　未完の日本改革

菅直人

民主党政権は本当に失敗だったのか。マニフェストの諸政策を再検証し、未完に終わったにすぎない「日本改革」を今こそ実現すべく、リベラル復活に向けて掲げなおす。